A SOMBRA DE KISSINGER

GREG GRANDIN

A SOMBRA DE KISSINGER

o longo alcance do mais
controverso estadista americano

TRADUÇÃO
BRUNO CASOTTI

Título original
KISSINGER'S SHADOW
The Long Reach of America's Most Controversial Statesman

Copyright © 2015 by Greg Grandin

Todos os direitos reservados.

Edição brasileira publicada mediante acordo com a Metropolitan Books, uma divisão da Henry Holt and Company, LLC, Nova York. Todos os direitos reservados.

ANFITEATRO
O selo de ideias e debates da Editora Rocco Ltda.

Direitos para a língua portuguesa reservados
com exclusividade para o Brasil à
EDITORA ROCCO LTDA.
Av. Presidente Wilson, 231 – 8º andar
20030-021 – Rio de Janeiro – RJ
Tel.: (21) 3525-2000 – Fax: (21) 3525-2001
rocco@rocco.com.br
www.rocco.com.br

Printed in Brazil /Impresso no Brasil

Revisão técnica
BRUNO GARCIA

Preparação de originais
THADEU C. SANTOS

CIP-Brasil. Catalogação na fonte.
Sindicato Nacional dos Editores de Livros, RJ.

G78s Grandin, Greg
A sombra de Kissinger: o longo alcance do mais controverso estadista americano/Greg Grandin; tradução de Bruno Casotti. – 1ª ed. – Rio de Janeiro: Anfiteatro, 2017.

Tradução de: Kissinger's shadow.
ISBN 978-85-69474-26-5 (brochura)
ISBN 978-85-69474-28-9 (e-book)

1. Kissinger, Henry, 1923-. 2. Estadistas – Estados Unidos – Biografia. 3. Estados Unidos – Relações exteriores, 1945-1989. 4. Estados Unidos – Política e governo – Século XX. I. Casotti, Bruno. II. Título.

17-39487

CDD-923.2
CDU-929:32(73)

Para Eleanor e Manu, de novo

Existem dois tipos de realista: aqueles que manipulam fatos e aqueles que os criam. O Ocidente necessita de não muito mais do que homens capazes de criar sua própria realidade.

– Henry Kissinger, 1963

SUMÁRIO

Prelúdio: Sobre não ver o monstro 11

Introdução: Um obituário previsto 15

1. Uma pulsação cósmica 27
2. Fins e meios 47
3. Kissinger sorriu 65
4. Estilo de Nixon 91
5. Anti-Kissinger 107
6. O oposto da unidade 125
7. Sigilo e espetáculo 147
8. Inconcebível 172
9. Causa e efeito 190
10. Avante para o Golfo 204
11. Da escuridão à luz 221

Epílogo: Kissingerismo sem Kissinger 239

Notas 251

Agradecimentos 285

PRELÚDIO

SOBRE NÃO VER O MONSTRO

Thomas Schelling, economista de Harvard e posteriormente laureado com o Nobel, perguntou certa vez a Henry Kissinger o que era mais aterrorizante: ver o monstro ou não ver o monstro? Era início de maio de 1970, poucos dias depois de Richard Nixon aparecer na TV e dizer à nação que os Estados Unidos tinham enviado tropas terrestres ao Camboja. Nixon disse que a operação era necessária para remover santuários do inimigo ao longo da fronteira com o Vietnã. Mas seu discurso também deixou claro que algo muito mais profundo do que uma estratégia militar levara à decisão de enviar tropas terrestres a um país neutro. "Nós vivemos uma época de anarquia", disse o presidente. "Nós vemos ataques estúpidos a todas as grandes instituições que criamos para libertar civilizações nos últimos quinhentos anos." Nixon sugeriu que invadira o Camboja não apenas em resposta a uma ameaça estrangeira, mas a uma desordem interna: "Não é o nosso poder, mas nossa vontade e nosso caráter que estão sendo testados hoje à noite." Durante meses, Nixon e Kissinger, seu assessor de segurança nacional, haviam dito que tinham um plano para tirar os Estados Unidos do Vietnã. Agora, de repente, estavam ampliando a guerra para um país vizinho. Quatro dias depois do discurso de Nixon, guardas nacionais abriram fogo na Kent State, matando quatro estudantes que estavam protestando contra a invasão. Outros nove foram feridos. Duas semanas depois, na Jackson State, a polícia atirou contra um grupo de estudantes afro-americanos que protestavam, matando dois e ferindo doze.

Schelling tinha alguma responsabilidade intelectual pelo envolvimento dos Estados Unidos no Vietnã. Sua mente era como um computador, que ele usava para aplicar fórmulas matemáticas a estratégias militares. Seja "dissuadindo os russos" ou "dissuadindo os próprios filhos", como ele disse, o problema era o mesmo: calcular a proporção correta da ameaça ao incentivo. Lyndon B. Johnson e seu secretário da Defesa, Robert McNamara, aplicaram diretamente as teorias de Schelling, bombardeando o Vietnã do Norte como uma forma de modificação do comportamento. Schelling também tinha grande influência sobre os homens que tirariam de Johnson e McNamara o comando da política dos Estados Unidos para o Vietnã, particularmente sobre Henry Kissinger. Kissinger lecionara em Harvard antes de ingressar na Casa Branca de Nixon e o considerava um amigo. Ele adotara os *insights* do economista, em especial a ideia de que "negociar poder (...) provém da capacidade de ferir" para causar "profunda dor e danos". Era um sentimento que Kissinger tentaria operacionalizar no Sudeste Asiático.[1]

Em 1970, porém, Schelling se voltara contra a guerra, e a invasão do Camboja pelos EUA o levou, juntamente com outros 11 proeminentes professores de Harvard, a viajar a Washington para se encontrar com Kissinger e registrar suas objeções.[2] Não se tratava de um grupo comum de intelectuais antiguerra. Ao longo dos anos, diferentes rótulos foram aplicados aos homens do tipo que circulava com facilidade entre Washington e Cambridge, entre a sala de aula e o gabinete de guerra: a sociedade do Leste, os melhores e mais brilhantes, a elite do poder. Esses eram eles. A delegação de Harvard incluía dois laureados com o Nobel, um futuro laureado com o Nobel (Schelling), físicos, químicos, economistas e cientistas políticos. Muitos deles eram ex-assessores de presidentes desde Harry Truman. Vários do grupo haviam se envolvido na execução de políticas que levaram ao envolvimento inicial dos EUA no Vietnã.

Homens sérios, eles levavam seu rompimento com o governo com seriedade. "Isso é demais", disse um deles a um repórter, referindo-se à invasão. Outros estavam incomodados com o engrossamento do discurso público causado pela guerra. "'Professores' e 'liberais' – a mesma coisa", foi como o subsecretário da Defesa de Nixon, David Packard, desprezou a delegação. Um dos membros, Ernest May, reitor em Harvard e historiador militar com ligações estreitas com o Pentágono, disse a Kissinger: "Você está destroçando o país internamente."

Os ex-colegas de Kissinger não tinham consciência de que Nixon e Kissinger já estavam bombardeando secretamente o Camboja e o Laos havia mais de um ano (e continuariam por mais três anos, até o Congresso pôr um fim nisso). Eles sabiam apenas sobre a invasão, e isso era ruim o bastante. "Repugnante", disse Schelling. Hoje, nos Estados Unidos, uma suposição compartilhada e largamente incontestada sustenta que Washington tem o direito de usar força militar contra os "portos seguros" de terroristas ou potenciais terroristas, mesmo que esses portos se encontrem em países soberanos com os quais não estamos em guerra. Essa suposição foi a premissa da invasão do Afeganistão por George W. Bush, em 2002, e da expansão, por Barack Obama, dos ataques de drones na Somália, no Iêmen e no Paquistão, juntamente com suas operações militares mais recentes contra militantes do Estado Islâmico na Síria e no Iraque. Esse raciocínio não era amplamente sustentado em 1970. A delegação de Harvard de Schelling rejeitou a tentativa de Kissinger de justificar a invasão citando a necessidade de destruir "santuários" comunistas. Conforme um repórter resumiu as objeções do grupo, a violação da soberania de um país neutro "poderia ser usada por qualquer outra pessoa no mundo como um precedente para invadir outro país, a fim de, por exemplo, dar fim a terroristas". Mesmo que a invasão tivesse êxito em seus próprios termos e esvaziasse os santuários do inimigo, disse Schelling mais tarde a um jornalista, "ainda assim não teria valido a pena a invasão de outro país".

O encontro com Kissinger aconteceu na velha sala de crise, no porão da Casa Branca. Schelling começou apresentando o grupo e declarando o propósito da viagem, mas Kissinger o interrompeu: "Eu sei quem vocês são... vocês são todos bons amigos da Universidade de Harvard." "Não", disse Schelling, "somos um grupo de pessoas que perderam completamente a confiança na capacidade da Casa Branca de conduzir nossa política externa e viemos aqui para dizer isso a você. Já não estamos a sua disposição como assessores pessoais." Kissinger, recordou Schelling mais tarde, "ficou pálido, ele desabou em sua cadeira. Achei, na época, que ele sofria de uma depressão séria".

Em determinado momento, Kissinger perguntou se alguém podia lhe dizer que "erros" o governo cometera. Foi quando Schelling lhe fez a pergunta sobre monstros: "Você olha pela janela e vê um monstro. E se vira para o sujeito que está em pé ao seu lado diante da mesma janela e diz: 'Olhe, há um monstro'. Ele então olha pela janela e não vê monstro nenhum. Como você explica a ele que há realmente um monstro?"

Schelling continuou: "Conforme nós vemos, existem duas possibilidades: a primeira, ou o presidente não entendeu que estava invadindo outro país quando entrou no Camboja, ou, a segunda, ele entendeu."

"Só não sabemos qual das duas é mais assustadora", disse Schelling.

INTRODUÇÃO

UM OBITUÁRIO PREVISTO

Henry Kissinger é acusado de muitas coisas ruins. E quando ele morrer, seus críticos terão uma chance de repetir as acusações. Christopher Hitchens, que defendeu a ideia de que o ex-secretário de Estado deveria ser julgado como criminoso de guerra, já se foi. Mas há uma longa lista de testemunhas de acusação – repórteres, historiadores e advogados ávidos por fornecer informações sobre qualquer uma das ações de Kissinger no Camboja, Laos, Vietnã, Timor Leste, Bangladesh, contra os curdos, Chile, Argentina, Uruguai e Chipre, entre outros lugares.

Muitos livros sobre o homem foram publicados ao longo dos anos, mas ainda é *The Price of Power*, de Seymour Hersh, de 1983, que futuros biógrafos terão que superar. Hersh nos deu o retrato definitivo de Kissinger como um paranoico presunçoso que oscilava entre a crueldade e a bajulação para avançar em sua carreira, amaldiçoando seu destino e pondo no ar os B-52. Discreto em suas vaidades e pobre em seus motivos, Kissinger, nas mãos de Hersh, é, não obstante, shakespeariano, pois sua pequenez é encenada diante de um palco mundial de consequências épicas.

As denúncias serão contrabalançadas por visões mais favoráveis. Kissinger tem muitos devotos. E, depois que seus detratores e admiradores forem dispensados, o obituário passará para aqueles que anseiam por equilíbrio. Transgressões, dirão eles, precisam ter como contrapeso realizações: a *détente* com a União Soviética, a abertura da China comunista, a negociação de tratados de desarmamento com Moscou e sua diplomacia de mediação no Oriente Médio. É nesse momento que as consequências de muitas políticas de Kissinger serão redefinidas como "controversas" e consignadas a questões de opinião, ou perspectiva, e não a fatos. Imediatamente após a arrogância imprudente de George W. Bush e o pragmatismo reativo de Barack Obama, a sóbria habilidade política de Kissinger é, como vários analistas afirmaram recentemente, mais necessária do que nunca.

Haverá comentários ao vivo, colegas e conhecidos que relembrarão que ele tinha um senso de humor zombeteiro e um gosto por intrigas, boa comida e mulheres com as maçãs do rosto altas. Seremos lembrados de que ele namorou Jill St. John e Marlo Thomas, foi amigo de Shirley MacLaine e carinhosamente conhecido como Super K, Henry da Arábia e o Playboy de West Wing. Kissinger era brilhante e genioso. Era vulnerável, o que o tornava cruel, e sua relação com Richard Nixon era, como um repórter afirmou, "profundamente estranha". Eles eram os falsos amigos originais, com Kissinger bajulando Nixon pela frente e reclamando dele por trás. "O cabeça de almôndega", dizia ele sobre seu chefe assim que o telefone voltava para o gancho, um "bêbado".[1] Isaiah Berlin chamava a dupla de Nixonger.

Nascido em Fürth, Alemanha, em 1923, Kissinger foi para os Estados Unidos aos 15 anos, e apresentações de sua vida destacarão sua condição de estrangeiro. Nixon o chamava de "Jewboy". Diz-se com frequência que a visão de mundo de Kissinger – convencionalmente descrita como a valorização da estabilidade e do avanço dos interesses nacionais acima de ideais abstratos, como democracia e direitos humanos – vai contra a noção que os Estados Unidos têm de si mesmos de que são bons por natureza, uma nação excepcional e indispensável. "Intelectualmente", escreve seu biógrafo, Walter Isaacson, sua "mente conservaria o molde europeu". Kissinger, observa outro escritor, tinha uma visão de mundo que um "americano nato não poderia ter". E seu sotaque bávaro se acentuou conforme ele envelheceu.[2]

Mas interpretar Kissinger como um alienígena, como um dessintonizado com os acordes da excepcionalidade americana, é perder o ponto principal do homem. Ele era, na verdade, a quintessência americana, sua mentalidade era perfeitamente moldada para seu lugar e seu tempo.

~

Na juventude, Kissinger adotou as mais americanas presunções: a autocriação, a noção de que o destino de alguém não é determinado por sua condição, de que o peso da história pode impor limites à liberdade, mas dentro desses limites há um espaço de manobra considerável. Kissinger não expressou essas ideias em um linguajar americano, como fizeram, digamos, poetas e escritores do Novo Mundo como Walt Whitman e Herman Melville. "O Passado está morto e não tem nenhuma ressurreição", escreveu Melville, "mas o Futuro é provido de tanta vida que vive em nós mesmo em expectativa. (...) Aqueles que são governados apenas pelo Passado ficam, como a esposa de Ló, cristalizados no ato de olhar para trás. (...) Cabe aos Estados Unidos fazer precedentes, e não obedecer a eles." Em vez disso, Kissinger tendia a expressar sua filosofia na prosa pesada da metafísica alemã. Mas as ideias eram em grande parte as mesmas: "A necessidade", escreveu ele, em 1950, "descreve o passado, mas a liberdade governa o futuro."[3]

Essa frase é de uma tese apresentada por Kissinger em seu último ano em Harvard, uma jornada de quase quatrocentas páginas por textos de vários filósofos europeus.[4] "The Meaning of History" [O sentido da História], como Kissinger a intitulou, é uma obra densa, melancólica e com frequência elaborada demais, facilmente rejeitável como produto da juventude. Mas até hoje Kissinger repete muitas de suas premissas e argumentos de diferentes formas. Além disso, na época de sua chegada a Harvard, o autor tinha uma ampla experiência – no mundo real, em tempo de guerra – em pensar nas questões que sua tese levantou, incluindo a relação entre informação e sabedoria, o ser e o nada, e o modo como o passado pressiona o presente. Kissinger escapou do Holocausto. Mas pelo menos 12 membros de sua família não. Alistado no Exército em 1943, ele passou o último ano da guerra de volta à Alemanha, avançando pelas patentes do serviço secreto militar. Como administrador de Krefeld, cidade ocupada do rio Reno, com uma população de 200 mil pessoas, Kissinger expulsou nazistas de cargos municipais. Ele também se destacou como agente do serviço secreto, identificando, prendendo e interrogando oficiais da Gestapo e assegurando informantes confidenciais. Ganhou a Estrela de Bronze por sua eficiência e bravura. Em outras palavras, a tensão entre fato e verdade, preocupação central de sua tese – que, conforme comenta um observador, parece uma "declaração pessoal" –, não era uma questão abstrata para Kissinger. Era a matéria da vida e da morte, sua subsequente diplomacia era, como escreveu um de seus colegas de classe em Harvard, "um transplante virtual do mundo do pensamento para o mundo do poder".[5]

A metafísica de Kissinger, conforme evoluiu da tese para seu livro mais recente, publicado aos 91 anos, compreendia tristeza e alegria em partes iguais. A tristeza se refletia em sua aceitação de que a experiência, a vida em si, é, no fim das contas, sem sentido e de que a história é trágica. "A vida é sofrimento, o nascimento envolve a morte", escreveu ele em 1950, "a transitoriedade é o destino da existência. (...) A experiência é sempre única e solitária."[6] Quanto à "história", ele disse que acreditava em seu "elemento trágico". "A geração de Buchenwald e dos campos de trabalho forçado siberianos", escreveu ele, "não pode falar com o mesmo otimismo de seus pais." A alegria vinha da aceitação dessa falta de sentido, da percepção de que as ações de uma pessoa não eram nem predeterminadas pela inevitabilidade histórica nem governadas por uma autoridade moral mais elevada. Havia "limites" para o que um indivíduo podia fazer, "necessidades", conforme Kissinger explicou, impostas pelo fato de vivermos em um mundo cheio de outros seres. Mas os indivíduos possuem vontade, instinto e intuição – qualidades que podem ser usadas para expandir sua arena de liberdade.⁷

É difícil avançar na tese soturna de Kissinger. Mas vale a pena o esforço, pois o revela como um pensador muito mais interessante do que ele é convencionalmente descrito como sendo. Kissinger é inevitavelmente chamado de "realista", o que é verdade se o realismo é definido como ter uma visão pessimista da natureza humana e uma crença de que o poder é necessário para impor ordem sobre relações sociais anárquicas. Mas se o realismo é entendido como uma visão de mundo que sustenta que a realidade é transparente, que a "verdade" dos fatos pode ser alcançada simplesmente observando esses fatos, então Kissinger decididamente não era um realista. Em vez disso, em sua tese Kissinger estava se declarando a favor do que hoje a direita denuncia como relativismo radical: não existe essa coisa de verdade absoluta, argumentou ele, nenhuma outra verdade além daquilo que pode ser deduzido a partir de sua própria perspectiva solitária. "Sentido representa a emanação de um contexto metafísico", escreveu ele. "Todo homem, de certo modo, cria seu retrato do mundo." A verdade, disse Kissinger, não é encontrada nos fatos, mas nas perguntas que fazemos sobre esses fatos. O sentido da história é "inerente à natureza de nossa indagação".⁸

Esse tipo de subjetivismo estava na atmosfera do pós-guerra, e Kissinger, em sua tese, não soa diferente de Jean-Paul Sartre, cujo influente discurso sobre o existencialismo foi publicado em inglês em 1947 e é citado na bibliografia de Kissinger. Sartre, assim como Kissinger, logo usaria a expressão "unidade dialética de liberdade e necessidade". E quando insiste que os indivíduos têm a "escolha" de agir com "responsabilidade" em relação aos outros, Kissinger parece absolutamente sartriano: como a moralidade não é algo imposto de fora, mas vem de dentro, cada indivíduo "é responsável pelo mundo". Kissinger, porém, tomaria um caminho diferente daquele de Sartre e outros intelectuais dissidentes, e é isso o que torna seu existencialismo excepcional: ele o usou não para protestar contra a guerra, mas para justificá-la.

Kissinger não estava sozinho entre os intelectuais da política do pós-guerra ao invocar a "tragédia" da existência humana e a crença de que a vida é sofrimento, de que o melhor a se esperar é estabelecer um mundo de ordem e regras. Tanto George Kennan, um conservador, quanto Arthur Schlesinger, um liberal, pensavam que os "aspectos obscuros e intricados" da natureza humana, conforme Schlesinger explicou, justificavam um exército forte.[9] O mundo precisava de policiamento. Os dois homens (e muitos outros que compartilhavam sua sensibilidade trágica, como Reinhold Niebuhr e Hans Morgenthau) acabaram se tornando críticos – algumas vezes extremados – do poder americano. Em 1957, Kennan estava defendendo o "desligamento" da Guerra Fria e em 1982 estava descrevendo o governo Reagan como "ignorante, ininteligente, complacente e arrogante".[10] O Vietnã levou Schlesinger a defender um poder Legislativo mais forte para conter o que ele veio a chamar de "Presidência imperialista".

Kissinger não. Em cada momento decisivo dos Estados Unidos pós-guerra, cada momento de crise em que homens de boa vontade começaram a manifestar dúvidas sobre o poder americano, Kissinger rompeu em direção oposta. Ele construiu sua paz com Nixon, pensando, primeiramente, que ele estivesse louco; depois, com Ronald Reagan, considerando-o oco de início; e, mais tarde, com os neoconservadores de George W. Bush, apesar de todos eles terem chegado ao poder atacando Kissinger. Fortalecido por sua incomum mistura de tristeza e alegria, Kissinger nunca oscilou. A tristeza o levou, como conservador, a priorizar a ordem acima da justiça. A alegria o levou a pensar que podia, por força de sua vontade e intelecto, evitar o trágico e reivindicar, ainda que por um momento passageiro, liberdade. "Aqueles estadistas que alcançaram a grandeza final não o fizeram por meio de resignação, por mais que bem fundamentados", escreveu Kissinger em sua dissertação de doutorado de 1954. "Coube a eles não apenas manter a perfeição da ordem, mas ter a força para contemplar o caos, para encontrar ali material para nova criação."[11] O existencialismo de Kissinger estabeleceu a base para o modo como ele defenderia em suas políticas mais tarde. Se a história já é tragédia, o nascimento morte e a vida sofrimento, então a absolvição vem com um desdém de cansaço do mundo. Não há muita coisa que um indivíduo possa fazer para tornar as coisas piores do que já são.

Mas, antes de ser um instrumento de autojustificação, o relativismo de Kissinger era uma ferramenta de autocriação e, consequentemente, de progresso pessoal. Kissinger, que reconhecidamente não acreditava em nada, tinha a habilidade de ser todas as coisas para todas as pessoas, em particular para pessoas de posição mais elevada: "Eu não lhe direi o que sou", afirmou ele em sua famosa entrevista a Oriana Fallaci, "nunca direi a ninguém."[12] O mito sobre ele é de que ele não gostava da desordem da política de grupos de interesse modernos, de que os talentos dele teriam sido mais bem percebidos sem os entraves da vigilância da democracia de massa. Na verdade, porém, foi só por causa da democracia de massa, com suas oportunidades de reinvenção quase infindáveis, que Kissinger conseguiu subir às alturas.

Produto de uma nova meritocracia pós-guerra, Kissinger rapidamente aprendeu a usar a mídia, manipular jornalistas, cultivar elites e influenciar a opinião pública em seu benefício. E, em um período muito curto, quando era ainda bastante jovem (tinha 45 anos quando Nixon o nomeou seu assessor de segurança nacional, em 1968), ele havia se apoderado do aparelho de segurança nacional dos "homens do Leste" da sociedade. Os Wasps [protestantes anglo-saxões brancos], com o ego direcionado para dentro – como o primeiro secretário de Estado de Nixon, William Rogers, que Kissinger acabaria pondo para fora –, não tinham nenhuma ideia do que enfrentavam. "O que impressionava" seus colegas, escreveu certa vez David Halberstam, não era "a desonestidade ou crueldade, mas o fato de que o que estava em questão era, com frequência, espantosamente inconsequente".[13]

Este livro, porém, foca não na personalidade descomunal de Kissinger, mas no papel descomunal que ele teve na criação do mundo onde vivemos hoje, que aceita guerras intermináveis como naturais. Desde o fim da Segunda Guerra Mundial e o começo da Guerra Fria, houve muitas versões do estado de segurança nacional, um sistema de guerras quase secretas que o teórico político Michael Glennon descreveu recentemente como um "governo duplo".[14] Mas um momento transformador na evolução desse estado ocorreu no fim dos anos 1960 e início dos anos 1970, quando as políticas de Henry Kissinger, em especial sua guerra de quatro anos no Camboja, aceleraram sua desintegração, minando as bases tradicionais – planejamento da elite, consenso bipartidário e apoio público – sobre as quais ele se mantinha. Contudo, mesmo enquanto o rompimento do antigo estado de segurança nacional estava ocorrendo a passos largos, Kissinger estava ajudando a reconstruí-lo em um novo formato, uma Presidência imperialista restaurada (baseada em exibições de violência cada vez mais espetaculares, sigilo mais intenso e uma utilização cada vez maior da guerra e do militarismo para influenciar a dissidência interna e a polarização para vantagem política) capaz de avançar em um mundo pós-Vietnã.

A fracassada guerra dos Estados Unidos no Sudeste Asiático destruiu a capacidade do público de ignorar as consequências das ações de Washington no mundo. A cortina estava sendo aberta e, em toda parte, parecia que a relação de causa e efeito estava se tornando visível – nas reportagens de Hersh e outros jornalistas investigativos sobre os crimes de guerra dos Estados Unidos, nos estudos de uma nova e questionadora geração de historiadores, nas obras de documentaristas, como *No ano do porco*, de Emile de Antonio, e *Corações e mentes*, de Peter Davis, entre ex-fiéis convictos apóstatas, como Daniel Ellsberg, e na lógica argumentativa de intelectuais dissidentes, como Noam Chomsky. Pior, a noção de que os Estados Unidos eram a fonte tanto do mal quanto do bem no mundo começou a se infiltrar na cultura popular, nos romances, filmes e até em revistas em quadrinhos, assumindo a forma de um ceticismo e antimilitarismo generalizados, ainda que nem sempre políticos – uma "disposição crítica", como explicou um escritor que "se tornou uma crença cultural, inteiramente admitida como certa e agora parte da sabedoria convencional".[15]

De muitas maneiras Kissinger ajudou o estado de segurança nacional a se adaptar ao que a primeira geração de neoconservadores começou, em 1970, a identificar como uma "cultura adversária" entranhada, permanente.[16] Mas foi crucial a restauração de um mecanismo de negação, uma maneira de neutralizar a enxurrada de informações que se tornavam disponíveis ao público a respeito das ações dos Estados Unidos no mundo e dos resultados com frequência infelizes dessas ações. O que poderíamos chamar de existencialismo imperial de Kissinger ajudou a fechar a cortina mais uma vez, cegando muitos para o monstro lá fora. Repórteres e acadêmicos podiam estar noite e dia desenterrando fatos que provavam que os Estados Unidos derrubaram esse governo democrático ou financiaram aquele regime repressor, mas ele perseverou na insistência de que o passado não deveria limitar o conjunto de opções do país no futuro.

Ao fazer isso, Kissinger ofereceu a uma nova geração de políticos um modelo de como justificar a ação de amanhã e ao mesmo tempo ignorar a catástrofe de ontem. O presente pode aprender com o passado, disse ele, mas não por meio de uma reconstrução obsessiva de "causa e efeito". Kissinger desprezou o raciocínio "causal" como uma forma de compreensão falsa ou de ordem inferior e determinista. Em vez disso, a história ensina "por analogia". E cada geração tem a "liberdade" de "decidir o que, de fato, é análogo".[17] Em outras palavras, se você não gosta da lição que Richard Nixon e o Vietnã ensinam, não se preocupe com isso. Há sempre Neville Chamberlain e Munique.*

---

* Na esperança de evitar um novo conflito na Europa, Neville Chamberlain, primeiro-ministro do Reino Unido, concordou com a entrega à Alemanha nazista de generosas porções de terra da Tchecos-

A excepcionalidade do senso de si próprio dos Estados Unidos depende de uma relação de semelhança e ambiguidade com o passado. A história é afirmada, uma vez que é o sucesso histórico sem precedentes dos Estados Unidos que justifica a excepcionalidade. Mas a história também é negada ou, pelo menos, o que se nega é uma compreensão do passado como uma série de relações causais, ou seja, o efeito negativo de qualquer ação considerada – armar jihadistas antissoviéticos no Afeganistão, por exemplo, ou abastecer Saddam Hussein de gás sarin, que ele usou contra o Irã – é lavado e limpo de sua fonte e recebe uma nova história original, sendo atribuído ao caos generalizado que existe além de nossas fronteiras.

Esse subterfúgio está completamente à mostra, recentemente, quando os políticos que nos conduziram ao Iraque, em 2003, nos dizem que as decisões tomadas na época que facilitaram a ascensão dos militantes do Estado Islâmico não deveriam impedir os Estados Unidos de tomar uma atitude ousada no futuro para destruir esses militantes. "Se gastarmos nosso tempo debatendo o que aconteceu há 11 ou 12 anos", diz hoje o ex-vice-presidente Dick Cheney, "vamos deixar escapar a ameaça que está crescendo e que temos de enfrentar."[18] Os Estados Unidos, insiste Cheney, precisam fazer "o que for preciso por tanto tempo quanto for preciso".

Kissinger aperfeiçoou esse tipo de artifício. Ele era um mestre em promover a proposição de que as políticas dos Estados Unidos e a violência e desordem no mundo não têm nenhuma relação, em especial quando se tratava de prestar contas pelas consequências de suas próprias ações. Camboja? "Foi Hanói", escreve Kissinger, apontando para os vietnamitas do Norte para justificar sua campanha de quatro anos de bombardeios contra aquele país neutro. Chile? Aquele país, diz ele em defesa de sua conspiração-golpe contra Salvador Allende, "estava 'desestabilizado' não por nossas ações, mas pelo presidente constitucional do Chile". Os curdos? "Uma tragédia", diz o

---

lováquia. O acordo assinado em Munique, em 1938, apenas deu tempo e confiança a Hitler, que, em menos de um ano, daria início a Segunda Guerra Mundial. (N. do R. T.)

homem que os serviu a Saddam Hussein, esperando afastar o Iraque dos soviéticos. Timor Leste? "Acho que ouvimos o bastante sobre o Timor."[19]

~

Os obituários, já preparados e à espera da publicação, dirão como a hostilidade conservadora em relação às políticas de Kissinger – a *détente* com a Rússia, a abertura para a China – ajudou a impulsionar a primeira tentativa real de Ronald Reagan de chegar à Presidência, em 1976. E farão uma distinção entre sua marca de suposta política obstinada de poder e o idealismo neoconservador que nos levou aos fiascos no Afeganistão e no Iraque. Mas, provavelmente, omitirão o modo como Kissinger serviu não apenas para realçar, mas para capacitar a Nova Direita. Ao longo de sua carreira, ele promoveu um conjunto de premissas que seriam adotadas e ampliadas por intelectuais neoconservadores e formuladores de políticas: de que palpites, conjecturas, vontade e intuição são tão importantes quanto fatos e informações sérias para orientar políticas, de que conhecimento demais pode enfraquecer a determinação, de que a política externa precisa ser arrancada das mãos de especialistas e burocratas e entregue a homens de ação e de que o princípio da autodefesa (definido de maneira ampla para cobrir praticamente tudo) prevalece sobre o ideal de soberania. Ao fazer isso, Kissinger desempenhou seu papel de manter a grande roda do militarismo americano girando sempre para a frente.

É claro que Henry Kissinger não é o único responsável pela transformação do estado de segurança nacional dos Estados Unidos na máquina de movimento perpétuo que se tornou hoje. Essa história – que começa com a Lei de Segurança Nacional de 1947, passa pela Guerra Fria e, agora, pela guerra ao terror – compreende muitos episódios diferentes e é povoada por muitos indivíduos diferentes. Mas a carreira de Kissinger atravessa décadas como uma linha vermelha brilhante, irradiando uma luz espectral sobre a estrada que nos trouxe para onde agora nos encontramos, das selvas do Vietnã e do Camboja para as areias do Golfo Pérsico.

No mínimo, podemos aprender com a longa vida de Kissinger que os dois conceitos definidores da política externa americana – realismo e idealismo – não são necessariamente valores opostos; em vez disso, eles reforçam um ao outro. O idealismo nos leva para o atoleiro do momento, seja lá qual for, e o realismo nos mantém ali enquanto nos é prometido que sairemos; então, o idealismo retorna, tanto para justificar o realismo quanto para superá-lo na próxima rodada. E assim vai.

Em 2004, o jornalista Ron Suskind relatou uma conversa que teve com um importante assistente de George W. Bush que muitos agora acreditam ter sido Karl Rove. Estudar a "realidade discernível" já não era o modo como o mundo funcionava, disse Rove: "Somos um império agora e, quando agimos, criamos nossa própria realidade. E enquanto você estiver estudando essa realidade – judiciosamente, como você fará – nós agiremos de novo, criando novas realidades, que você poderá estudar também, e é assim que as coisas se resolverão. Somos atores da história."[20] A citação circulou amplamente, interpretada como a ideologia cega do governo Bush levada a sua conclusão presunçosa, a ideia de que a realidade em si pode se curvar à vontade do neoconservador.

Mas Kissinger disse isso quatro décadas antes. Inspirado pelo confronto de John F. Kennedy com os soviéticos durante a crise dos mísseis em Cuba, Kissinger, na época ainda um professor de Harvard, exortou os especialistas em política externa a escapar das restrições impostas pela realidade e adotar um elã semelhante: Um "especialista", escreveu ele em 1963, "respeita 'fatos' e os considera algo ao qual é preciso se ajustar, [algo] para ser talvez manipulado, mas não para ser transcendido. [...] Nas décadas à frente, o Ocidente terá que mirar mais longe para alcançar um conceito mais abrangente da realidade. [...] Existem dois tipos de realistas: aqueles que manipulam fatos e aqueles que os criam. O Ocidente necessita de nada além de homens capazes de criar sua própria realidade."[21]

Nada além de Henry Kissinger.

1

UMA PULSAÇÃO CÓSMICA

A história [é] um interminável desdobramento de uma pulsação cósmica que se expressa nas alternativas únicas de sujeito e objeto, uma vasta sucessão de sublevações catastróficas cujo poder não é apenas a manifestação, mas o objetivo exclusivo; um estímulo de sangue que não apenas pulsa nas veias como precisa ser derramado e será derramado.

– Henry Kissinger

Você quase pode ouvir a *Cavalgada das valquírias* ao fundo. Henry Kissinger escreveu a passagem acima em sua tese de Harvard, de 1950, submetida quase no mesmo momento em que Harry Truman anunciava que os Estados Unidos apoiariam os franceses no Vietnã e enviariam tropas à Coreia, pondo assim o país no caminho para a guerra no Sudeste Asiático. "O sentido da História" focava quase exclusivamente na filosofia europeia, mas, lendo suas páginas e conhecendo o papel que seu autor desempenharia mais tarde na expansão do conflito para o Laos e o Camboja, não se pode deixar de pensar em bombas de napalm e de fragmentação para então se perguntar se a catástrofe americana no Sudeste Asiático era inevitável, se havia algo na própria existência dos Estados Unidos, uma vontade de infinidade, por exemplo, que os conduzira para a ruína na selva. Será que havia uma lógica histórica interna que se manifestaria em My Lai, uma linhagem que remontava aos primeiros massacres puritanos de indígenas americanos?

Kissinger não acredita em inevitabilidade histórica. Portanto, se lhe fosse feita essa pergunta, ele certamente responderia não. Mais importante: Kissinger estava oferecendo a definição de história na página anterior – como uma projeção de poder reflexiva, pulsante, sem nenhum outro objetivo inteligível além da projeção de poder – não como uma recomendação, mas como uma advertência, uma descrição admonitória do destino que com frequência se abate sobre civilizações quando perdem o próprio senso de propósito, quando esquecem por que estão projetando seu poder e só sabem que podem projetar seu poder. Ele estava exortando os estadistas a *não* sucumbir à pulsação cósmica da história, a *não* cair em uma "repetição" do tipo das "guerras cataclísmicas" não forçadas que derrubaram grandes civilizações no passado. Um conselho mais fácil de ser oferecido do que seguido.

~

Muitos apontaram a influência do best-seller *A decadência do Ocidente*, do historiador prussiano Oswald Spengler, sobre o futuro estadista. Kissinger, comentou Stanley Hoffmann, de Harvard, "caminhava, de certo modo, com o fantasma de Spengler a seu lado".[1] "Kissinger era um splengeriano", disse outro colega de Harvard, Zbigniew Brzezinski.[2] Spengler, assim como Kissinger, com frequência é associado ao realismo político, seu profundo pessimismo em relação à natureza humana refletido na *realpolitik* de vários proeminentes intelectuais e formuladores de políticas pós-guerra, como George Kennan, Hans Morgenthau e Samuel Huntington.

Mas Spengler também empreendeu um ataque incansável à própria ideia de realidade. Ele insistiu que existia um plano mais elevado de experiência que era inacessível ao pensamento racional, um plano onde o instinto e a criatividade reinavam. "Nós", pensou Spengler, "mal temos um indício de o quanto de nossos valores e experiências supostamente objetivos é apenas disfarce, apenas imagem e expressão."³ Para chegar atrás da imagem e da expressão, para penetrar o poder e os interesses materiais percebidos e entender o que Spengler chamava de destino, não era preciso informação, mas intuição, não fatos, mas palpites, não razão, mas um sentido da alma, um sentimento do mundo. "Com frequência, um estadista não 'sabe' o que está fazendo", escreveu Spengler, "mas isso não o impede de seguir com confiança justo aquele caminho que leva ao sucesso."⁴

Kissinger foi cativado por esse Spengler metafísico e quase mitológico, mais ainda do que por outros realistas de defesa pós-guerra, como Kennan, Morgenthau e Huntington. "Tudo na vida é permeado por um destino interno que nunca pode ser definido", escreveu Kissinger. "A história revela um desdobramento majestoso que só se pode perceber intuitivamente, nunca classificar de forma causal."⁵ Spengler, disse ele, "afirmou que existem certos objetivos finais que nenhuma hipótese pode provar e nenhum sofisma jamais nega, expressados em palavras, como esperança, amor, beleza, sorte, medo".⁶

A maior parte da tese de Kissinger permaneceu nesse nível de abstração romântica. Mas em diferentes pontos de "O sentido da História" e mais tarde ao longo de sua carreira acadêmica e pública, ele fixou sua visão em um alvo específico: a crescente influência do positivismo sobre a ciência social pós-guerra. Cada vez mais, em Harvard (bem como em outras universidades e instituições de pensadores, como a Rand Corporation), cientistas políticos, economistas e estudiosos de relações internacionais estão aplicando matemática, lógica formal e métodos associados à ciência natural para avaliar o comportamento humano. Fórmulas econômicas, como a escolha racional e a teoria dos jogos, foram usadas para descrever e prever de tudo, de comportamento a estratégia nuclear.

Não seria exagero dizer que Kissinger rejeitou esses métodos. Os cálculos da teoria dos jogos, em especial aqueles elaborados por Thomas Schelling, seu colega em Harvard, influenciaram tanto sua dissecção da estratégia de defesa nuclear de Eisenhower quanto a condução da Guerra do Vietnã. Ao mesmo tempo, porém, Kissinger criticou fortemente a ideia de objetividade, de que a sociedade é "governada por leis objetivas que têm suas raízes na natureza humana" e de que essas leis podem ser conhecidas por meio da observação.[7] Kissinger foi particularmente atraído pela crítica de Spengler ao "princípio causal" conforme aplicado à interpretação histórica. Spengler acreditava que a análise de causa e efeito era (como escreveu Stuart Hughes, seu biógrafo) uma "simplificação ridícula da mistura inextricável de elementos convergentes que vieram a constituir até mesmo o item menos importante da história".[8]

Kissinger também desprezou o que chamou de "mera análise causal" como um tipo de superstição semelhante a primitivos tentando explicar o que move um motor a vapor. Essa "atitude mágica", disse ele, é um esforço de escapar da falta de sentido da existência encontrando sentido em "dados".[9] O raciocínio causal se foca no "típico" e no "inexorável", afirmando a falsa doutrina do "eterno retorno" – ou seja, a crença na inevitabilidade histórica. Se algo aconteceu uma vez, com certeza acontecerá de novo e de novo. Kissinger recusou essa ideia. Em vez disso, ele afirmou a existência de uma esfera da consciência que substituía o mundo material, uma esfera que Spengler chamou de "destino", mas que Kissinger preferiu descrever como "liberdade". "A realidade que está sujeita às leis da causalidade", escreveu Kissinger, representa apenas a aparência externa, superficial, das coisas. Mas a "realidade é um estado interno" e "nossa experiência de liberdade atesta um fato da existência que nenhum processo de pensamento pode negar".

De acordo com Spengler e Kissinger, é no momento em que os "homens-causalidade" (termo de Spengler) e os "homens-fato" (termo de Kissinger) assumem o poder que uma civilização está em seu maior perigo. Quando os sonhos, os mitos e riscos corridos de um período criativo anterior desaparecem, intelectuais, líderes políticos e até sacerdotes se tornam predominantemente preocupados com a questão não do *por que*, mas do *como*. "Um século de eficácia puramente extensiva", escreveu Spengler (referindo-se ao racionalismo da sociedade moderna, que se esforça para ter maneiras cada vez mais eficientes de fazer as coisas), "é um tempo de declínio". As dimensões intuitivas da sabedoria são jogadas para o lado, o procedimento tecnocrata sobrepuja o propósito e a informação é confundida com sabedoria. "Vastos mecanismos burocráticos", disse Kissinger, desenvolvem "um impulso e um interesse estabelecido próprios".

A cultura ocidental era a mais alta expressão de razão técnica da história: ela "vê o mundo inteiro", escreveu Kissinger, "como uma hipótese em funcionamento". A "máquina" era seu grande símbolo, um "moto-perpétuo" – uma máquina de movimento perpétuo que impunha um incansável "domínio sobre a natureza". E os Estados Unidos vastamente poderosos e obsessivamente eficientes eram a vanguarda do Ocidente. Como tal, estavam especialmente vulneráveis a se tornarem prisioneiros do que Spengler chamou de "culto do útil". Em Harvard, o Vaticano do positivismo americano, repleto de altos sacerdotes da ciência social do país, Kissinger olhou em volta e perguntou: Os líderes americanos comandariam ou se tornariam escravos de sua própria técnica? "O conhecimento técnico será em vão", advertiu o veterano estudante de 26 anos, "para uma alma que perdeu seu sentido".*

Por tudo isso, Brzezinski e Hoffmann estavam apenas parcialmente certos quando rotularam Kissinger de spengleriano. Spengler escreveu como se o declínio fosse inevitável, como se o ciclo que retratou – em que cada civilização experimenta sua primavera, seu ve-

---

* Kissinger escreveu sua tese muito antes de os Estados Unidos se comprometerem totalmente com o Vietnã, mas ao longo dos anos ele voltaria repetidamente a muitas das premissas de sua tese para explicar por que essa guerra, assim como outras que vieram depois, deu errado. Seu livro mais recente, *Ordem mundial*, cita *Coros de 'A Rocha'*, de T. S. Eliot: "Onde está a sabedoria que perdemos no conhecimento? / Onde está o conhecimento que perdemos na informação?"

rão, seu outono, seu inverno – fosse tão inevitável quanto a rotação da Terra. Depois que as sociedades passam por sua grande fase criativa e os lógicos, racionalistas e burocratas entram em cena, não há volta. Depois de perderem o senso de propósito, as civilizações se lançam para fora, a fim de encontrar sentido. São apanhadas por uma série de guerras desastrosas, empurradas para a perdição pela pulsação cósmica da história, o poder pelo objetivo de poder, o sangue pelo objetivo de sangue. "O imperialismo é o produto inevitável" dessa fase final, escreveu Kissinger, resumindo o argumento de *A decadência do Ocidente*, "um empurrão para fora para esconder o vazio interno".

Kissinger aceitou a crítica de Spengler sobre as civilizações passadas, mas rejeitou seu determinismo. A decadência não era inevitável. "Spengler", disse Kissinger, "simplesmente descreveu um fato de declínio e não sua necessidade." "Existe uma margem", escreveria ele em suas memórias, "entre necessidade e acidente, em que o estadista, por perseverança e intuição, precisa escolher e, por meio disso, moldar o destino de seu povo." Havia limites ao que qualquer líder político podia fazer, disse ele, mas esconder-se "atrás da inevitabilidade histórica é o equivalente à abdicação moral".[10]

Baseado em sua leitura de Spengler (e de outros filósofos-historiadores, como Arnold Toynbee, que advertiu que o militarismo era suicida), Kissinger pode ter chegado à conclusão de que a melhor maneira de evitar o declínio era impedir completamente a guerra, usar os grandes recursos dos Estados Unidos para construir uma sociedade sustentável internamente, em vez de desperdiçá-los em aventuras em lugares distantes e vastos. Mas Kissinger recebeu uma lição diferente de Spengler: não era a guerra que devia ser evitada, mas sim a guerra travada sem um objetivo político claro. Ele, na verdade, defendeu as guerras distantes e vastas – ou pelo menos defendeu a disposição para travar guerras distantes e vastas – como uma maneira de prevenir a perda de propósito e sabedoria que Spengler identificou como ocorrendo na fase final da civilização.[11]

No fim dos anos 1950, Kissinger, depois de terminar seus estudos de graduação e iniciar o programa de doutorado do Departamento de Governo de Harvard, desenvolvera uma crítica ardente à "contenção", uma política associada a outro "realista", George Kennan, que comprometia Washington a limitar a disseminação global da influência soviética. Kissinger admitiu, em uma série de memorandos que escreveu em dezembro de 1950 e março de 1951 para seu consultor, o historiador intelectual William Y. Elliott, que "nossa política de 'contenção' continha as sementes de uma ideia profunda".[12] Mas a "timidez" de Washington impedia que essas sementes germinassem. O problema, de acordo com Kissinger, era que a contenção era aplicada de maneira literal demais, como um esforço para "conter fisicamente cada ameaça soviética onde esta ocorresse". Essa aplicação tinha o efeito tanto de fragmentar a força dos Estados Unidos quanto de dar a Moscou o poder de decidir onde e quando Washington lutaria. Assim, a contenção, escreveu Kissinger, tornara-se efetivamente "um instrumento de política soviética".

Os soviéticos, argumentou Kissinger, tinham que ser desenganados de sua ideia de que "qualquer aventura podia ser localizada à sua vontade". Os Estados Unidos deviam deixar claro que poderiam retaliar em qualquer lugar do mundo. Importante: Washington devia se reservar o direito de travar uma guerra "não necessariamente" no "ponto da agressão".* Em vez de lutar na Coreia, digamos, Washington poderia atingir a Rússia no lugar e na hora que escolhesse, de preferência com forças de ataque "altamente móveis". Moscou também tinha que ser convencida de que "uma guerra maior com os Es-

---

* Cinquenta anos depois, Douglas Feith, subsecretário da Defesa para políticas de George W. Bush e um ator importante na invasão do Iraque em 2003, propôs que Washington respondesse ao 11 de Setembro atacando a América do Sul, juntamente com "outros alvos fora do Oriente Médio no início da ofensiva", para "surpreender os terroristas". (O memorando de Feith é discutido no relatório da Comissão do 11 de Setembro e relatado na *Newsweek*, de 8 de agosto de 2004.)

tados Unidos" – que ele chamou de "a única ameaça de dissuasão *real*" (ênfase de Kissinger) – era uma possibilidade que importava.

Kissinger compôs esses memorandos poucos meses depois de concluir "O sentido da História", em um momento em que a postura de Washington em três anos de Guerra Fria estava sendo testada na Coreia. Neles, Kissinger estava, em essência, aplicando a crítica de Spengler à aversão ao risco inerente às estruturas burocráticas a uma política concreta: a contenção. Um dos problemas das burocracias, apontou Kissinger, é que elas tendem a compartimentar funções, o que no caso das Relações Exteriores significava separar a diplomacia da guerra. Durante o resto de sua carreira, Kissinger insistiria que não se pode praticar a primeira sem a possibilidade da segunda: diplomatas precisavam ser capazes de utilizar igualmente ameaças e incentivos. Aqui, ao analisar as fraquezas da contenção, Kissinger estava argumentando que estadistas tinham que superar a cautela e pensar na contenção como uma doutrina tanto militar quanto política, permanecendo ativa para ser usada em qualquer combinação de guerra e diplomacia que fosse necessária para restringir a expansão soviética, para ver o planeta inteiro e estar disposto a agir em qualquer parte, não em reação, mas sendo proativo. Eles passam do limite na Coreia, nós atacamos em Baku. As "ações de bater e correr" visavam a "dispersar seus exércitos", disse Kissinger.

Em meados dos anos 1950, Kissinger, depois de terminar seu doutorado, estabelecera-se como integrante de um grupo influente de intelectuais da guerra. Em Harvard, durante esses anos, ele publicou uma revista dinâmica, *Confluence*, e ajudou a realizar um prestigiado Seminário Internacional, que lhe deu a oportunidade de formar uma rede de intelectuais e políticos, incluindo Hannah Arendt, Sidney Hook, Arthur Schlesinger, Daniel Ellsberg e Reinhold Niebuhr, entre outros.* Como membro do Conselho de Rela-

---

* Cartas trocadas entre Henry Kissinger e Hannah Arendt a respeito de uma colaboração captam algo essencial sobre os dois correspondentes. Kissinger (em 10 de agosto de 1953) alterna entre servilismo,

ções Exteriores, ele pesquisou sobre estratégia nuclear e assessorou o aristocrata republicano liberal Nelson Rockefeller. Manteve seus contatos na comunidade do serviço secreto militar, participando de várias comissões do governo relacionadas a operações secretas e guerra psicológica: o Escritório de Pesquisas de Operações, a Diretoria de Estratégia Psicológica e a Diretoria de Coordenação de Operações. Em 1953, Kissinger também se aproximou da Divisão Boston do FBI, dizendo a um de seus agentes que era "fortemente simpático ao FBI" e que estava disposto a passar informações sobre seus colegas de Harvard. "Medidas serão tomadas", escreveu em seu relatório o agente que o entrevistou, "para tornar Kissinger uma Fonte Confidencial dessa Divisão".[13]

Em uma série de ensaios e em seu livro de 1957, *Armas nucleares e política externa*, Kissinger expandiu sua crítica anterior à contenção para cobrir a doutrina de Eisenhower de retaliação nuclear maciça.[14] O problema com essa doutrina, argumentou Kisssinger, era seu absolutismo "tudo ou nada", que propunha usar armas nucleares apenas em retaliação a um ataque soviético ou chinês. Uma política assim "contribui para a paralisia da diplomacia", disse Kissinger, porque, à medida que o tempo passasse, a vantagem se inclinaria constantemente dos Estados Unidos para seus adversários: "Enquanto a força

---

condescendência e pedantismo: "Espero que você não sinta que violentei qualquer de suas intenções em algumas de minhas mudanças editoriais. Seu artigo é um dos mais substanciais que publicamos desde que iniciamos a *Confluence* e trabalhei nele com a maior consideração, passando um final de semana inteiro revisando-o várias vezes. Fiz alguns cortes não porque estava longo demais, mas porque me pareceu divagar. Estou convencido de que a essência de um bom artigo é também manter alguma proporção entre o que se deve dizer para sustentar um argumento e o que pode ser excelente em si mesmo, mas prejudica a principal força do argumento." A resposta de Arendt (14 de agosto de 1953) dispensava cortesias: "Temo que você ficará decepcionado ao ver das galés que todas as frases que escreveu foram eliminadas e algumas de minhas frases reintegradas. (...) Percebo que seus métodos editoriais – reescrever a ponto de escrever suas próprias frases – são bastante correntes. Acontece que me oponho a eles por motivos pessoais e por questão de princípio. Se tivéssemos dado a esse assunto um pouco mais de atenção, você talvez tivesse decidido não querer esse ou nenhum de meus manuscritos, o que eu teria lamentado. Mas isso certamente teria poupado algum tempo e problema a nós dois." O resto da correspondência encontrada nos documentos de Hannah Arendt na Biblioteca do Congresso sugere que Kissinger publicou o manuscrito de acordo com a vontade de Arendt.

nuclear soviética aumentar, o número de áreas que parecerão valer a destruição de Nova York, Detroit ou Chicago diminuirá constantemente."[15] Havia muito pouco que Moscou ou Pequim pudessem fazer para que Washington se arriscasse a uma guerra nuclear total (como, disse Kissinger, o impasse na Coreia demonstrava).

Washington, escreveu Kissinger, tinha que encontrar uma maneira de dividir o risco unificado de retaliação maciça em unidades menores, convincentes, de ameaças. Kissinger, aqui, estava recorrendo diretamente a seu colega de Harvard Thomas Schelling, que argumentou que, se uma ameaça "pode ser decomposta em uma série de ameaças menores consecutivas, há uma oportunidade de demonstrar nas primeiras transgressões que a ameaça será cumprida no resto".

Uma maneira de fazer isso era superar a relutância em usar armas nucleares. Eis Kissinger em 1957: para transmitir a "ameaça convincente máxima, a guerra nuclear limitada parece ser um dissuasor mais adequado do que a guerra convencional"; os Estados Unidos precisam de "uma diplomacia" que possa "destruir a atmosfera de horror especial que agora cerca o uso de armas nucleares, uma atmosfera criada em parte pela hábil propaganda soviética para 'banir a bomba'".[16] Outra maneira era demonstrar disposição para travar "pequenas guerras" nas "áreas cinza" do mundo – ou seja, naquelas partes do planeta que estão fora do coração eurasiano, que para Kissinger, em meados dos anos 1950, incluíam a Indochina – como os franceses haviam passado a chamar o Laos –, o Camboja e o Vietnã.[17]

Seguindo a trilha do impasse coreano, Kissinger não estava sozinho ao defender a tese de que Washington precisava desenvolver uma estratégia de lutar "pequenas guerras" – ele era parte de uma mudança dentro de um grupo de intelectuais da guerra de linha-dura, que incluía o general Maxwell Taylor, o general James Gavin, Robert Osgood e Bernard Brodie. Mas a totalidade da visão de Kissinger o diferenciava. Sua avaliação das inadequações da estratégia de defesa de Einsenhower era apenas a ponta de uma análise mais ampla da sociedade americana: isolados por dois oceanos e animados por duas vitórias em guerras mundiais travadas em solo estrangeiro, faltava aos Estados Unidos, disse Kissinger, a autoconsciência necessária a uma potência mundial. Um senso de moralidade absolutista – "tão purista e abstrato" – eximia os líderes americanos de terem que tomar "decisões em situações ambíguas". Os políticos americanos não sabiam como conduzir a "diplomacia das minúcias do dia a dia". Todos os assuntos eram "tudo ou nada". Kissinger acreditava que os Estados Unidos precisavam estar dispostos a travar uma guerra "maior". Isso, porém, era impossível, uma vez que tudo o que seus líderes podiam imaginar era um conflito "maciço" de destruição total. Somava-se ao problema o fetichismo tecnológico do país, sua tendência a responder "a cada avanço soviético no campo nuclear com o que é mais bem descrito como uma fuga para a tecnologia, inventando armas cada vez mais atemorizantes".

Essa dependência de armas reforçava o "dilema" fundamental enfrentado pelos Estados Unidos. Washington podia salpicar o planeta de bases aéreas estratégicas. Podia assinar tratados de defesa com dois terços das nações do mundo. E podia construir ogivas nucleares mais do que suficientes para destruir o planeta muitas vezes seguidas. Mas "quanto mais potentes as armas", escreveu Kissinger em 1956, "maior se torna a relutância em usá-las".[18] Ao sinalizar sua recusa a empregar ogivas nucleares em um ataque limitado e sua falta de disposição para se envolver em guerras pequenas, Washington transformara a força americana (sua supremacia nuclear) em fraqueza. Essa impotência foi captada em uma frase usada por Eisenhower que pareceu irritar particularmente o professor de Harvard: "Não há nenhuma alternativa à paz." Estava claro para Kissinger que se o Ocidente quisesse triunfar na Guerra Fria seria preciso mais do que força tecnológica.

A essa altura, Kissinger começara a investir a palavra *doutrina* de um misticismo spengleriano, da ideia de que as civilizações precisam ser autoconscientes, de que precisam saber seu "propósito" para transformar força bruta e domínio material em diplomacia eficiente. "É tarefa da doutrina estratégica", escreveu ele em 1957, "traduzir poder em política." Kissinger continuou: "Quer os objetivos de um Estado sejam ofensivos ou defensivos, quer ele busque alcançar ou impedir uma transformação, suas doutrinas estratégicas precisam definir por quais objetivos vale a pena lutar e determinar o grau de força apropriado para alcançá-los."[19] Sem uma doutrina estratégica que encapsulasse o propósito maior dos Estados Unidos, as reações de Washington às crises seriam sempre tentativas e hiper-reativas.

∽

Havia um problema nessa formulação. Já em seus primeiros textos, bem antes de ter uma chance de aplicar suas ideias como autoridade do governo, uma leitura atenta encontra Kissinger lutando para escapar de seu próprio raciocínio circular. Ele exortou repetidamente os líderes dos Estados Unidos a declarar sua visão e deixar claro o que pretendiam realizar com qualquer política ou ação específica – conforme ele explicou, a não exaltar a técnica do poder americano acima do propósito do poder americano.* Mas ele encontrou dificuldade para definir o que queria dizer com propósito. Às vezes, Kissinger parece dizer sobre a capacidade de realizar um longo jogo geoestratégico, de imaginar onde se quer estar em relação aos adversários dentro de dez anos e executar uma política para chegar lá. Outras vezes, ele parece dizer sobre a necessidade de descobrir maneiras de dividir a ameaça de retaliação nuclear maciça em unidades de dissua-

---

* "Quando a técnica é exaltada acima do propósito, os homens se tornam as vítimas de suas complexidades. Eles esquecem que cada grande conquista em cada campo era uma visão antes de se tornar uma realidade", escreveu ele em 1965 (*The Troubled Partnership*, p. 251).

são mais administráveis, convincentes, para conseguir um equilíbrio melhor entre punições e incentivos. E em outras vezes ainda, o propósito pode se referir à necessidade de criar "legitimidade", demonstrar "credibilidade" ou estabelecer um "equilíbrio de poder" global. Mas todas essas são definições de propósito instrumentais. Elas ainda fogem da pergunta, por quê? Se a projeção de poder é o meio, qual é o fim?

Não era para acumular mais poder objetivo, porque ele argumentara constantemente que isso não existia. Kissinger é talvez mais conhecido pelo conceito de "equilíbrio de poder". Mas existe uma passagem fascinante, e raramente citada, em sua dissertação de doutorado de 1954 em que ele insiste que o que quer dizer com isso não é poder "real": "um equilíbrio de poder *legitimado* pelo poder seria altamente instável e tornaria as guerras ilimitadas quase inevitáveis, porque o equilíbrio é alcançado não pelo *fato*, mas pela *consciência* do equilíbrio" (ênfase de Kissinger). Ele prossegue escrevendo que "essa consciência nunca é produzida se não for testada".[20]

Para "testar" o poder – ou seja, para criar consciência de poder – é preciso estar disposto a agir. E a melhor maneira de produzir essa disposição era agir. Nesse ponto, pelo menos, Kissinger foi infalivelmente claro: é preciso evitar a "inação" para mostrar que a ação é possível. Somente a "ação", escreveu ele, podia evitar o "incentivo à inação" sistêmico.[21] Somente a "ação" podia superar o medo paralisador de "consequências drásticas" (ou seja, a escalada nuclear) que poderiam resultar dessa "ação". Somente por meio da "ação" – incluindo algumas pequenas guerras em áreas marginais, como o Vietnã – os Estados Unidos poderiam se tornar vitais novamente, poderiam produzir a consciência com a qual entendem seu poder, romper o impasse causado pela dependência excessiva da tecnologia militar, incutir coesão em seus aliados e lembrar a uma burocracia de política externa cada vez mais fossilizada o propósito do poder americano.

Em meados dos anos 1950, portanto, Kissinger dera a volta completa para adotar plenamente o objeto de sua crítica: o poder pelo objetivo de poder. Ele construíra sua própria máquina de movimento perpétuo; o propósito do poder americano era criar uma consciência do propósito americano. Explicando em termos splengerianos, o "poder" é o ponto de partida e o ponto de chegada da história, a "manifestação" da história e seu "objetivo exclusivo". E como Kissinger tinha uma noção extremamente plástica da realidade, outros conceitos aos quais ele foi associado, como "interesses", também foram puxados para o redemoinho de seu raciocínio: só podemos defender os nossos interesses quando soubermos quais são os nossos interesses e só podemos saber quais são os nossos interesses quando os defendermos.*

---

* Kissinger ligou diretamente seu convite à ação a sua crítica anterior ao "empirismo americano", argumentando que somente a ação determinada pela vontade – a atitude tomada de maneira instintiva com informações incompletas – pode impedir que esse empirismo se torne um dogma rígido. Em seu primeiro livro, *Armas nucleares e política externa* (1957), pp. 424-26, ele escreveu: "Política é a arte de pesar probabilidades; seu domínio está na compreensão das nuances de possibilidades. Tentar conduzi-la como uma ciência leva à rigidez. Porque apenas os riscos são certos; as oportunidades são conjecturais. Só se pode estar 'certo' sobre as implicações de eventos que aconteceram, e quando ocorreram é tarde demais para fazer qualquer coisa em relação a eles. O empirismo na política externa leva a um gosto por soluções *ad hoc*." Os americanos podem se orgulhar de não serem dogmáticos, mas o fato de eles "adiarem se comprometer até os fatos se estabelecerem" é por si só uma forma de dogmatismo. No momento em que agem, "uma crise geralmente se desenvolveu ou uma oportunidade passou". O resultado, argumentou Kissinger, é uma incapacidade de fazer uma ponte sobre o abismo entre uma "grande estratégia" e as "táticas particulares" empregadas em resposta a qualquer crise considerada. Ele prossegue: "O resultado paradoxal é que nós, os empiristas, com frequência parecemos ao mundo rígidos, sem imaginação, e até de algum modo céticos, enquanto os bolcheviques dogmáticos exibem flexibilidade, ousadia e sutileza." Mas, disse ele, "a disposição para agir não precisa derivar de teoria". Pode-se e deve-se agir com base em coisas intangíveis: "Um poder só pode sobreviver se tiver disposição para lutar por interpretações de justiça e por sua concepção de interesses vitais": mas, o que é importante, seria um desastre esperar para agir quando se tiver uma interpretação totalmente formada sobre justiça e uma concepção de interesses ou quando a situação permitir uma aplicação perfeita dessa interpretação e desse conceito. Em vez disso, num mundo complexo, os ideais e interesses só podem ser conhecidos testando-os, agindo. Confrontar a ameaça soviética "pressupõe, sobretudo, um ato moral: uma disposição para correr riscos com um conhecimento parcial e com uma aplicação menos que perfeita dos princípios que se tem. A insistência em absolutos seja para estimar a provocação ou para avaliar os possíveis remédios é uma receita para a inação". A inação levaria a uma perda dogmática da imaginação, e a perda da imaginação impediria ações futuras.

~

Durante a maior parte dos anos 1960, Kissinger esteve à margem do poder formal, atuando como assessor do Conselho de Segurança Nacional (CSN) em meio expediente, primeiro durante o governo de Kennedy e depois no de Johnson. Mas suas posições de linha dura rebaixaram o debate público, fomentando o anticomunismo que impulsionou um envolvimento mais profundo no Vietnã. Kissinger contribuiu para a falsa ideia de que Moscou estava pronta para ultrapassar Washington na corrida das armas nucleares. Na verdade, de que já havia feito isso. "Não há nenhuma dúvida sobre a disparidade de mísseis em si", escreveu ele em 1961, ajudando a justificar o imenso acúmulo de armas naquele ano, incluindo milhares de mísseis Minuteman e Polaris. O alarmismo era, na época, assim como é hoje, um bom propulsor de carreira: "Não podemos nos iludir sobre a gravidade de nossa posição", disse ele, porque "nossa margem de sobrevivência se estreitou perigosamente".[22] Essas "alegações extravagantes", observa uma análise do estudo de Kissinger desse período, foram reforçadas por outros linhas-duras e, com o tempo, "tornaram-se parte da bagagem intelectual da Administração Kennedy e explicam em parte a disposição dos Estados Unidos para comprometerem em excesso seu poder e prestígio no Vietnã".[23]

Kissinger tinha esperanças em Kennedy. Ele disse a Arthur Schlesinger, alguns meses antes da eleição de 1960, que o que o país precisava mais do que qualquer outra coisa era de "alguém que produza um grande salto – não apenas uma melhoria das tendências existentes, mas uma mudança para uma nova atmosfera, um novo mundo". Alguém, disse ele, que não apenas "manipule o *status quo*", mas crie uma nova realidade.[24] Uma vez no poder, JFK decepcionou Kissinger, que reclamou que o novo presidente se mostrava cauteloso demais e *ad hoc* demais em sua resposta às crises.

Houve, porém, um acontecimento que despertou seu interesse. Em agosto de 1962, a Casa Branca recebeu informações de que os soviéticos haviam instalado mísseis nucleares de longo alcance em Cuba, o que levou Kennedy, em pronunciamento à nação transmitido pela TV, a anunciar que estava enviando navios de guerra para bloquear a ilha. Kissinger ficou extasiado. Em um ensaio publicado imediatamente após o fim da crise, no fim de 1962, ele chamou o pronunciamento de "golpe" brilhante: Kennedy "aproveitou com ousadia uma oportunidade dada a poucos estadistas: mudar o curso dos eventos com uma atitude drástica". Ao forçar Kruschev a voltar atrás, o presidente conseguiu muito mais do que o desmantelamento dos mísseis soviéticos: ele "explodiu o mito de que em cada situação os soviéticos estavam preparados para correr riscos maiores do que nós".[25] De novo, observe a importância de evitar a "inação", tendo menos a ver com avançar em interesses firmes (a retirada dos mísseis) do que com provar que a "ação" era possível.

Sabemos agora que a resolução da Crise dos Mísseis em Cuba, que levou o mundo à beira do abismo nuclear, foi obtida não com impressionantes exibições de determinação televisadas, mas, sim, com compromissos firmados em canais secretos. Não importa. Para Kissinger, a lição a ser tirada da crise foi dobrada: primeiro, a "iniciativa cria seu próprio consenso" e, segundo, os estadistas não devem esperar todos os fatos serem estabelecidos para aproveitar essa iniciativa.* "A conjectura", escreveu Kissinger em seu tributo a Kennedy, é uma base preferível para a ação a dados e fatos, porque uma dependência excessiva de informações pode ser paralisadora. "O dilema de qual-

---

* Sabemos também que a tentativa de Moscou de instalar mísseis nucleares em Cuba foi estimulada pelo envolvimento de Washington na invasão da Baía dos Porcos, em 1961, e pela espantosa escalada armamentista de Kennedy. Também é crucial entender que os motivos de Cuba para requerer os mísseis eram a Operação Mongoose (uma operação secreta da CIA, executada no dia seguinte à fracassada invasão da Baía dos Porcos com o intuito de derrubar o governo cubano), os atos de sabotagem realizados por agentes contrários a Fidel apoiados por Washington e o temor de outra invasão.

quer estadista é que ele nunca pode estar certo sobre o curso provável dos eventos." Kissinger continuou: "Ao chegar a uma decisão, ele deve inevitavelmente agir com base em uma intuição que é inerentemente improvável. Se ele insiste na certeza, corre o risco de se tornar um prisioneiro dos eventos."

Ali, portanto, no início do inverno de 1962, está uma exposição quase perfeita daquilo que depois de 11 de setembro de 2001 se tornaria conhecido como a "doutrina do um por cento", conforme expressada pelo vice-presidente Dick Cheney. Cheney declarou que, se houvesse até mesmo uma chance mínima de que uma ameaça fosse cumprida, os Estados Unidos agiriam como se essa ameaça fosse uma conclusão anterior: "Não se trata de nossa análise ou de encontrar uma preponderância de evidências", disse ele. "Trata-se de nossa resposta."

"Na década à frente, o Ocidente terá que estabelecer objetivos mais elevados para abarcar um conceito mais abrangente da realidade", escreveu Kissinger em 1963, esperando que um impulso resultante das ações ousadas de Kennedy em Cuba pudesse se propagar para outras áreas da política externa e construir aquele "novo mundo" sobre o qual ele falava com Schlesinger.[26]

~

A primeira visita de Kissinger ao Vietnã do Sul foi em outubro de 1965, menos de um ano depois de Lyndon Baines Johnson decidir intensificar a guerra com tropas terrestres. Ali, ele recebeu de Daniel Ellsberg um informe sobre a situação e depois se instalou na embaixada dos Estados Unidos, em Saigon. Kissinger aceitou o conselho de Ellsberg de não desperdiçar tempo falando com altos funcionários, mas procurar vietnamitas ou americanos que estivessem no país há muito tempo. "Fiquei impressionado por Kissinger realmente ter seguido meu conselho", recorda Ellsberg.[27] E o que Kissinger soube o preocupou profundamente: Washington estava confiando em aliados corruptos, impopulares e incompetentes em Saigon; refúgios de norte-vietnamitas no Laos e no Camboja tornavam uma solução militar impossível; e a única tática de pressão que os Estados Unidos tinham – o bombardeio do Vietnã do Norte – logo iria "mobilizar a opinião mundial contra nós".*

Ao retornar, Kissinger disse privadamente a Cyrus Vance e Averill Harriman, altos funcionários de Johnson, que "não podíamos vencer".[28] Mas continuou a apoiar publicamente o esforço de guerra. Por quê? É impossível, é claro, responder a essa pergunta de forma definitiva, julgar que mistura de ambição, opinião ponderada e julgamento moral levaram Kissinger a remover suas dúvidas e prosseguir. Mas, conceitualmente, pelo menos, ele foi apanhado pelo redemoinho de seu próprio argumento circular: é preciso evitar a inação para

---

* Se Kissinger teve Ellsberg – que logo se tornaria um dissidente – empoleirado sobre seu ombro esquerdo, teve Edward Lansdale, um impenitente partidário da Guerra Fria, sentado à sua direita. Lansdale, um antigo auxiliar na Ásia, também informava Kissinger em suas viagens ao Vietnã; sua experiência no Pacífico remontava à Segunda Guerra Mundial e passara pela contrainsurgência nas Filipinas e a Guerra da Coreia. Lansdale estava, de certa forma, marginalizado na época em que Kissinger estabeleceu contato regular com ele, em 1965. Era assistente do embaixador dos Estados Unidos na embaixada em Saigon. Mas antes, durante os anos secretos do aprofundamento do envolvimento americano no Vietnã do Sul, em meados dos anos 1950, foi uma das figuras-chave que pegaram as táticas do contraterrorismo de espionagem e da guerra psicológica aprendidas nas Filipinas e as aplicou no Vietnã. Essas táticas foram mais tarde incorporadas ao Phoenix, o infame programa de assassinatos da CIA. Lansdale enviava seus contatos sul-vietnamitas ao encontro de Kissinger quando eles estavam visitando os Estados Unidos para "restaurar sua fé em seus companheiros da boa luta". E quando ficou claro que Johnson não se comprometeria totalmente com o que Kissinger pensava que era necessário para vencer no Vietnã do Sul, Kissinger se compadeceu de Lansdale, escrevendo, em carta de 2 de junho de 1967: "Você esteve muito em minha mente nos últimos meses. Que processo trágico ter nossa burocracia em confronto com as aspirações de uma sociedade estraçalhada." Lansdale é um bom exemplo da hidra de muitas cabeças que era o Estado de segurança nacional americano: entre suas incursões pelo Vietnã, ele esteve no comando do programa de desestabilização contra o governo cubano autorizado por Kennedy em 30 de novembro de 1961, depois da fracassada invasão da Baía dos Porcos, que deflagrou uma série de reações que levaram à crise dos mísseis em Cuba. Kissinger e Lansdale tiveram um mentor em comum: Fritz Kraemer, um refugiado da Alemanha nazista que instruiu vários oficiais influentes das Forças Armadas e do serviço secreto. Para a ligação de Lansdale com Kraemer, veja o obituário de Kraemer no *New York Times*, 9 de novembro de 2003. Para a correspondência de Kissinger com Lansdale, veja os arquivos da Hoover Institution, Edward G. Lansdale Papers, caixa 53.

mostrar que a ação é possível. O propósito de não questionar a projeção do poder americano no Vietnã era evitar o enfraquecimento do objetivo americano.

Ao voltar de sua primeira visita ao Vietnã do Sul, no fim de 1965, Kissinger se lançou em uma campanha para aumentar o apoio público à intervenção corrente. No início de dezembro, ele se juntou a 189 acadêmicos de Harvard, Yale e outras quinze universidades da Nova Inglaterra em uma carta aberta que expressava confiança de que as políticas de Johnson ajudariam o "povo do Vietnã do Sul (...) a determinar seu próprio destino".[29] "Uma vitória do Vietcong resultará em desastres", dizia a carta. Mais tarde, naquele mês, ele liderou uma equipe de Harvard contra um grupo de opositores da guerra de Oxford em um debate realizado na Grã-Bretanha com transmissão nacional nos Estados Unidos pela CBS. Kissinger defendeu com entusiasmo o bombardeio do Vietnã do Norte, insistindo que não era uma violação das leis internacionais. Ele também invocou a analogia com a Segunda Guerra Mundial, dizendo que as ações de Washington na Indochina foram corretas e justificadas, assim como foram na Alemanha nazista.[30]

Bob Shrum, que se tornaria consultor político democrata, estava na equipe de Kissinger e disse que quando assiste hoje à gravação do debate fica "impressionado com duas coisas: como parecíamos jovens, até Kissinger, e como estávamos errados".[31]

~

Certos ou errados, isso não importava muito. Para Kissinger, era uma vitória de qualquer jeito. Se o Vietnã se saísse bem, ele poderia alegar que era uma confirmação de sua "pequena tese sobre a guerra". É claro que a guerra não foi bem, levando Kissinger a confirmar sua crença original de que faltava aos Estados Unidos a determinação necessária para lutar em guerras grandes ou pequenas. "Sou absolutamente antiquado nesse assunto", disse ele em 2011, referindo-se à derrota dos Estados Unidos no Sudeste Asiático. "Acredito que a maior parte do que deu errado no Vietnã nós fizemos a nós mesmos."*

---

* Para alguém que insistiu que é apenas em retrospecto que os acontecimentos históricos parecem inevitáveis, que na época os estadistas tinham "liberdade" para escolher um conjunto de respostas a qualquer crise, Kissinger com frequência apresenta seu apoio à Guerra do Vietnã como predeterminado pelo clima político e intelectual do momento. Mas outros, de posição igual e visão do mundo semelhante, fizeram uma escolha diferente. Nascido na Alemanha, em 1904, Hans Morgenthau é considerado o fundador da abordagem realista das relações internacionais nos Estados Unidos pós-guerra, um dos mais influentes estudiosos de diplomacia do século XX. Assim como Kissinger, Morgenthau, educado na Universidade de Frankfurt antes de ingressar na Academia americana, foi influenciado pela filosofia continental (incluindo Spengler). Assim como Kissinger, ele rejeita o fetiche por fórmulas dedutivas para explicar eventos humanos, oferecendo, como descreve um acadêmico, uma "denúncia impetuosa de toda a ciência política racionalizada". Ele acreditava que "fatos não têm nenhum sentido social em si mesmos": "nossa experiência sensual", nossas "esperanças e temores, nossas lembranças, intenções e expectativas", criam "fatos sociais". Assim como Kissinger, ele era um realista que não pensava que a realidade era objetiva. "O mundo social em si", escreveu ele, "é um artefato da mente humana como a reflexão de seus pensamentos e a criação de suas ações." E assim como Kissinger, ele definiu o poder não como uma condição objetiva, mas como uma "relação psicológica", baseada nas "expectativas de benefícios" e no "temor de desvantagens". Diferentemente de Kissinger, porém, Morgenthau não deixou sua crítica ao positivismo pós-guerra levar a uma posição de relativismo radical; ele insistiu na necessidade de distinguir o certo do errado. Sua oposição pragmática muito inicial ao envolvimento dos EUA no Vietnã nos anos 1950 evoluiu, tornando-se em meados dos anos 1960 uma forte crítica moral à política de Wasghington. Para Morgenthau sobre o Vietnã, veja Ellen Glaser Rafshoon, "A Realist's Moral Opposition to War: Hans J. Morgenthau and Vietnam", *Peace and Change* (janeiro de 2001).

2

FINS E MEIOS

O que se considera um fim, e o que se considera um meio, depende essencialmente da metafísica de seu sistema e do conceito que se tem de si mesmo e de sua relação com o universo.

– Henry Kissinger

Em Harvard, quando era pós-graduando, Henry Kissinger e seu orientador de doutorado, William Yandell Elliott, faziam com frequência longas caminhadas juntos no domingo em Concord. Em uma dessas saídas, Elliott – descrito pelo *Harvard Crimson* como "um virginiano grande, ostentoso (...), uma figura imponente, volumosa, que com frequência usava um terno branco de fazendeiro e um chapéu-panamá" – exortou seu protegido a viver a vida de acordo com o famoso imperativo ético de Immanuel Kant: "Trate todo ser humano, incluindo a si mesmo, como um fim e nunca como um meio." Essa máxima era uma resposta ao influente cálculo utilitário durante a vida de Kant que promovia o maior bem para o maior número de pessoas acima dos interesses do indivíduo. Kant era especialmente atraente para os grandes combatentes da Guerra Fria como Elliott, que via o comunismo soviético como uma aplicação vasta e monstruosa da moralidade instrumentalizada.

Kissinger era bem familiarizado com Kant, tendo enfrentado, em seu trabalho de conclusão de graduação, de 1950, o paradoxo que está no cerne da filosofia kantiana: os seres humanos são inteiramente livres e a história está inevitavelmente avançando de acordo com o plano divino de Deus para um mundo de paz perpétua. Kissinger aceitava a ideia de liberdade de Kant, mas, como filho do Holocausto e observador do *gulag*, não podia aceitar a teologia de Kant, em especial a crença de que a existência tinha um propósito transcendente. Para Kissinger, o passado não era nada além de "uma série de incidentes sem sentido". A história não tinha nenhum significado em si mesma. Qualquer que fosse o "sentido" que os seres humanos pudessem dar ao passado, os eventos não provinham da resolução de um plano moral mais elevado, externo e objetivo, argumentou Kissinger, de modo subjetivo, interior: "O reino da liberdade e da necessidade não pode ser reconciliado, exceto por uma experiência interna."[1]

Kissinger, como diplomata, é habitualmente descrito como amoral, como alguém que acredita que valores, como os direitos humanos universais, não têm nenhum papel a exercer na implementação da política externa. Consta que, certa vez, ele disse, parafraseando Goethe, que se "tivesse de escolher entre justiça e desordem, de um lado, e injustiça e ordem, do outro, (...) sempre escolheria o último".[2] Essa visão não é, porém, amoral. Em vez disso, contrariando a injunção de Elliott, sugere um moralismo utilitário, ou relativo: um bem maior pode ser alcançado pelo maior número de pessoas quando grandes potências fazem o que precisam fazer para criar um sistema ordenado, estável e pacífico entre países, que, por sua vez, pode fomentar qualquer justiça frágil que os seres humanos sejam capazes de alcançar.

A adoção por Kissinger de uma moralidade relativa, e não absoluta, é sugerida em outra história de seus tempos de escola de pós-graduação em Harvard. Em 1953, durante um seminário, Elliott o pressionou a reconhecer que a "realidade", e por conseguinte a ética, precisa existir.³ "Bem, espere aí um minuto, Henry", disse o professor, em reação à longa exposição de Kissinger argumentando que não existia essa coisa de verdade. "Existe uma estrutura metafísica da realidade que é a verdadeira estrutura."

A resposta de Kissinger usou com eficácia o existencialismo kantiano (a ideia de que os seres humanos são radicalmente livres) para minar a moralidade kantiana. "Dificilmente podemos insistir", disse ele, "tanto em nossa liberdade quanto na necessidade de nossos valores." Não podemos, em outras palavras, ser radicalmente livres e sujeitos a uma exigência moral fixada. Kissinger admitiu que algumas pessoas poderiam achar essa posição um "conselho desesperado", já que a possibilidade de qualquer verdade fundamental é rejeitada. Mas, disse ele, o "conselho" era, na verdade, libertador, uma vez que permitia aos homens escapar, ainda que de forma passageira, do sofrimento da existência: "Nossos valores são, de fato, necessários, mas não por causa de uma ordem da natureza; em vez disso, são feitos necessários pelo ato de compromisso com a metafísica de um sistema. Esse pode ser o sentido final da personalidade, da solidão do homem e também de sua capacidade de transcender a inevitabilidade de sua existência", disse Kissinger.

Um pouco mais adiante na discussão, Kissinger citou o imperativo moral de Kant de volta a Elliott com um adendo: "O que se considera um fim, e o que se considera um meio, depende essencialmente da metafísica de seu sistema e do conceito que se tem de si mesmo e de sua relação com o universo."*

---

* Eu perguntei a Maureen Linker, filósofa da Universidade de Michigan, Dearborn, sua opinião sobre essa interpretação do imperativo categórico de Kant. Ela respondeu: "O argumento de Kissinger de que o que se considera um fim e um meio depende de seu sistema metafísico é uma distorção de Kant. Kant diria que a vida de qualquer agente racional é o único fim aceitável. Kant argumentou em favor de um sistema moral universal e absoluto contra o relativismo. (...) Ele não teria nenhuma participação na interpretação de Kissinger. Em sua tese de graduação, também Kissinger, na verdade, usa a noção de liberdade de Kant contra o absolutismo ético de Kant, de uma maneira que iguala sua crítica à causalidade histórica com a moralidade fixada. "Os valores", escreveu ele, "são, na melhor das hipóteses, uma forma de causalidade." Assim como tentar encontrar o verdadeiro sentido da história sem-

Elliott não pareceu entender bem o existencialismo radical da posição de Kissinger. Quando você fala sobre "valores contingentes", respondeu ele ao comentário de Kissinger, está se referindo "àquele reino da liberdade no qual o homem não aprendeu que há um plano para além de seu próprio plano que, de maneira vaga e imperfeita, ele reconhece que o orienta em direção a Deus". Elliott, aqui, estava sustentando uma interpretação mais convencional de Kant, que aceitava o paradoxo de que os indivíduos eram radicalmente livres e ao mesmo tempo havia um "plano" divino. Como, perguntou ele a Kissinger, é possível "reconciliar essa liberdade demoníaca (...) com um retorno a uma vontade divina, por meio da qual o homem, por meio da prece, se submete?". Kissinger não respondeu, mas uma história contada pelo falecido jornalista David Halberstam sugere que talvez o relativismo de Kissinger tenha, por fim, irritado Elliott. Na festa de aposentadoria do professor, quando colegas se reuniram para dizer adeus, Elliott "visitou cada um deles com palavras de despedida. Quase todos os seus comentários foram generosos até ele chegar a Kissinger: 'Henry', começou ele, 'você é brilhante. Mas é arrogante. Na verdade, você é o homem mais arrogante que eu já conheci.' Kissinger ficou pálido. 'Marque minhas palavras', continuou Elliott, 'sua arrogância vai lhe causar problemas de verdade um dia'".[4]

Os detalhes da ascendência política de Kissinger, de como em um período muito curto ele se tornou um dos homens mais poderosos da história americana, já foram contados. Nessas oportunidades, geralmente foi destacada sua sordidez para determinar a transgressão que tornou sua ascensão possível. No fim de 1968, o democrata Hubert Humphrey e o republicano Richard Nixon se enfrentaram numa

---

pre "se esgota em si mesmo no enigma da primeira causa", tentar encontrar o fundamento para servir de base à posição ética sempre se esgota no enigma dos primeiros princípios.

disputa apertada pela Casa Branca. A Guerra no Vietnã era uma questão crítica da eleição. Com ambos os candidatos afirmando ser a melhor chance para a "paz", qualquer progresso em conversas informais que aconteciam na época, em Paris, entre Washington e Hanói, beneficiaria Humphrey. Kissinger, ainda um professor de Harvard, usou seus contatos no governo Johnson que chegava ao fim, incluindo um ex-estudante, para adquirir informações sobre as negociações, que ele passava então para a campanha de Nixon. Por sua vez, o pessoal de Nixon usava as informações secretas para inviabilizar uma possível trégua. Nixon venceu a eleição e, em gratidão, deu a Kissinger o cargo de assessor de segurança nacional.[5]

Mas os acontecimentos precisam ser contados de novo, não para repetir a culpabilidade, mas porque eles captam quase à perfeição a filosofia da história de Kissinger. No outono de 1968, Kissinger estava pondo em prática o que durante muito tempo argumentara em teoria: uma insistência de que os indivíduos têm um grau de liberdade para moldar eventos históricos, de que não estão presos a nenhuma "estrutura real", de que o risco é um requisito da verdadeira arte de governar, de que a iniciativa cria sua própria realidade e de que líderes políticos não deveriam esperar os fatos para aproveitar essa iniciativa. A transcendência era possível, o desespero podia ser evitado e os fins podiam ser meios ou os meios podiam ser fins. Exatamente: as negociações para pôr fim à Guerra do Vietnã se tornaram o meio de ascensão de Kissinger. Portanto, o que William Elliott descreveu como liberdade individual "demoníaca" foi reconciliado com a metafísica do sistema – ou seja, com o Estado de segurança nacional. Kissinger estava resolvendo sua "relação com o universo".

∽

A história do envolvimento de Kissinger na campanha de 1968 começa com uma pergunta: por que Kissinger – um associado próximo do republicano liberal Nelson Rockefeller e ocasional assessor de governos democratas – decidiu se juntar a Nixon, que ele considerava um direitista rancoroso?

"Richard Nixon é o mais perigoso de todos os homens concorrentes para se ter como presidente", disse Kissinger pouco antes da Convenção do Partido Republicano em Miami.[6] Kissinger ficou atordoado, portanto, quando Rockefeller perdeu para Nixon na convenção, de acordo com os jornalistas Marvin e Bernard Kalb. "Ele chorou", escreveram eles.[7] "Agora, o Partido Republicano é um desastre", disse Kissinger.[8] "Aquele homem, Nixon, não está preparado para ser presidente." Ele sabia o que falava, porque fora o responsável por guardar os "arquivos de merda" de Rockefeller sobre Nixon, "vários armários de arquivo" contendo o que hoje é chamado de pesquisa oposicionista ou negativa.[9] Depois da indicação de Nixon, Kissinger dormiu a manhã inteira, sendo acordado apenas pelo telefonema de um amigo. Kissinger, comentou mais tarde o amigo, parecia "mais abalado, mais decepcionado, mais deprimido de maneira geral do que eu já o havia visto". "Aquele homem, Nixon", disse Kissinger, "não tem o direito de governar."

O próprio Kissinger, em uma conferência pública sobre o envolvimento americano no Vietnã organizada, em 2010, pelo Departamento de Estado, citou sua oposição a Nixon como prova de que não podia estar envolvido nos esquemas para elegê-lo: "Eu nunca havia me encontrado com Richard Nixon quando ele me nomeou. E eu passara 12 anos de minha vida tentando impedi-lo de se tornar presidente. Eu era o principal assessor de política externa de Nelson Rockefeller. Então, quando leio alguns dos livros sobre como armei cuidadosamente minha ascensão para aquele cargo, acho que é importante ter em mente – lembrar que eu era um amigo próximo de Nelson Rockefeller e, na verdade, conhecia Hubert Humphrey muito melhor. Bem, eu não conhecia Nixon nem um pouco."[10]

Na mesma conferência, porém, o diplomata Richard Holbrooke contou uma história que ajuda a explicar a acomodação de Kissinger.

Holbrooke falou imediatamente após Kissinger, lembrando 1968, os assassinatos de Martin Luther King e Robert F. Kennedy e os distúrbios e protestos contra racismo e guerra. "Nunca houve um ano como 68 em nossas vidas", disse ele. Em seguida, Holbrooke descreveu que, naquele verão, ele e Kissinger estavam em Martha's Vineyard, assistindo à Convenção do Partido Democrata em Chicago pela TV. A polícia estava espancando manifestantes do lado de fora, e os democratas estavam se enfurecendo uns com os outros do lado de dentro. Nixon já recebera a indicação do partido e, com a "destruição do Partido Democrata" que estava sendo transmitida à nação, Kissinger se virou para Holbrooke e disse: "Esse é o meu fim." "Você se lembra?", perguntou Holbrooke, fazendo um gesto para Kissinger, que estava na plateia. Kissinger estava fora do quadro da câmera, mas o público riu e talvez ele também tenha rido.

Holbrooke monta uma cena evocativa: Kissinger, num fim de um agosto quente, em Martha's Vineyard, ponto de convergência da sociedade do Leste americano no verão, assistindo à transmissão da desintegração dessa sociedade e vivendo uma das noites mais longas e escuras de sua alma. Ele gritou: "Nelson Rockefeller e Hubert Humphrey estão sendo destruídos! Jamais servirei ao governo de novo."

O desespero foi passageiro. Kissinger agiu imediatamente, posicionando-se como útil tanto para os democratas outonais do New Deal quanto para a ascendente direita republicana. Alguns dias depois da convenção dos democratas, Kissinger, ainda em Vineyard e, agora, descansando em uma praia em West Tisbury, ofereceu os arquivos de Rockefeller sobre Nixon a outro professor de Harvard que veraneava ali, Samuel Huntington, o qual estava trabalhando na campanha de Humphrey. "Foi uma oferta maravilhosa", recordou mais tarde Huntington.[11]

Uma oferta que Kissinger nunca cumpriu. Mesmo quando estava depreciando Nixon para os democratas ("Eu odiei Nixon durante anos", disse ele, protelando Zbigniew Brzezinski, que estava tentando fazê-lo entregar os arquivos), ele estava se aproximando de Richard V. Allen, um dos principais assessores de política externa de Nixon, para lhe dizer que logo estaria viajando a Paris para avaliar o status das conversas entre Washington e Hanói e estaria disponível para assessorar a campanha sobre o assunto. Em Paris, Kissinger cultivou contatos na equipe de negociação de Johnson, incluindo um advogado chamado Daniel Davidson. Davidson admitiu que ficou "enfeitiçado e encantado" por Kissinger. Conforme explicou, "ele tinha uma inteligência, um senso de humor e um jeito conspirador que arrebatava você para o campo dele".[12]

Holbrooke também estava na delegação: "Henry era a única pessoa fora do governo com a qual estávamos autorizados [pela Casa Branca, devido a seu cargo anterior de assessor] a discutir as negociações", disse ele ao biógrafo de Kissinger, Walter Isaacson. "Nós confiávamos nele. Não é distorcer a verdade dizer que a campanha de Nixon tinha uma fonte secreta dentro da equipe de negociação dos EUA."[13] Quando Kissinger retornou a Cambridge, duas semanas depois, telefonou para a campanha de Nixon de novo, relatando que "alguma coisa grande estava em andamento a respeito do Vietnã". Kissinger aconselhou que Nixon mantivesse vaga qualquer declaração sobre a guerra que pudesse fazer para não ser "minado pelas negociações". Diplomatas em Paris estavam trabalhando em um acordo: Johnson suspenderia o bombardeio do Vietnã do Norte e Hanói retribuiria concordando em iniciar negociações formais com o Vietnã do Sul.

Kissinger contactou membros da equipe de Nixon várias vezes desde então, falando mais frequentemente com Allen. Foi Allen quem primeiro descreveu, para Seymour Hersh, o papel de Kissinger de sabotar as negociações, e com o passar dos anos ele elaborou: "Henry Kissinger, por conta própria, dispôs-se a passar informações para nós por meio de um espião, um ex-estudante, que ele tinha nas negociações de paz em Paris, que lhe telefonava e lhe informava o que ocorrera, e Kissinger me ligava de telefones públicos e falávamos em alemão. O fato de meu alemão ser melhor do que o dele não impedia nem um pouco minha comunicação com Henry, e ele descarregava quase toda noite o que havia acontecido naquele dia em Paris."[14]

Kissinger fez sua última ligação no fim de outubro. "Tenho uma informação importante", disse ele: os norte-vietnamitas haviam concordado em participar de negociações de paz oficiais, com início marcado para 6 de novembro, um dia depois da eleição presidencial. Eles haviam "estourado champanhe" em Paris, relatou Kissinger. Algumas horas depois do telefonema de Kissinger para a campanha de Nixon, Johnson suspendeu os bombardeios.[15] O anúncio de um acordo entre Washington, Saigon e Hanói pode ter empurrado Humphrey – que estava se aproximando de Nixon nas pesquisas – para o topo. Mas não haveria acordo nenhum: os sul-vietnamitas correram da decisão conjunta depois de saberem pela campanha de Nixon que poderiam conseguir termos melhores de um governo republicano. "Saigon não pode participar de negociações em Paris segundo plano atual", dizia a manchete na metade superior da primeira página do *New York Times* em 2 de novembro.

Mais tarde, naquele dia, Nixon, fazendo campanha em Austin, Texas, disse: "Em vista das primeiras notícias esta manhã, as perspectivas de paz não são tão claras quanto eram alguns dias atrás."[16]

O pessoal de Nixon agira rápido. Usando as informações de Kissinger e trabalhando por meio de Anna Chennault (viúva de um tenente-general da Segunda Guerra Mundial nascida na China e proeminente ativista conservadora), eles exortaram os sul-vietnamitas a sabotar as negociações, prometendo melhores condições se Nixon fosse eleito. O presidente Johnson foi informado sobre a intromissão. Por meio de escutas telefônicas e interceptações, ele soube que a campanha de Nixon estava dizendo aos sul-vietnamitas que Nixon venceria e para "esperar um pouco mais". Se a Casa Branca tivesse ido a público com a informação, o ultraje poderia também ter pendido a eleição a favor de Humphrey. Mas Johnson hesitou. Ele temia que a "conivência de Nixon" fosse explosiva demais. "Isso é traição", disse ele. "Isso sacudiria o mundo."[17]

Johnson permaneceu em silêncio, Nixon venceu e a guerra, continuou.

~

O fato de que Kissinger participou de uma intriga que prolongou a guerra por mais cinco anos inúteis – sete, se você contar os combates entre os Acordos de Paz de Paris, em 1973, e a queda de Saigon, em 1975 – é inegável.* O próprio Kissinger reforça as provas. Ele foi apanhado duas vezes, em gravações liberadas recentemente, admitindo ter passado informações úteis para Nixon.

A primeira gravação é de uma reunião de Nixon, Kissinger e Bob Haldeman, no Salão Oval, em 17 de junho de 1971. Os três homens estavam tentando inventar um plano para conter as repercussões negativas do vazamento, por Daniel Ellsberg, dos Papéis do Pentágono para o *New York Times*. Uma ideia, sugerida por Haldeman e apoiada por Nixon, era "chantagear" Lyndon Johnson e forçá-lo a emitir uma declaração pública condenando o vazamento de Ellsberg. Nixon acreditava que havia um arquivo – o chamado arquivo da "suspensão do bombardeio" – com provas de que Johnson havia parado de bombardear o Vietnã do Norte para ajudar Humphrey a vencer a eleição.**

---

* O historiador Ken Hughes, em seu recente *Chasing Shadows: The Nixon Tapes, the Chennault Affair, and the Origins of Watergate* (2014), pp. 175-77, cita um memorando da campanha de Nixon que descreve Kissinger como uma "alta fonte diplomática que está secretamente conosco e tem acesso às negociações em Paris e a outras informações".

** Um arquivo secreto com informações incriminadoras, de fato, existia. Fora reunido por assessores de Johnson e escondido fora da Casa Branca logo após a vitória de Nixon. Ken Hugues argumenta que Nixon queria o arquivo porque continha provas não da perfídia de Johnson (já que Johnson, de acordo com Hugues, não programou a interrupção dos bombardeios para beneficiar Humphrey), mas da sabotagem de Nixon às negociações de paz. Em 14 de maio de 1973, pouco depois da morte de Johnson, Walt Rostow, seu assessor de segurança nacional, depositou o arquivo de interrupção de bombardeio na Biblioteca Presidencial LBJ, em Austin, Texas. Ele acrescentou uma nota que dizia: "O arquivo anexado contém as informações disponíveis a mim e (eu acredito) o grosso das informa-

Pensava-se que o material estava em um cofre na Brookings Institution, uma instituição de especialistas em Washington, e Nixon, nesse encontro, ordenou a Haldeman que forjasse um "roubo" para obtê-lo. Esse foi o início do grupo de espionagem conhecido como os "encanadores", que arrombaria a sede do Partido Democrata no Watergate Hotel.[18] "Porra, entre e pegue esses arquivos. Exploda o cofre e pegue-os", instruiu Nixon.

É uma cena vergonhosa: um presidente e seus principais assessores, incluindo Kissinger, sentados, discutindo como chantagear um ex-presidente e explodir cofres.* Para nossos propósitos aqui, o importante é que Kissinger revela que sabia que Johnson não determinou a interrupção dos bombardeios para ajudar Humphrey porque, diferentemente de suas declarações posteriores, ele tinha acesso a informações sigilosas sobre as negociações em Paris:

> KISSINGER: Eu costumava lhe dar informações – costumava –, você se lembra, eu costumava lhe dar informações sobre isso na época; portanto, não tenho nenhuma...
>
> NIXON: Eu sei.
>
> KISSINGER: Quero dizer, sobre a escolha do momento.
>
> NIXON: Sim...
>
> KISSINGER: Mas eu, até onde eu sei, nunca houve nenhuma conversa em que eles disseram vamos guardar isso até o fim de outubro.

ções disponíveis ao presidente Johnson sobre as atividades do sr. Chennault e de outros republicanos pouco antes da eleição presidencial de 1968." Rostow queria que o arquivo permanecesse secreto indefinidamente: "Depois de cinquenta anos, o diretor da Biblioteca LBJ (...) poderá, sozinho, abrir esse arquivo. (...) Se ele acreditar que o material contido ali não deve ser aberto a pesquisas [na época], eu desejaria que ele fosse autorizado a fechar novamente o arquivo por mais cinquenta anos, quando o procedimento descrito acima deverá ser repetido." Não obstante as instruções de Rostow, a biblioteca começou a liberar o arquivo em 1994. Apesar da renovada atenção ao arrombamento de Watergate em seu quadragésimo aniversário, estudiosos e repórteres, exceto Ken Hugues e o jornalista Robert Parry, ignoraram em sua maioria o conteúdo.

* Richard Goodwin, o escritor de discursos de JFK, descreveu o círculo interno de Nixon, incluindo Henry Kissinger, como a "burocratização da classe criminosa".

Eu não estava presente às discussões aqui. Eu só vi as instruções a Harriman.

A referência é a Averell Harriman, que chefiava a delegação dos Estados Unidos em Paris. Kissinger está admitindo não apenas que passava informações para a campanha de Nixon, mas que tinha acesso a instruções específicas, sigilosas, das negociações – ou seja, os termos que a Casa Branca estava disposta a aceitar, as concessões que estava oferecendo e o prazo que estava propondo para reduzir as hostilidades.

A segunda admissão de Kissinger, que veio quase um ano depois, em 19 de abril de 1972, é mais sucinta. Foi uma resposta à opinião de Nixon de que os norte-vietnamitas começariam a suavizar sua posição nas negociações no período anterior à eleição presidencial de 1972. O motivo pelo qual ele pensou isso foi porque era o que eles haviam feito em 1968, assumindo compromissos com os enviados de Johnson em Paris antes da eleição presidencial. "Eles são bem conscientes das coisas políticas americanas", disse Nixon a Kissinger. Este concordou: "Conforme eu disse a todos vocês, naquele outono, qual era o jogo."[19] "Apenas onze palavras", escreve o historiador Jeffrey P. Kimball, "mas com essas palavras Kissinger afirmou que, no outono de 1968, havia passado para 'vocês' – ou seja, não apenas para a campanha de Nixon, mas para o próprio Nixon – informações sobre o avanço diplomático vislumbrado em Paris."[20]

Guardiões do legado de Kissinger dizem que seus acusadores interpretam mal ou exageram a importância dessas provas: Nixon teria vencido a eleição de qualquer modo; as informações que Kissinger passou não eram específicas; a campanha de Nixon tinha outras fontes; portanto, a sabotagem das negociações teria ocorrido mesmo sem a participação de Kissinger; e os sul-vietnamitas não queriam a Presidência de Humphrey e teriam recusado por conta própria o acordo sem qualquer estímulo de Nixon. Intencionalmente ou não, essas desculpas imitam a abordagem sobre o passado feita por Kissinger em sua tese de graduação. A verdade não é encontrada nos "fatos da história", mas a partir de uma "construção" de circunstâncias hipotéticas, contrafactuais e conjecturas.

Porém, de certa maneira, os defensores de Kissinger estão certos. Não que ele não estivesse envolvido nas maquinações anteriores à eleição de Nixon. Estava. Mas concentrar-se demais na busca de provas que estabeleçam culpabilidade pode deixar passar o sentido maior do episódio, sua importância para a ascensão de Kissinger, como isso lhe permitiu pôr à prova sua filosofia de política.

∽

Quatro anos antes, Kissinger refletira sobre a importância da imaginação política em sua abordagem sobre a resposta de JFK à crise dos mísseis em Cuba. A "essência" da boa política externa, escreveu ele, "é sua contingência; seu sucesso depende da exatidão de uma estimativa que, em parte, é conjectural".[21] O problema, porém, é que Estados-nações bem-sucedidos racionalizam sua política externa. Eles criam um serviço diplomático, com protocolos, diretrizes, procedimentos claros e níveis de promoção, administrado por funcionários que dependem de especialistas profundamente versados nas particularidades de sua região específica. Todo o sistema é montado para se esforçar pela "segurança" e "previsibilidade", para trabalhar em prol da manutenção e reprodução do *status quo*. "A tentativa de conduzir a política de maneira burocrática leva à busca de uma capacidade de calcular que tende a se tornar uma prisioneira dos eventos." A rotinização leva à cautela, a cautela à inação, a inação à atrofia. O sucesso é medido por "erros evitados e não por objetivos alcançados".[22]

Em contraste, os grandes estadistas, aqueles que realmente farão diferença, nunca se permitem ser paralisados por uma "pré-visão de catástrofes". Eles são ágeis, prosperando sobre uma "criação perpétua, sobre uma constante redefinição de objetivos".[23]

Essa foi uma boa descrição de Kissinger no fim de 1968, hábil e ligeiro, agindo incisivamente sobre conjecturas e captando o espírito do momento. Não importa quantos contatos ele cultivou, não importa quantas madrugadas passou em cafés parisienses cochichando no ouvido de jovens funcionários ou quantas conversas em alemão ele teve em telefones públicos nas esquinas das ruas, seus defensores provavelmente estão certos. Mesmo com acesso às instruções de Johnson para as negociações, ele não poderia ter informações exatas sobre as decisões que estavam sendo tomadas na Casa Branca. Ele tinha que improvisar, pelo menos até certo ponto, supondo o que os outros sabiam, imaginando o que os outros fariam com essa suposição, usando todos os meios a seu alcance, examinando chances e, o tempo todo, dando a impressão de compostura e certeza. O próprio Nixon chamou as informações que Kissinger passava de "desconfortavelmente vagas". Embora tenha ficado impressionado com seu talento para segredos: "O fator que mais me convenceu da credibilidade de Kissinger foi o tempo que ele passou protegendo seu segredo."[24]

Ao navegar para a Europa logo depois do início do segundo semestre em Harvard, Kissinger pode ter temido que a viagem fosse um tempo desperdiçado, uma missão inútil. E, ao voltar, ele correu um risco enorme. Se as coisas tivessem seguido por um caminho diferente, ele poderia ter se queimado com os dois partidos políticos ou, pior ainda, ter enfrentado uma acusação judicial. É ilegal cidadãos privados interferirem nas relações exteriores dos Estados Unidos. "Kissinger havia provado sua coragem nos dando pistas", disse Richard Allen a Hersh. "Eram necessários colhões para nos dar aquelas pistas"; era "uma coisa bem perigosa para ele ficar se metendo na segurança nacional".

Descartando qualquer "pré-visão de catástrofes" que possa ter tido, Kissinger influenciou uma campanha presidencial de apostas altas, que estava empatada, usando as ansiedades daqueles que estavam à sua volta como matéria bruta para uma "nova criação". Em vez de se tornar "prisioneiro de eventos", como temeu naquele momento de fraqueza em Vineyard, Kissinger escapou. Não estava exatamente aproveitando uma oportunidade, mas criando uma. Depois da vitória de Nixon, Kissinger fez o que pôde para manter a atenção do presidente, inclusive iniciar o falso rumor de que o governo Johnson planejava depor ou assassinar o presidente do Vietnã do Sul, Nguyen Van Thieu, antes de deixar o poder. Em seguida, ele conseguiu, via William F. Buckley, transmitir o rumor para Nixon. Kissinger disse que queria que o presidente eleito soubesse que, "se Thieu tiver o mesmo destino de Diem [um líder anterior do Vietnã do Sul, deposto e executado num golpe que o governo Kennedy ajudou a iniciar], as nações do mundo saberão que pode ser perigoso ser inimigo dos Estados Unidos, mas que ser amigo dos Estados Unidos é fatal". O historiador Stephen Ambrose diz que o que Kissinger estava fazendo era brincar com o entusiasmo de Nixon por "sigilo, rumor, intriga e comunicação indireta, tudo isso coberto por um verniz de preocupação com princípios elevados (os Estados Unidos precisam se manter fieis a seus amigos) e realçado pela fraseologia dramática de Kissinger".[25]

Kissinger queria uma posição elevada na Casa Branca de Nixon, mas mesmo em seus sonhos mais distantes não poderia ter imaginado a recompensa que o risco que correra lhe traria. O Nixon vitorioso não apenas fez dele o chefe do Conselho de Segurança Nacional, como o instruiu a reorganizar essa instituição de modo a tomar do Departamento de Estado e do Departamento da Defesa o controle sobre a política externa.

Vale a pena fazer uma pausa por um instante para considerar a narrativa acima de forma dividida, cronológica, já que isso mostra a rapidez com que a roleta da sorte de Kissinger estava girando, a rapidez com que ele foi da falta de esperança, da crença de que sua carreira estava desmoronando juntamente com o meio-termo na política americana – de ser confundido com o professor Schlesinger! – para sua nomeação como assessor de segurança nacional de Nixon.

5 a 8 de agosto	Convenção do Partido Republicano. Rockefeller perde a indicação para Richard Nixon. Kissinger fica arrasado.
9 de agosto	Kissinger dá uma entrevista na rádio de Nova York expressando "sérias dúvidas" sobre Nixon. Alguns dias depois, chama Nixon de um "desastre".
26 a 29 de agosto	Em Chicago, Humphrey vence a indicação pelo Partido Democrata. Em Martha's Vineyard, Kissinger, assistindo pela TV aos protestos do lado de fora do centro de convenção, perde a esperança porque a política americana está se radicalizando e ele não ficará deslocado.
Fim de agosto	Alguns dias depois da convenção, Kissinger oferece à campanha de Humphrey arquivos de oposição a Nixon pertencentes a Rockefeller. Mas não os entrega.
10 de setembro	Kissinger telefona para Allen, dizendo que está indo a Paris e se oferece para transmitir informações que obtiver sobre as negociações.
17 de setembro	Kissinger chega à Europa a bordo do SS *Île de France*. O segundo semestre de Harvard logo começará. Kissinger programou lecionar para duas turmas: um curso de graduação, Princípios de Relações Internacionais, e seu seminário de pós-graduação.
26 de setembro	De volta a Cambridge, vindo de Paris, Kissinger telefona para John Mitchell e diz: "Alguma coisa grande está a caminho."
Outubro	Kissinger tem pelo menos mais duas conversas com o pessoal de Nixon, de acordo com o historiador Robert

	Dallek, avisando sobre a possibilidade de uma interrupção dos bombardeios. Ele continua, porém, a depreciar o candidato republicano, descrevendo-o em meados de outubro como "paranoico".
31 de outubro	Kissinger telefona para Allen: "Recebi uma informação importante." Doze horas depois, Johnson suspende os bombardeios.
2 de novembro	O presidente do Vietnã do Sul, Nguyen Van Thieu, anuncia que seu país não participará das negociações de paz sob os termos acordados por Washington e Hanói.
5 de novembro	Nixon vence Humphrey. Kissinger (por volta de 12 de novembro) consegue transmitir a Nixon a informação falsa de que o governo Johnson planejava depor ou assassinar Thieu antes de deixar o poder.
22 de novembro	Nixon convoca Kissinger para ir a seu centro de comando no Pierre Hotel, em Manhattan. O encontro acontece três dias depois, em 25 de novembro. Eles discutem a importância de montar um Conselho de Segurança Nacional forte, centralizado, que dirigirá a política externa a partir da Casa Branca.
26 de novembro	Kissinger recebe oficialmente a oferta do cargo de assessor de segurança nacional.
16 de dezembro	Última aula de Kissinger em Harvard.
Fim de dezembro	Kissinger submete um plano detalhado para reorganizar o conselho, dando enorme poder ao conselho e seu diretor.
27 de dezembro	Nixon aprova o plano.

A posse de Nixon ainda estava a um mês de distância e Kissinger já era um dos homens mais poderosos do planeta.

∼

Tendo hoje uma vida bastante longa – primeiro agindo em nome do Estado mais forte da história do mundo e depois entrando num reino de privilégios privados sem paralelo –, Kissinger gozou de grande luxo, riqueza e aclamação popular. Chegou a ganhar o prêmio Nobel da Paz por encerrar uma guerra que incentivara em seu início e cuja duração ajudou a prolongar. O fato de ter sido capaz de realizar o gambito original que levou a essa conquista – ter se tornado o mais poderoso assessor de segurança nacional da história americana, em vez de ser banido para Harvard ou indiciado – provou a validade de suas teorias, que, com imaginação, alguns indivíduos podem se apoderar do movimento interno da história e manipulá-la em seu benefício.

Desse momento em diante, cada política que Henry Kissinger defendeu como sendo boa, tanto material quanto moralmente, para os fins estratégicos de longo prazo dos Estados Unidos também acabou sendo boa para seu avanço pessoal.

3

KISSINGER SORRIU

Ah, não, nós não vamos parar o bombardeio. Absolutamente não.
— Henry Kissinger

Richard Nixon tomou posse em 20 de janeiro de 1969. Um mês depois, em 24 de fevereiro, Henry Kissinger e seu assistente militar, o coronel Alexander Haig, reuniram-se com o coronel Ray Sitton para começar a planejar a Menu, codinome dos bombardeios de B-52 no Camboja. Foi exigido extremo sigilo. Nixon, eleito com a promessa de pôr fim ao conflito, temia a reação pública que uma escalada da guerra no Camboja poderia provocar. E a Casa Branca queria contornar o Congresso, que exerce seu poder sobre o serviço militar, em grande parte por meio da apropriação de fundos necessários para realizar missões específicas. Muitos, incluindo Nixon e Kissinger, achavam que o Congresso não aprovaria o bombardeio no Camboja, já que este era um país neutro com o qual os Estados Unidos não estavam em guerra.

Kissinger, Haig e Sitton inventaram uma fraude abrangente.* Sitton, com base em recomendações recebidas do general Creighton

---

*Só em 1973 o Congresso e o público souberam dos bombardeios secretos da Menu, no Camboja, depois que um delator, o major Hal Knight, escreveu uma carta ao senador William Proxmire infor-

Abrams, comandante das operações militares no Vietnã, determinava um número de alvos a serem atingidos no Camboja. Em seguida, levava sua decisão a Kissinger e Haig, na Casa Branca, para aprovação. Kissinger tinha uma participação bastante ativa, modificando parte do trabalho de Sitton. "Eu não sei o que ele usava como motivo para alterar", recordou mais tarde Sitton. "Ataque aqui nessa área", Kissinger lhe dizia, "ou ataque ali naquela área". Depois que Kissinger ficava satisfeito com o alvo proposto, Sitton passava por canais secretos as coordenadas para Saigon e, dali, um mensageiro as transmitia para as estações de radar apropriadas, onde um oficial fazia a alteração de última hora. O B-52 era desviado de seu alvo "de fachada", no Vietnã do Sul, para o Camboja, onde lançava sua carga de bombas sobre o alvo real. Quando a ação era concluída, o oficial encarregado da fraude queimava todos os documentos – mapas, impressões de computador, relatórios de radar, mensagens e por aí em diante – que

---

mando-o sobre seu envolvimento na armação quando estava na base Ben Hoa da Força Aérea, no Vietnã do Sul, em 1970. Na época, investigadores do Congresso e jornalistas não conseguiram encontrar uma ligação entre o que Knight fizera no Vietnã do Sul – queimar documentos e redigir relatórios falsos – e a Casa Branca. O general Abrams, por exemplo, deu um depoimento detalhado à Comissão de Serviços Armados do Senado, mas insistiu que não sabia quem produzira os protocolos enganosos: "As instruções sobre precisamente como se lidaria com isso na época em que foi aprovado vieram todas de Washington." "Quem ordenou a falsificação dos registros?", perguntou um senador a Abrams. "Eu não sei", respondeu ele. Mais tarde, porém, depois de Kissinger deixar o cargo, Seymour Hersh (em seu livro de 1983, *The Price of Power*, pp. 59-65) identificou o coronel Sitton como a ligação que faltava. Muito pouca coisa foi feito após o êxito de Hersh em determinar Kissinger como o arquiteto do chamado sistema de relatórios duplicados. Contudo, eu localizei uma longa gravação e, até onde eu sei, em grande parte desconhecida, conduzida com Sitton em 1984. Hoje falecido, Sitton discute os detalhes da fraude e confirma a veracidade do relato de Hersh: "Eu estava em choque", disse Sitton, referindo-se ao momento em que foi confrontado por Hersh com documentos vazados que indicavam seu papel na trama do bombardeio do Camboja. "Eu não podia acreditar que ele fosse capaz de conseguir aquelas coisas." Hersh estava errado em relação a alguns detalhes técnicos sobre os bombardeios, diz Sitton, mas essas "imperfeições" não eram "tão importantes assim". "Ele fez um bocado de suposições, pensando que era tão esperto que sabia muito sobre isso", disse Sitton. "Ele não se saiu muito mal", reconhece Sitton. Para a entrevista, veja LTG Ray B. Sitton, entrevista a Marcus J. Boyle, transcrição K239.0512-1570, United States Air Force Oral History Collection, Archives Branch, Air Force Historical Research Agency, Maxwell Air Force Base, Alabama (veja especificamente pp. 152-64 para a descrição de Sitton sobre o trabalho com Haig e Kissinger para desenvolver o protocolo do registro contábil duplo). Para o depoimento e as citações de Abrams, veja *Bombing in Cambodia: Hearings before the Committee on Armed Services, United States Senate* (1973), pp. 343, 360, 363.

pudessem revelar o verdadeiro voo. Em seguida, ele regidia uma papelada "pós-ataque" falsa, indicando que a incursão aérea ao Vietnã do Sul ocorrera conforme o planejado. Assim, administradores do Congresso e do Pentágono recebiam "coordenadas de alvo falsas" e outros dados forjados para que fossem prestadas contas de gastos verdadeiros – de combustível, bombas e peças de reposição – sem que jamais fosse preciso revelar que o Camboja estava sendo bombardeado.

Sitton, um especialista em B-52 designado para o Estado-Maior Conjunto, disse que era comum que se perguntasse o que estava fazendo ao participar de uma cadeia de comando paralelo, contornando superiores no Departamento da Defesa, tramando alvos de bombardeio em uma sala abobadada nas entranhas do Pentágono e, depois, encaminhando secretamente as decisões ao escritório de Kissinger para aprovação. "Eu me sentia como se estivesse fora, num limbo, patinando sobre um gelo bem fino com todas as minhas idas ao porão oeste da Casa Branca." Mas sempre que expressava essas preocupações a seus superiores diziam-lhe: "O que quer que você esteja fazendo, continue fazendo. Parece estar funcionando. Apenas faça o que está fazendo. Quando receber um chamado para ir à Casa Branca, vá, porque você não tem escolha."

Foi assim que uma guerra ilegal, secreta, foi travada em um país neutro, uma guerra saída às pressas de um porão, pelas mãos de um nomeado presidencial que alguns meses antes era um professor de Harvard.

Por que Nixon e Kissinger acharam que precisavam travar uma guerra ilegal, secreta, num país desesperadamente pobre de plantadores de arroz e búfalos d'água é outra história.

∽

Richard Nixon desejava uma linha dura contra o Vietnã do Norte, acreditando que isso forçaria Hanói a fazer as concessões necessárias para levar o conflito a uma conclusão que mantivesse as aparências. Antes da eleição de novembro, Nixon já havia compartilhado com Bob Haldeman o que ficou conhecido como a "teoria do louco". Caminhando pela praia de Key Biscayne, Nixon contou a seu futuro chefe de gabinete que queria que os norte-vietnamitas "acreditassem que cheguei ao ponto em que posso fazer qualquer coisa para parar a guerra. Vamos deixar escapar para eles a informação de que, 'pelo amor de Deus, você sabe que Nixon é obcecado por comunistas. Não podemos contê-lo quando ele está zangado – e ele tem a mão sobre o botão nuclear' – e o próprio Ho Chi Minh estará em Paris em dois dias implorando pela paz".[1]

Kissinger estava mais do que disposto a fazer o serviço. A "tenacidade", afinal de contas, foi um tema central que permeou grande parte de sua política, a ideia de que a guerra e a diplomacia são inseparáveis e de que, para serem eficientes, os diplomatas precisam ser capazes de punir e persuadir em igual e irrestrita medida. Na verdade, a teoria do louco era uma extensão de sua filosofia da ação – de que o poder não era poder, a não ser que se tivesse disposição para usá-lo, de que o propósito da ação era neutralizar a inércia da inação.*

---

* "Deixar escapar" o fato de que Nixon era obcecado por comunistas, de que ele não podia ser contido, foi em si uma forma de ação, um bom exemplo do que o filósofo da linguagem J. L. Austin chamou de "enunciado performativo". Com isso, Austin quis dizer que, em sua maioria, os exemplos de linguagem não *representam* uma ação objetiva e, portanto, não podem ser avaliados em termos de saber se são verdadeiros ou falsos. O discurso em si é a ação. Ao argumentar contra o "fetiche verdadeiro/falso", Austin, escrevendo nos anos 1950, não estava fazendo nenhuma afirmação sobre moralidade e política. Mas sua obra sobre linguagem fez parte de uma reação intelectual mais ampla ao positivismo pós-guerra semelhante às reflexões de Kissinger sobre a relatividade da verdade e a metafísica da realidade. De fato, a insistência de Austin de que os enunciados performativos são sempre "ocos ou vagos" capta o vazio no centro do relativismo de Kissinger. Esse vazio levou a um tipo de coerência: de sua tese de graduação até seus livros mais recentes, Kissinger defendeu a importância de respostas criativas e inesperadas para crises – na verdade, enunciados performativos que sinalizam, para adversários, sua seriedade de propósito. Mas, apesar desse apelo à inovação constante, os argumentos que ele apresentou para qualquer escalada a ser considerada (estabelecer credibilidade, apoiar aberturas diplomáticas com poder militar, fortalecer resoluções, evitar a inação para demonstrar que a ação é possível), fosse no Sudeste Asiático nos anos 1960 ou, trinta anos depois, no Oriente Médio, foram previsivelmente semelhantes.

Dias depois da posse de Nixon, em 20 de janeiro, Kissinger pediu ao Pentágono que lhe dissesse quais eram suas opções de bombardeio. Ele e Nixon queriam começar a atacar o Vietnã do Norte de novo, mas seria difícil fazer isso devido ao apoio interno à suspensão dos bombardeios por Johnson. A melhor opção seguinte era bombardear o Camboja. Houve dois motivos declarados para a decisão de Nixon e Kissinger de iniciar o que viria a ser uma campanha de bombardeios de quatro anos naquele país. Primeiro, as negociações de paz que Nixon havia sabotado, com a assistência de Kissinger, começariam novamente, e a Casa Branca queria uma exibição de determinação que forçasse Hanói a fazer concessões que considerava necessárias para reduzir as operações dos EUA.

O segundo motivo manifestado para os bombardeios era destruir linhas de abastecimento, depósitos, bases de forças norte-vietnamitas e o centro de comando da Frente Nacional para a Libertação do Vietname (FNL, os vietcongues, a insurgência comunista do Vietnã do Sul), supostamente localizado no Camboja, perto de sua fronteira com o Vietnã. Os Estados Unidos tinham, na verdade, começado a mirar no Camboja (e no Laos) em 1965, mas o Estado-Maior Conjunto queria acelerar os ataques aéreos, em especial depois de a Ofensiva do Tet, no início de 1968, revelar a eficiência com que Hanói levava tropas e armas do Camboja para o Vietnã do Sul. Johnson, porém, depois de intensificar a guerra em 1965, recusou-se a intensificá-la mais em 1968. A essa altura, ele estava tentando descobrir uma saída.*

---

* As guerras no Laos e no Camboja – que incluíram bombardeios e incursões além das fronteiras – podem ser consideradas apenas duas frentes de uma campanha longa, e com frequência secreta, que começou durante o governo Johnson e terminou em 1973, cada uma delas envolvendo uma grande invasão (no Camboja, com tropas americanas, em 1970; no Laos, com tropas sul-vietnamitas e apoio aéreo americano, em 1971). Nos dois casos, o principal objetivo das ações dos Estados Unidos era interromper o caminho de Ho Chi Minh e destruir a cadeia de comando e controle dos vietcongues. Nixon e Kissinger intensificaram (em termos de número de bombardeios e quantidade de munição lançada) e ampliaram (em termos de extensão de território visado) muito os bombardeios nos dois países. Contudo, foi o Camboja que se tornou uma obsessão para Nixon e Kissinger, pois, suposta-

Nixon também queria sair. Mas acreditava que, se tivesse alguma chance de "vietnamizar" o conflito – ou seja, de retirar as tropas dos Estados Unidos e, ao mesmo tempo, fortalecer o exército sul-vietnamita –, a infraestrutura logística e de comunicação do Vietnã do Norte e da FNL teria que ser neutralizada. Hanói e o Vietcongue haviam lançado ofensivas no Vietnã do Sul logo depois da posse de Nixon, e Nixon e Kissinger queriam retaliar de maneira que tanto enviasse uma mensagem quanto reduzisse a capacidade deles de realizar operações semelhantes no futuro.

"Bata neles", disse Kissinger a Nixon dez dias antes de o bombardeio começar, e, depois, peça "negociações privadas" aos norte-vietnamitas.[2]

~

Os bombardeios de Kissinger e Nixon no Camboja começaram em 18 de março de 1969 e acompanham, quase perfeitamente, dois fenômenos internos: a ascensão política de Henry Kissinger e a dissolução cada vez maior do consenso político dos Estados Unidos.*

---

mente, abrigava o quartel-general dos vietcongues e servia de principal porta de saída de suprimentos e tropas norte-vietnamitas para o Vietnã do Sul.

* Em linhas gerais, a campanha de bombardeio do Camboja, entre 1969 e 1973, compreendeu duas operações. A primeira delas, Operação Menu, ocorreu entre 18 de março de 1969 e maio de 1970. A segunda, Operação Acordo de Liberdade, ocorreu entre maio de 1970 e agosto de 1973. A Menu foi a fase mais secreta, executada com o protocolo fraudulento criado por Sitton, Kissinger e Haig. A maioria dos ataques da Menu (mas não todos) ocorreu ao longo da fronteira com o Vietnã, visando a destruir a logística, o comando e o controle do exército norte-vietnamita e dos insurgentes comunistas do Vietnã do Sul. Esses bombardeios, conforme veremos, tiveram o efeito de dispersar os norte-vietnamitas e a atividade insurgente mais para dentro do Camboja, levando a guerra americana mais para o interior e ajudando a desestabilizar o país. Essa crise, que a Menu ajudou a intensificar, foi depois usada por Nixon e Kissinger para justificar uma escalada maior, incluindo uma grande invasão americana, iniciada na primavera de 1970. Depois dessa invasão, a operação de bombardeios chamada de Acordo de Liberdade foi lançada. A Acordo de Liberdade incluiu tanto ataques táticos (aviões de caça) quanto bombardeios estratégicos (B-52), e foi mais disseminada, mirando alvos localizados por todo o país, incluindo áreas povoadas bem a oeste do rio Mekong. A Menu permaneceu secreta por mais tempo do que qualquer pessoa do governo pensou que fosse possível. Só em 1973 o Congresso, avisado por Hal Knight, tomou conhecimento de parte da extensão da Menu (embora alguns mem-

Quando Kissinger chegou à Casa Branca, encontrou adversários em toda parte, incluindo oficiais de carreira no Pentágono, especialistas cada vez mais pessimistas arraigados na burocracia do serviço diplomático e rivais em seu círculo interno, tanto aqueles que precisavam ser mantidos próximos, como o ambicioso Alexander Haig, quanto aqueles que Kissinger imediatamente trairia, como Morton Halperin. E ainda havia os membros do gabinete Melvin Laird, na Defesa, e William Rogers, no Estado, que, depois de perceberem a ameaça do Conselho de Segurança Nacional inflado de Kissinger, começaram a tramar maneiras de miná-lo.

O Conselho de Segurança Nacional foi estabelecido em 1947, no governo Truman, como um órgão consultivo. Mais ou menos como o Conselho de Assessores Econômicos (estabelecido em 1946), que intermediava ideias e sugestões a respeito de preços, contratações, política monetária e por aí em diante, o CSN visava a assessorar o presidente em todos os assuntos relacionados à segurança nacional e agilizar a cooperação de escritórios e agências estabelecidos, como o Departamento de Estado e o Pentágono. Não visava a ser um órgão que tomava decisões e muito menos que executava decisões. Mas, à medida que a Guerra Fria se desdobrou, o CSN, nos governos de Eisenhower, Kennedy e Johnson, acumulou cada vez mais autonomia e poder. Kissinger, porém, presidiu-o quando houve um salto qualitativo à frente. Sob sua liderança, o CSN representou a mais avançada expressão da Presidência imperialista no pós-guerra (antes de ser destroçado pelo Vietnã e pelo Watergate e recomposto dentro de novos moldes, como veremos em capítulos adiante).

---

bros do Congresso, incluindo Gerald Ford, tivessem sido informados antes). A Acordo de Liberdade não foi tecnicamente "secreta". Entretanto, sua extensão e intensidade foram pouco noticiadas na imprensa americana, que com frequência era alimentada pelo governo com mensagens confusas e ambíguas. Por exemplo, em 1º de julho de 1970, Nixon apareceu na TV e disse que os Estados Unidos estavam fornecendo pequenas armas e apoio moral ao governo cambojano, mas nenhuma ajuda militar significativa. Isso não era verdade: Washington estava fornecendo apoio aéreo dentro do Camboja.

O CSN de Kissinger se tornou o eixo central da política externa dos Estados Unidos: a grande quantidade de informação produzida continuamente pela burocracia – memorandos, relatórios sobre países, telegramas de embaixadas, artigos opcionais e por aí em diante – agora passava pelo escritório de Kissinger, onde era examinada, selecionada e reempacotada antes de seguir para o Salão Oval. A "Máquina Maravilhosa de Henry", como Marvin e Bernard Kalb descreveram o centro de comando de Kissinger, era quase a realização platônica da máxima: informação é poder. "Como Kissinger controlava o sistema, ele controlava o processo de tomada de decisões", escreveram os Kalbs. "Todo mundo se reporta a Kissinger e *somente* Kissinger se reporta ao presidente."[3] Seu CSN se tornou "o único fórum para analisar e produzir políticas no mais alto nível, e concentraria o controle sobre a execução de políticas quase exclusivamente na Casa Branca".[4] Mas mesmo essa descrição subestima a conquista reorganizacional de Kissinger. No governo Nixon, Kissinger não apenas exercia "controle sobre a execução de políticas" – ele *executava* as políticas. Além de planejar e dirigir o bombardeio secreto do Camboja, Kissinger organizou várias outras operações clandestinas, incluindo negociações de armas (prenunciando o Irã-Contras), campanhas de desestabilização contra governos estrangeiros e missões diplomáticas secretas no Vietnã, Berlim, China e União Soviética.

Nixon, porém, era inconstante. Ele aprovara o plano de Kissinger para reorganizar o CSN em dezembro de 1968. Mas Kissinger temia que o presidente pudesse voltar atrás. Nixon com frequência evitava confrontos diretos com sua equipe, membros do gabinete e outros altos funcionários, incluindo aqueles que queriam conter Kissinger. Kissinger estava constantemente em guarda para defender seu território.

Para Kissinger, além de (ele esperava) subjugar Hanói, o bombardeio do Camboja era tanto um meio quanto um fim de sua luta por poder. "A principal fonte de poder de Kissinger", disse o preparador de discursos de Nixon, William Safire, em suas memórias sobre sua época na Casa Branca, "estava em sua relação de diapasão com o presidente em assuntos que importavam ao máximo para eles".[5] O Camboja era um dos assuntos que mais importava para Nixon, entendido como a chave tanto para obter uma vantagem sobre o Vietnã do Norte quanto para conquistar (como veremos em um capítulo adiante) sua reeleição. Kissinger, de acordo com Marvin e Bernard Kalb, "sabia, quase instintivamente, que seria capaz de controlar a burocracia – e, portanto, ajudar a reordenar a diplomacia americana – somente na medida em que se tornasse indistinguível do presidente e de suas políticas".[6]

Rogers, no Estado, opunha-se à ideia de intensificar a guerra levando-a para o Camboja. Laird, no Pentágono, era a favor, mas achava que isso precisava ser feito aberta, legal e publicamente por meio da cadeia de comando normal. Isso deu a Kissinger uma abertura, permitindo-lhe assumir uma posição no mais alto nível de excelência. Ele queria bombardear. Queria bombardear de maneira a causar o máximo de dor. E queria bombardear em absoluto sigilo, completamente fora dos registros oficiais. Ele pegou o touro pelos chifres, mostrando à Casa Branca, em especial aos "prussianos" rigorosos da equipe de Nixon, Bob Haldeman e John Ehrlichman, e aos militaristas do Pentágono que ele era o "falcão dos falcões".

Para Kissinger, o extremo sigilo com que os bombardeios do Camboja e do Laos estavam sendo realizados provou-se pessoalmente útil, criando uma atmosfera de desconfiança que lhe permitiu minar seus rivais. Dentro do CSN, o coronel Alexander Haig, principal assistente militar de Kissinger, competia com o civil Morton Halperin pela predileção de Kissinger. Kissinger usou essa competição em seu benefício, em sua rivalidade particular pela atenção de Nixon: Nixon gostava do linha-dura Haig e não confiava em Halperin, que vinha a representar o derrotismo, que, para Nixon, derivava da posse de excesso de informações secretas e *expertise*. Sabendo que o apoio a Halperin iria, em suas palavras, "rotulá-lo" como "suave", Kissinger começou, como escreve Seymour Hersh, a "atacá-lo brutalmente" pelas costas.[7]

No outono de 1969, Halperin se fora e Kissinger logo expurgaria do CSN qualquer outra pessoa da qual Nixon não gostasse.* As causas do desagrado eram diversas, mas quase todas elas incluíam alguma variação de ser suave demais, pessimista demais, desanimada demais ou precisa demais em relação às perspectivas dos Estados Unidos no Sudeste Asiático. À medida que ficou cada vez mais claro que o bombardeio do Camboja não alcançaria o efeito desejado – nem forçar concessões dos norte-vietnamitas, nem reduzir seriamente a capacidade operacional do inimigo –, a teoria do louco se tornou uma performance pessoal com o intuito de convencer não Hanói nem Saigon, mas Washington, de que havia outra opção além da capitulação. De acordo com o general encarregado de fornecer apoio logístico à campanha, bombardear o Camboja era "o absoluto sacrossanto" para aqueles que, como Nixon, se recusavam a admitir que seria impossível acabar com a guerra e salvar Saigon.[8] O Camboja foi um teste de pureza. Kissinger passou.

"Isso é uma ordem, é para ser feito", disse Kissinger mais tarde a Haig, referindo-se a outra ordem para fazer uma incursão de bom-

---

* Halperin foi um dos primeiros alvos da primeira rodada de escutas telefônicas ilegais empreendidas para manter em segredo o bombardeio do Camboja. Depois de o *New York Times* publicar uma reportagem, em maio de 1969, relatando os bombardeios (uma reportagem que não resultou em uma exposição maior da campanha), Kissinger, pensando que Halperin poderia ter sido a fonte interna do jornalista que escrevera a matéria, incitou Nixon a grampeá-lo. O memorando de 9 de maio do diretor do FBI, Edgar Hoover, sobre sua conversa ao telefone com Kissinger observa que Kissinger "esperava que eu continuasse com isso até onde pudesse e eles destruirão quem quer que tenha feito isso se pudermos encontrá-lo, não importa quem seja". É duvidoso se Kissinger acreditava que grampear o telefone da casa de Halperin levaria a provas de delitos. No entanto, o apoio aos grampos, não apenas de Halperin, mas de outras autoridades do governo e jornalistas, tinha um valor em si: dava a Kissinger mais uma chance de mostrar à Casa Branca que o executivo "podia confiar nele". Essa foi a primeira de muitas escutas ilegais que viriam, pondo Nixon no caminho para a desgraça.

bardeios maciços no Camboja. "Qualquer coisa que voa contra qualquer coisa que se mova."[9]

Os bombardeios eletrizavam Kissinger. A primeira incursão ocorreu em 18 de março. Halperin recorda que estava conversando com Kissinger quando Haig os interrompeu com uma nota indicando que o ataque era um sucesso. "Kissinger sorriu."[10] Kissinger em seguida levou a informação para o Salão Oval: "Dia histórico (...) K realmente animado (...) chegou radiante com a notícia", escreveu Haldeman em seu diário.[11]

Kissinger supervisionava cada aspecto dos bombardeios, mandando em generais, desenrolando mapas e escolhendo seus próprios alvos para as incursões de bombardeio. Seymour Hersh escreve que "quando os militares apresentavam uma lista de bombardeios propostos, Kissinger reformulava as missões, mudando uma dúzia de aviões, talvez, de uma área para outra e alterando a hora escolhida para as ações de bombardeio". Kissinger parecia gostar de "brincar de bombardeiro".[12] (A alegria não se limitava ao Camboja: quando o bombardeio do Vietnã do Norte finalmente foi reiniciado, Kissinger, de acordo com Woodward e Bernstein, "expressou entusiasmo com o tamanho das crateras das bombas".)[13] "Henry não apenas examinava os ataques cuidadosamente", relembra um general, "ele interpretava as informações secretas brutas." Essas informações diziam que um alvo, a Área 704, estava claramente com "concentrações consideráveis" de civis cambojanos.[14] Os B-52 fizeram pelo menos 247 missões de bombardeio sobre a Área 704. Um relatório do Pentágono, liberado em 1973, afirmava que "Henry A. Kissinger aprovou cada uma das 3.875 incursões de bombardeio no Camboja em 1969 e 1970, bem como os métodos para mantê-las fora dos jornais".[15]

Os bombardeios "não causaram pressão psicológica para levar a negociações, conforme esperado", escreve a historiadora Joan Hoff, e "não resultaram na destruição do quartel-general [do FNL]". Pior do que deixar de alcançar seus dois objetivos declarados, a campanha assumiu uma lógica de intensificação própria.

Em março de 1970, um ano de bombardeios contribuiu para a destruição da neutralidade do Camboja, levando a um golpe militar contra o líder do país, o príncipe Sihanouk, provavelmente sancionado por Kissinger e Haig.* O general Lon Nol depôs Sihanouk e se juntou ao esforço de guerra americano com entusiasmo. Abastecido por Washington com aviões de ataques contrainsurgentes T-28 e trabalhando junto a operadores secretos do Pentágono, o novo regime em Phnom Penh causou devastações apocalípticas no interior – quer dizer, além do que os Estados Unidos estavam fazendo com as bombas de seus B-52. A contrainsurgência intensificada de Lon Nol teve o efeito de disseminar a insurgência, que agora consistia, de acordo com um membro da embaixada dos EUA, de uma ampla aliança "antifascista" de "não comunistas", "sihanoukistas" e "Khmers Vermelhos".

Semanas depois do golpe de Lon Nol, era difícil refutar (pelo menos em Washington) o argumento para intensificar a guerra com um ataque por terra. Kissinger, em 22 de abril de 1970, defendeu uma invasão diante do presidente e do Conselho de Segurança Na-

---

* Kissinger tinha um "rancor pessoal" extremo por Sihanouk, por causa de sua "neutralidade", de acordo com um funcionário da embaixada no Camboja. E foi o assistente militar de Kissinger, Haig, que forçou o golpe. Mark Pratt, oficial do Departamento de Estado para o Laos e o Camboja, relata que Haig (através do Comando de Assistência Militar – Vietnã, ou MAC-V) expulsou Sihanouk e empossou Lon Nol: "O MAC-V, aqui em Washington, estava negociando com Lon Nol para depor Sihanouk." Sihanouk estava em um avião a caminho da China "quando o MAC-V agiu e Lon Nol assumiu". Pratt sustenta que Haig queria Lon Nol porque ele vinha das Forças Armadas e as "Forças Armadas americanas sempre queriam ter o 'seu' homem. (...) Gostam da mente militar e isto, é claro, foi exatamente o que Haig pensou que havia encontrado em Lon Nol". (Veja a entrevista com Pratt em *Cambodia: Country Reader*, reunido pela Foreign Affairs Oral History Collection of the Association for Diplomatic Studies and Training, disponível em http://www.adst.org/Readers/Cambodia.pdf.) Para uma análise em profundidade do golpe de Lon Nol, veja o capítulo de Ben Kienan "The Impact on Cambodia of the U.S. Intervention in Vietnam", em Jayne S. Werner e Luu Doan Huynh (orgs.), *The Vietnam War: Vietnamese and American Perspectives* (1993), que descreve os efeitos desestabilizadores da enorme perda de receita alfandegária (do contrabando de arroz) resultante da escalada da guerra por Washington.

cional: a disseminação da Guerra do Vietnã para o Camboja significava a disseminação dos "santuários" dos vietcongues, que, por sua vez, "punha em risco o programa de vietnamização, ameaçando, portanto, retardar a retirada das tropas americanas". Conforme diz um relato simpático a Kissinger, "a apresentação de Kissinger foi meticulosa; ninguém na sala questionou seus fatos ou suposições. Um consenso parecia surgir: para protegerem vidas americanas no Vietnã do Sul, os Estados Unidos deveriam tomar algum tipo de atitude militar para impedir uma vitória comunista no Camboja."[16] Para haver uma desescalada, era preciso uma escalada. E, então, Nixon ordenou uma invasão do Camboja por terra, que fracassou completamente em seu objetivo de "limpar" os refúgios de insurgentes; não obstante, direcionou-os para áreas mais profundas do país e polarizou mais a sociedade cambojana.

A disseminação da guerra americana provocou o golpe, o golpe provocou a invasão e, por sua vez, o golpe e a invasão provocaram – ao acelerarem a insurgência – a escalada dos bombardeios. Os B-52 já não miravam apenas nos norte-vietnamitas e vietcongues, numa franja de território perto da fronteira do Camboja com o Vietnã do Sul. Ao longo dos dois anos seguintes, as incursões de bombardeio se espalharam para cobrir quase todo o Camboja, mirando na rebelião que crescia rapidamente e devastando o país.

∼

Recentemente, passamos pelo quadragésimo aniversário da renúncia de Nixon por causa de seu envolvimento no arrombamento do Watergate, lembrado quase como um assunto exclusivamente interno. Porém, mais do que qualquer outra política, foi o Camboja – tanto os bombardeios secretos de 1969-1970 (que criaram uma mania de perseguição na Casa Branca) quanto a invasão na primavera de 1970 (que deu origem ao movimento antiguerra, compelindo Nixon a tomar medidas para conter a dissensão) – que deu o pontapé inicial para a cadeia de acontecimentos que levou à renúncia de Nixon. O colapso do consenso interno dos Estados Unidos começara antes com Johnson. Quando Nixon chegou à Casa Branca, "herdou condições quase de uma guerra civil", escreveu Kissinger, referindo-se à desconfiança da sociedade em relação ao novo presidente, mas oferecendo uma boa descrição do clima geral no país. As ações de Nixon e Kissinger levaram a crise a um novo nível.[17]

Se Nixon chegou ao poder sentindo-se como se estivesse em uma guerra civil, os assassinatos de estudantes na Kent e na Jackson foram sua Queda de Vicksburg.* "A expansão da guerra da Indochina para o Camboja e os tiros na Kent State e na Jackson State", concluiu a investigação do Senado sobre Watergate, levaram a Casa Branca aos esforços para uma expansão ilegal da vigilância interna – ou seja, os crimes que levaram à expulsão de Nixon. "Kent State marcou um ponto de virada para Nixon, o início de sua queda em direção a Watergate", escreveu Haldeman.

A dissensão era sentida dentro do CSN. Quando um membro de sua equipe, Willian Watts, um ex-assistente de Rockefeller, recusou-se a elaborar planos para a invasão por terra do Camboja na primavera de 1970 (porque aquela era uma nação neutra), Kissinger disparou: "Sua visão representa a covardia da sociedade do Leste." Watts avançou contra Kissinger, mas este se abaixou atrás de sua escrivaninha. Watts se demitiu. Kissinger disse a outro funcionário dissidente, Anthony Lake, que ele não era "homem o bastante". Lake se demitiu também.[18]

O historiador Arthur Schlesinger é um bom representante das tendências da sociedade do Leste. Depois de atuar no governo Kennedy, quando apoiou a decisão de aprofundar o envolvimento dos

---

* O Cerco de Vicksburg, no Mississippi, foi uma decisiva batalha na Guerra Civil dos Estados Unidos. A derrota dos Estados Confederados marcou o momento em que o Sul começou a perder a guerra. (N. do R. T.)

Estados Unidos no Sudeste Asiático, ele se tornara, em 1970, um crítico moderado da guerra. Eis o registro de seu diário, em 6 de maio de 1970, captando a desesperança da classe política dos Estados Unidos e das elites intelectuais:

> Semana passada, Nixon invadiu o Camboja. Com o evidente fracasso de sua política de vietnamização, ele aceitou o plano que o Estado-Maior tem apregoado em Washington há anos e que até Johnson, diga-se a seu favor, recusou. Em seguida, ele viajou até o Pentágono e denunciou os estudantes que protestavam como "vagabundos". Quando o presidente dos Estados Unidos cria assim um clima nacional, suponho que não se pode ficar muito surpreso se a Guarda Nacional de Ohio deixa de praticar distinção. (...) A reação tem sido de tristeza e fúria – uma fúria derivada de uma sensação de impotência. (...) O que dizemos [aos jovens] agora? Para esperar até 1973, quando sabe Deus quantos americanos e vietnamitas, hoje vivos, estarão mortos?[19]

É importante notar que a desesperança de Schlesinger diz respeito não à invasão por terra do Camboja. Como a maioria das outras pessoas, ele ainda não sabia que Nixon e Kissinger estavam bombardeando secretamente aquele país havia mais de um ano (e continuariam a bombardear por mais três anos).

A "guerra civil" cresceu e saiu do controle. A "lacuna de credibilidade" se tornou um abismo. A dissensão gerou medidas para conter a dissensão. O bombardeio do Camboja transformou a Casa Branca num barril de pólvora de desconfiança. A invasão por terra do Camboja, anunciada ao público por Nixon em 30 de abril de 1970, em um pronunciamento pela televisão incoerente e desafiante, foi sua centelha. As manifestações se espalharam pelo país, com Washington se transformando em um "campo armado". Em 4 de maio, Kent State. Depois, em 15 de maio, Jackson State. A paranoia fomentou mais paranoia. Crimes levaram a mais crimes. Kissinger estava envolvido nas maquinações iniciais, incluindo os grampos postos em amigos próximos e associados, as vigilâncias e as reuniões nas quais os mais altos funcionários da nação difamavam os dissidentes contrários à guerra como elites insanas e traiçoeiras e discutiam o arrombamento de cofres e a realização de operações de espionagem paramilitares.

Ainda assim, os bombardeios continuaram até agosto de 1973. A essa altura, o Camboja e o Laos estavam destruídos e o Vietnã do Sul condenado. Mas Kissinger estava ascendendo. Mesmo nessa data tardia, ele estava usando o Camboja em sua permanente rivalidade com o secretário de Estado, William Rogers, que nunca mudou de opinião e passou a pensar que a devastação secreta de um país neutro fosse uma boa ideia. Kissinger ameaçou renunciar se Nixon não retirasse Rogers e lhe desse o Departamento de Estado. Nixon hesitou. Ele tivera esperança de se livrar ele próprio de Kissinger após sua vitória esmagadora na reeleição em novembro de 1972. "Ele vai voltar para Harvard", disse a um membro da equipe.[20]

Foi Alexander Haig quem convenceu Nixon a manter Kissinger e lhe dar o Estado. Apesar de sua rivalidade com Kissinger, os anos de planejamento de uma guerra ilegal e clandestina haviam criado um vínculo forte entre os dois.* Rogers renunciou em 16 de agosto, um dia depois de as bombas finalmente pararem de cair sobre o Camboja. Alguns dias depois, Nixon anunciou a nomeação de Kissinger como secretário de Estado.

∼

---

* Em 2007, o historiador Douglas Brinkley entrevistou Haig. Brinkley: "Você chamou Henry Kissinger de gênio e adquire um certo brilho sempre que o menciona. O que há em Kissinger que você achou tão..." Haig: "Você não acha que houve algo entre nós, espero." Brinkley: "Eu não sei. Qual é, qual é a sua... qual era a relação com Kissinger? Se você é um intermediário entre Lairs e Rogers, como é sua relação com Kissinger nessa época?" Haig: "Minha relação com Kissinger era muito boa. Nós raramente divergíamos em uma questão de política externa. Acho que chegávamos a nossas soluções por rotas diferentes, mas geralmente sentíamos que precisávamos de muito mais vigor em nossas relações exteriores."

O bombardeio do Camboja foi ilegal em sua concepção, enganoso em sua implementação e genocida em seu efeito. Destruiu a frágil neutralidade que os líderes do Camboja haviam conseguido manter apesar da guerra na porta ao lado. Comprometeu Washington com um programa de escalada, incluindo a invasão de 1970, que precipitou o colapso da sociedade cambojana. E não alcançou nenhum de seus dois objetivos declarados. Hanói nunca cedeu a mais importante exigência de Kissinger – que retirasse as suas tropas do Vietnã do Sul – e sua capacidade de realizar operações militares no Vietnã do Sul não foi seriamente prejudicada. Será que Kissinger algum dia acreditou que esses objetivos eram realistas? As evidências sugerem que ele não poderia ter acreditado, uma vez que concluíra em 1965 que a guerra era inútil. A pergunta é, de certa forma, irrelevante, porque há um excesso que cerca a obsessão de Kissinger com o Camboja, uma intensidade que sugere que os bombardeios escaparam de sua argumentação original e ganharam um impulso próprio – uma "pulsação cósmica".

Já nos anos 1950 e 1960, em seus tempos de acadêmico e intelectual militar, o raciocínio circular de Kissinger (a inação precisa ser evitada para mostrar que a ação é possível; o propósito do poder americano é criar um propósito americano) e seu relativismo ético ("o que se considera um fim, e o que se considera um meio, depende essencialmente da metafísica de seu sistema") com frequência o levaram a propor aquilo contra o qual advertira: o poder pelo objetivo de poder. Agora, no governo, ele reiterava sua falácia: temos que escalar para provar que não somos impotentes e quanto mais nos provamos impotentes, mais precisamos escalar. Kissinger ajudou a transformar a política do louco de Nixon, fazendo-a deixar de ser uma performance, um ato destinado a transmitir insanidade, para se tornar um ato real de insanidade moral: a devastação de dois países neutros.

Executado com a autorização exclusiva de um homem, Nixon, aconselhado por outro, Kissinger, o bombardeio do Camboja – e do Laos, em grande parte pelos mesmos motivos – está entre as operações militares mais brutais já realizadas na história dos Estados Unidos. De acordo com um estudo, os Estados Unidos lançaram 790 mil bombas de fragmentação sobre aqueles dois países (bem como sobre o Vietnã), liberando quase um trilhão de metralhas – esferas de metal ou dardos farpados afiados como navalha.[21] Foram lançadas mais bombas sobre o Camboja e o Laos, separadamente, do que sobre o Japão e a Alemanha, combinados, durante a Segunda Guerra Mundial.[22] Ben Kiernan e Taylor Owen apresentam um cálculo definitivo para o Camboja. Eles escrevem que "permanece incontestável que, só em 1969-1973, cerca de 500 mil toneladas de bombas dos Estados Unidos caíram sobre o Camboja". Além do mais, "esse número exclui as toneladas de bombas adicionais lançadas sobre o Camboja pela Força Aérea da República do Vietnã, que, apoiada pelos EUA, também realizou numerosas missões de bombardeio ali em 1970 e 1971".[23] A quantidade de bombas que atingiram o Laos é ainda mais impressionante: os pilotos americanos faziam, em média, uma incursão a cada oito minutos e lançavam uma tonelada de explosivos em cada uma delas e em cada laosiano, jogando um total de 2,5 milhões de toneladas em quase 600 mil voos. O Laos, diz a Voz da América, é "o país mais bombardeado da história".[24]

A devastação não foi causada apenas por bombas. Substâncias químicas desfolhantes fizeram seu trabalho. Só em um período de duas semanas (18 de abril a 2 de maio de 1969), o Agente Laranja lançado pelos Estados Unidos causou danos significativos. Andrew Wells-Dang, durante muito tempo envolvido em ajuda humanitária ao Sudeste Asiático, escreve: "Tanto o Governo dos Estados Unidos quanto equipes de inspeção independentes confirmaram que 173 mil acres [70 mil hectares] foram pulverizados (7% da província de Kompong Cham), 24.700 [10 mil hectares] dos quais seriamente afetados. As plantações de seringueira somavam aproximadamente um terço do total do Camboja e representaram uma perda de 12% dos ganhos do país com exportação." Washington concordou em pagar mais de US$ 12 milhões em reparações, mas Kissinger tentou adiar o desembolso para o ano fiscal de 1972, quando o dinheiro poderia ser pago sem um pedido especial que teria revelado a atividade americana além da fronteira: "Todo esforço", escreveu Kissinger, "deve ser feito para evitar a necessidade de uma requisição orçamentária especial para fornecer fundos para pagar esse pedido."[25]

Em seu testemunho ao Senado sobre o bombardeio do Camboja, Creighton Abrams, comandante das forças americanas no Vietnã, disse que as "principais limitações [aos ataques aéreos] eram a população civil". Nem tanto. De acordo com Kiernan, professor de história da Universidade de Yale, "de 1969 a 1973, o bombardeio dos EUA se espalhou pelo Camboja e matou mais de 100 mil civis khmer".[26] No Laos, menos pessoas foram mortas, mas só porque o país é menos populoso. Estima-se que 30 mil laocianos morreram na campanha. Mas é difícil dizer. Em 1972, Nixon perguntou: "Quantos nós matamos no Laos?" Ron Ziegler, secretário de imprensa da Casa Branca, supôs: "Talvez dez mil – quinze?" Kissinger concordou: "Na coisa laociana, matamos cerca de dez, quinze."[27]*

---

* Calcular um número preciso de mortes de civis cambojanos resultantes dos bombardeios de 1969 a 1973 é, como se poderia esperar, difícil. (Recentemente, Kissinger afirmou que os ataques de drones realizados durante o governo de Barack Obama mataram mais civis do que sua campanha no Camboja. Se "for feita uma conta honesta", disse ele, "houve menos baixas de civis no Camboja do que tem havido [nos] ataques de drones.") Kiernan, juntamente com Taylor Owen, baseia seu cálculo em pesquisa documental e trabalho de campo abrangentes, ele presta atenção à intensificação e expansão dos bombardeios em regiões muito povoadas do país ocorridos entre 1970 e 1973. Desde o início dos bombardeios, noticiários do Camboja relataram mortes de civis (esses noticiários foram gravados pelo Serviço de Informação de Radiodifusão Estrangeira dos Estados Unidos). Em 26 de março de 1969, apenas uma semana depois de iniciada a Menu, uma emissora de rádio comentou que "a população do Camboja que vive nas regiões fronteiriças tem sido bombardeada quase diariamente por aeronaves dos Estados Unidos, e o número de pessoas mortas, bem como de material destruído, continua a crescer"; e isso: "Eles fizeram muitos ataques nas últimas semanas, causando perdas ao povo cambojano. A lista de vítimas está cada vez mais longa. Os agressores fizeram outro ataque assassino na noite de 23 de março. Um avião proveniente do Vietnã do Sul bombardeou uma das vilas fronteiriças localizada a cerca de 1.500 metros dentro de nosso território. (...) Esse foi um ataque bem sério. Três crianças foram mortas e nove cambojanos foram feridos, seis deles com gravidade. Esse é outro ataque desumano e injustificado, porque a área é densamente povoada e não é uma área de reunião do Viet Minh ou do Viet Cong. O Viet Minh ou o Viet Cong, como sabemos, estão localizados em áreas remotas e esparsamente habitadas. Porém, os aviões dos EUA nunca as atacaram. Os americanos e sul-vietnamitas preferem atacar áreas habitadas por agricultores cambojanos pacíficos para desmora-

Esses são crimes contínuos. Aproximadamente 30% das bombas lançadas pelos Estados Unidos – a grande maioria no mandato de Kissinger – não explodiram. No Laos, estima-se que haja 80 milhões de bombas de fragmentação que não explodiram escondidas sob uma fina camada de solo e embaladas em esferas de metal. Além dos cerca de 30 mil laocianos mortos em bombardeios, esses dispositivos continuam a matar centenas a cada ano – um total de 20 mil até 2009. Muitos outros são marcados por cicatrizes e mutilados. Também no Camboja, explosões retardadas continuam a matar.

Algumas áreas de terras férteis especialmente visadas deveriam estar fora dos limites do trânsito humano. Os laocianos e cambojanos, porém, são pobres: não cultivar terras pode significar morrer. Mas quando seus arados ou pés atingem essas bombas, muitos acham que cultivar a terra é morrer. Em 2007, no Laos, Por Vandee estava cultivando arroz com a mulher e três filhos quando um de seus filhos esbarrou a enxada em uma munição que não havia explodido. Vandee

---

lizar estes últimos" (reimpresso em US Senate Hearings, *Bombing in Cambodia*, p. 159). Para se ter uma ideia da ferocidade do bombardeio do Laos e de sua escalada por todo o país depois de Kissinger assumir o poder, assista a este vídeo feito por Jerry Redfern: http://www.motherjones.com/politics/2014/03/laos-vietnam-war-us-bombing-uxo. O vídeo em sequência de tempo mostra quase 600 mil operações de bombardeio – uma "carga de bomba de avião a cada oito minutos durante nove anos". Para mais informações sobre o Laos, veja Timothy Castle, *At War in the Shadow of Vietnam* (1995). Para a totalidade dos ataques aéreos no Sudeste Asiático, veja John Schlight, *A War Too Long: The USAF in Southeast Asia, 1961–1975* (publicado pelo Air Force History and Museums Program em 1996). Schlight escreve: "Ao todo, a Força Aérea fez 5,25 milhões de bombardeios sobre Vietnã do Sul, Vietnã do Norte, Norte e Sul do Laos e Camboja." Michael Clodfelter, em *Vietnam in Military Statistics: A History of the Indochina Wars* (1995), p. 225, escreve: "A Força Aérea dos Estados Unidos lançou na Indochina, de 1964 a 15 de agosto de 1973, um total de 6.162.000 toneladas de bombas e outros tipos de material bélico. Aeronaves da Marinha e do Corpo de Fuzileiros Navais dos Estados Unidos gastaram outras 1.500.000 toneladas no Sudeste Asiático. Essa tonelada excedeu muito aquelas que foram gastas na Segunda Guerra Mundial e na Guerra da Coreia. A Força Aérea dos Estados Unidos consumiu 2.150.000 de munição na Segunda Guerra Mundial – 1.613.000 toneladas em solo europeu e 537 mil no Pacífico – e 454 mil toneladas na Guerra da Coreia." Em abril de 1972, depois de bombardear o porto de Haiphong, no Vietnã do Norte, Kissinger tranquilizou Nixon de que sua estratégia estava funcionando: "É onda após onda de aviões. Veja você, eles não conseguem ver o B-52 e jogaram um milhão de libras [453 mil quilos] de bombas. (...) Aposto com você que teremos tido mais aviões lá em um dia do que Johnson teve em um mês. (...) Cada avião pode carregar mais ou menos dez vezes mais do que a carga que um avião da Segunda Guerra Mundial podia carregar."

levou um golpe, ficou inconsciente e, quando acordou, soube que dois filhos estavam mortos e o outro tinha lesões cerebrais. Outros morrem ou são feridos tentando recolher as bombas para vendê-las como sucata.

"Existem partes do Laos onde não há literalmente nenhum espaço livre. Não há nenhuma área que não tenha sido bombardeada", disse um trabalhador de ajuda humanitária recentemente. "E quando você está nas vilas agora, ainda vê as provas disso. Você ainda vê crateras de bombas. Ainda vê uma quantidade inacreditável de metal, destroços e munição que não explodiu largados nas vilas e ainda ferindo e matando pessoas hoje." Quarenta por cento das vítimas são crianças.[28]

~

Muito antes de Kissinger e Nixon expandirem a Guerra do Vietnã para o Camboja, Henry Kissinger havia pensado bastante no problema da democracia, que, em sua dissertação de doutorado de 1954, ele chamou de "incomensurabilidade" entre política interna e políticas externas. Em sociedades democráticas modernas, a política é fundamentada em princípios considerados absolutos e atemporais – igualdade civil, liberdade política e o devido processo legal – aplicáveis a todas as pessoas, em todos os lugares, em todas as épocas. A diplomacia revela, porém, que esses ideais são, por definição, negociáveis, e sua aplicação, dependente da conveniência política. O sistema entre Estados é formado por políticas concorrentes, cada uma delas representando culturas e valores únicos, cada uma delas com sua própria história e seus próprios interesses. Guerras, crises e tensões diplomáticas podem ocorrer sobre qualquer questão. Mas ameaças prolongadas ao sistema internacional aparecem quando uma nação insiste que sua "versão de justiça" paroquial é universal e tenta impô-la a outras nações. "A experiência internacional de um povo é um desafio à universalidade de sua noção de justiça", escreveu Kissinger, "porque a estabilidade de uma ordem internacional depende da autolimitação, da reconciliação de diferentes versões de legitimidade."[29]

Para Kissinger, a incongruência entre o absolutismo interno e o relativismo internacional era mais do que um problema técnico. Era primordial, porque forçava as nações a confrontar o fato de que havia limites para sua "vontade de infinidade", de que ideais que até então se pensava estarem em harmonia com os céus eram na verdade apenas assunto particular.

Kissinger discorreu um pouco sobre o perigo que os estadistas correm quando mostram ao povo de seu país que eles não são, na verdade, o mundo, que suas aspirações não são ilimitadas, que existem outros povos com diferentes interesses e experiências. Sem quererem aceitar esses limites, os cidadãos com frequência empreendem "uma rebelião quase histérica, ainda que subconsciente, contra a política externa". A expressão mais comum dessa rebelião, argumentou Kissinger, é impor aos diplomatas um teste de pureza impossivelmente elevado, limitando sua capacidade de firmar compromissos – ou até de falar – com enviados de nações consideradas imorais, anormais e inaceitáveis.

Impedidos de cumprir seu dever, formuladores de políticas externas se tornam algo como "heróis de um drama clássico que [têm] uma visão do futuro, mas que não conseguem transmiti-la diretamente a [seus] companheiros". Eles com frequência "compartilham o destino dos profetas", escreveu Kissinger, no sentido de que "não têm honra em seu próprio país". Isso acontece porque seu trabalho é tratar exatamente daquilo que seus cidadãos mais prezam – um sentimento de que são únicos e eternos – como um mero "objeto de negociação". O transporte e a troca de mercadorias no âmbito internacional se tornam, então, um "símbolo de imperfeição", de motivos impuros frustrando a felicidade universal". A assinatura de qualquer tratado internacional pode estabelecer os protocolos desse ou daquele acordo ou compromisso específico. A coisa em si, porém – o próprio fato de que é preciso assumir um compromisso –, é a morte, cheira a decadência, a transitoriedade, à fugacidade da existência.

Por isso o fardo de duplo vínculo dos estadistas. Eles precisam representar as aspirações de seu povo, sim, e se esforçar para resistir à sandice splengeriana. Mas também precisam acomodar suavemente os cidadãos ao fato da mortalidade. Precisam usar sua arte para ajudar a nação a admitir suas limitações, aceitando que seus ideais não são atemporais, que sua moral não é imaculada. "O estadista precisa, portanto, ser um educador", escreveu Kissinger, "precisa preencher a lacuna entre a experiência do povo e sua [dele] visão."

Estas são observações sutis, o produto da mente investigadora de um homem jovem construindo, como ele certa vez explicou, sua "estrutura conceitual". Contudo, o mais impressionante é que foram escritas no início de 1950, num momento de extraordinária confiança em se tratando de diplomacia americana. Talvez Kissinger estivesse pensando na incapacidade de Woodrow Wilson de vender sua Liga das Nações ao povo americano. Mas esse fracasso, quando Kissinger escreveu suas reflexões sobre a relação entre democracia e diplomacia, acontecera décadas antes. O New Deal, a Segunda Guerra Mundial, a vitória dos Aliados contra o nazismo e, depois, a Guerra Fria haviam consolidado um grau extraordinário de unanimidade no povo americano.* A Casa Branca e o sistema de política externa funcio-

---

* Houve dissensão, mas esta foi contida por meio do macartismo e da Comissão de Atividades Antiamericanas da Câmara. A imprensa apoiou a Guerra da Coreia e a Guerra Fria e, de acordo com Carl Bernstein (que, juntamente com Bob Woodward, desvendou Watergate), mais de quatrocentos jornalistas trabalharam, pelo menos ocasionalmente, para a CIA. Até meados dos anos 1960, bem durante o aprofundamento do envolvimento dos Estados Unidos no Sudeste Asiático, "os grandes chefes da mídia", escreve David Halberstam em *The Powers That Be* (1979, p. 446), "ansiavam por serem cidadãos bons e leais, e os repórteres em atividade aceitavam quase sem questionar a palavra da Casa Branca sobre política externa". Os corpos docentes das universidades e seus presidentes estavam igualmente quietos e, em sua maioria, sem questionar; a carta que Kissinger assinou, juntamente com muitos outros professores, em apoio às políticas dos EUA do Vietnã no fim de 1965 era a típica opinião acadêmica. Steven Casey, *em Selling the Korean War: Propaganda, Politics, and Public Opinion, 1950–1953* (2008), argumenta que o conflito coreano foi uma guerra impopular, gozando de muito pouco apoio do povo e apoiada quase inteiramente por elites institucionais.

navam com quase inquestionáveis autonomia e legitimidade (Rick Perlstein escreve que entre 1947 e 1974 cerca de quatrocentos projetos de lei haviam sido apresentados no Congresso para estabelecer a supervisão legislativa de agências de inteligência; todos eles foram rejeitados).[30]

Em outras palavras, o problema que Kissinger advertiu, em 1954, em grande parte, não existia. Analistas de defesa conservadores como Kissinger reclamavam da falta de vontade dos cidadãos, nos anos pós-guerra, de lutar guerras pequenas ou grandes. Mas esse não era o tipo de discurso obstrucionista histérico de diplomatas que Kissinger estava descrevendo em sua dissertação. Até meados dos anos 1960, os eleitores adotavam um internacionalismo robusto; os estadistas não tinham "dificuldade para legitimizar seus programas internamente"; a imprensa decididamente não era antagônica; os cientistas sociais em sua maioria se viam como facilitadores, e não como oponentes, da Guerra Fria; teólogos e intelectuais davam apoio moral e ético à contenção; e o Legislativo e o Judiciário, em sua maior parte, cuidavam de seus próprios negócios em se tratando de política externa. Os diplomatas, em outras palavras, não estavam sendo expulsos de sua pátria como profetas desonrados ou heróis gregos.

Mas, então, veio a guerra dos Estados Unidos no Sudeste Asiático. Kissinger, nomeado assessor de segurança nacional no meio dessa guerra, não é o único responsável por desfazer o consenso da Guerra Fria nos Estados Unidos. Porém, ao executar a estratégia de guerra de Nixon com tanto zelo, no Camboja e em outros lugares, ele apressou o rompimento. Disse que os estadistas eram profetas e, de certo modo, cumpriu sua própria profecia, ajudando a causar a dissensão para a qual advertira em 1954. Não foi apenas o bombardeio do Camboja. "Danos imensos haviam sido feitos em 1973-1974", disse-me a historiadora especializada em diplomacia Carolyn Eisenberg após ler com generosidade este capítulo. "Houve muitas mentiras sobre muitas coisas", disse ela. "A maior mentira foi que eles haviam gastado milhares de vidas e vastas somas de dinheiro para alcançar um acordo de paz que podiam ter obtido quatro anos antes."*

Kissinger reconhece que seu período em cargo público marcou um ponto de virada, reclamando que nenhum outro estadista americano teve que enfrentar o tipo de crítica que ele enfrentou. Diferenças de opinião sobre política externa eram esperadas, disse ele. Mas, durante seu mandato, "uma crítica natural às decisões que era argumentável em várias etapas foi transformada em uma questão moral, primeiro sobre a adequação moral da política americana como um todo, e depois na adequação moral dos Estados Unidos para conduzir qualquer tipo de política externa tradicional".[31]

Ao tentar prestar contas de seu mandato, Kissinger, ao longo dos anos, referiu-se de vez em quando ao argumento que apresentou em sua dissertação de doutorado em 1954 a respeito da incongruência inevitável entre o absolutismo interno e o relativismo internacional: perder a guerra no Vietnã, disse ele em 2010, foi a "primeira experiência dos Estados Unidos com limites em política externa, e foi algo doloroso de aceitar". Esta não é uma interpretação sincera. É verdade, conforme veremos, que a derrota no Vietnã provocou uma reação conservadora contra Kissinger. Ativistas da base suspeitaram do "estrangeirismo" e "internacionalismo" de Kissinger (ou seja, de sua condição de judeu). Intelectuais neoconservadores da primeira geração se opuseram fortemente à ideia de que havia "limites" para o poder americano. Mas não é sobre esse tipo de repreensão "moral"

---

* Forçados a confrontar o fato de que seu país era capaz do tipo de selvageria que fizera no Sudeste Asiático, muitos ativistas do movimento pela paz foram empurrados para a beira da "agonia existencial". Norma Becker se lembra de ficar "impressionada com aquele horror" e se "sentindo impotente – aquele horror completo, total, inacreditável, de que seres humanos podiam fazer aquilo". "Era tamanha barbaridade e tamanha desumanização o que estava acontecendo. A coisa toda era um show de horror." David McReynolds, vindo de duas gerações de uma família militar republicana, disse que saber o que o governo fizera no Sudeste Asiático o deixou "inconsolável". Depois de visitar o Camboja, o deputado republicano Paul McCloskey pensou que o que os Estados Unidos haviam feito àquele país era "um mal maior do que já fizemos a qualquer país no mundo". Veja Tom Wells, *The War Within: America's Battle Over Vietnam* (2005), pp. 298 e 559; *New York Times*, 3 de abril de 1975.

que Kissinger está falando quando reclama da resposta interna à sua condução da guerra. Em vez disso, os críticos que mais o irritaram foram aqueles – manifestantes, Congresso e ex-colegas de Harvard como Thomas Schelling – que *lhe* disseram que havia limites ao que *ele* podia fazer ao Camboja, ao Laos e ao Vietnã. Conforme ele reclamou com um repórter no início de 1973, especificamente sobre a supervisão pública de sua estratégia no Camboja: "Eu não vejo como é possível conduzir política externa quando há uma tentativa sistemática de destruir tanto suas ameaças quanto seus incentivos."[32]

Kissinger nunca reconheceu que sua recusa a admitir limites no Sudeste Asiático acelerou a crise, o modo como sua guerra no Camboja ajudou a provocar o fim do velho sistema de política externa "tradicional", transformando o Estado de segurança nacional do início da Guerra Fria – baseado no planejamento da elite, no debate cavalheiresco, na aquiescência interna e no consenso entre partidos – no que veio em seguida. Kissinger não usou seu período no poder para "instruir" cidadãos em realismo político, como anteriormente definira a responsabilidade dos estadistas. Em vez disso, ele ajudou a adaptar a Presidência imperialista aos novos tempos, baseado em um conjunto de cidadãos cada vez mais mobilizado e polarizado, em exibições de poder mais espetaculares, em mais sigilo e em justificativas cada vez mais amplas para cada vez mais guerra.

4

ESTILO DE NIXON

Porque, porque você tem que se lembrar de que tudo é política interna a partir de agora. E, ah... Tudo é política interna. Talvez, talvez, talvez, Henry... Dane-se a coisa toda. Você entende o que quero dizer?

– Richard Nixon

Nos últimos anos, houve a liberação de uma avalanche de transcrições de conversas ao telefone que Kissinger gravou em segredo, fitas de Nixon recém-disponibilizadas, memorandos da Casa Branca e os papéis e diários de Haldeman, Haig e outros. Nesse material é difícil encontrar uma única iniciativa de política externa que não tenha sido também conduzida para ganhos internos, para aquietar a dissidência, os melhores rivais ou posicionar Nixon para a reeleição em 1972. Uma pressão inicial para construir um sistema de mísseis antibalísticos teve menos a ver com o poder soviético do que com a encenação de um confronto com o Congresso para estabelecer o domínio de Nixon sobre a política externa. O presidente, com a ajuda de Kissinger, venceu essa luta exagerando a ameaça soviética (algo que Kissinger vinha fazendo desde os anos 1950). O presidente na época exultou com um memorando de vitória sobre o "'estilo de Nixon' para lidar com o Congresso" sem fazer sequer uma menção à defesa nacional. No Oriente Médio, como escreve o historiador

Robert Dallek em *Nixon and Kissinger: Partners in Power*, "a política interna era suprema". Nixon queria pressionar Israel a desistir do programa nuclear, mas, sem querer perder os votos pró-Israel no Congresso, cedeu. O presidente também pensou que obteria um "valor mais político do que de segurança nacional" ao negociar o SALT (Tratado para Limitação de Armas Estratégicas) com Moscou.

"Nós temos que quebrar a espinha dessa geração de líderes democratas", disse Kissinger, referindo-se a um plano para usar o orçamento da Defesa e um tratado de controle de armas para desacreditar os adversários internos de Nixon. Nixon respondeu: "Temos que destruir a confiança do povo no sistema americano."

"Está certo", respondeu Nixon.

Nixon: "E com toda a certeza faremos isso."[1]

Nenhum país do planeta reivindicava mais a atenção de Kissinger do que os Estados Unidos. Ele se tornou obcecado pela política interna americana porque seu chefe, Richard Nixon, era obcecado por política interna. E Kissinger sabia que sua posição dependia inteiramente de se mesclar com Nixon. "Eu estaria perdendo meu único eleitorado", disse ele certa vez sobre as consequências de desagradar a Nixon.[2]

Existem mais coisas, porém, na subordinação da diplomacia à política interna do que a ligação que Kissinger tinha com Nixon. O Vietnã polarizou a sociedade americana. Deu origem, de um lado, a uma dissensão, uma cultura cética, e, do outro lado, a um movimento conservador que acabaria se aglutinando em torno de Ronald Reagan. Enquanto a fissura se aprofundava, políticos usavam cada vez mais a guerra – ou pelo menos a defesa da guerra – para conter a primeira e influenciar o segundo em seu benefício. Roosevelt, Truman, Eisenhower, Kennedy e Johnson usaram a política externa para ganhos políticos (ou perdas: considere Johnson e o Vietnã). Mas a Casa Branca de Nixon aumentou as apostas.

ESTILO DE NIXON

∽

O ano de 1972 foi avistado com uma rapidez surpreendente depois de 1968. E, então, antes mesmo de 1972 chegar, vislumbrou-se 1976. O ciclo de quatro anos da eleição presidencial acelerou nos últimos anos, diz-se com frequência. Mas, há quase meio século, Nixon e Kissinger, em um período incrivelmente curto depois de aterrissarem no poder, estavam fazendo sua guerra no Sudeste Asiático com um olho na reeleição de Nixon.

Eis Kissinger falando ao senador George McGovern no início de 1969 sobre o Vietnã, pouco depois da posse de Nixon:

> Acho que está claro agora que nunca deveríamos ter entrado lá e não vejo como algum bem pode advir disso. Mas não podemos fazer o que você recomenda e simplesmente sair, porque todo o eleitorado do chefe se desintegraria; é o povo dele que apoia o esforço de guerra: o Sul; os operários democratas no Norte. O eleitorado de Nixon está por trás do esforço de guerra. Se saíssemos do Vietnã, haveria um desastre, politicamente, para nós aqui em casa.[3]

A corrida presidencial de 1968 havia sido uma disputa de três vias, com Nixon ganhando 43,4% dos votos, Humphrey, 42,7%, e o segregacionista George Wallace, 13,5%. Quase dez milhões de eleitores escolheram não Wallace, mas seu companheiro na corrida, o general Curtis LeMay, que fez várias declarações alarmantes durante a campanha. "Eu nunca disse que deveríamos bombardeá-los e mandá-los de volta à Idade da Pedra" foi sua resposta às críticas a seu plano para vencer a Guerra do Vietnã. "Eu disse que tínhamos a capacidade para fazer isso."*

---

* Os norte-vietnamitas, escreveu LeMay em *Mission with LeMay*, "deveriam pôr seus cornos para baixo e parar a agressão, senão vamos bombardeá-los e mandá-los de volta à Idade da Pedra. E vamos empurrá-los de volta à Idade da Pedra com poder aéreo ou poder naval – não com forças terrestres".

A maioria desses votos teria ido para Nixon se Wallace e LeMay não estivessem na disputa, e Nixon queria se assegurar de tê-los em 1972. Para fazer isso, ele pretendia implementar sua famosa "estratégia sulina". Que Nixon cultivou um ressentimento racial para vencer no Sul é bem conhecido. Menos conhecido é que sua estratégia tinha um componente de política externa: o máximo poder aéreo no Sudeste Asiático – em essência, a estratégia da Idade da Pedra de LeMay, ou seja, bombardeá-los até a submissão. "Ficou muito claro", disse George McGovern sobre sua conversa com Kissinger, que "eles já estavam começando a traçar a chamada Estratégia Sulina de tentar desenvolver uma abordagem que afastasse o Sul de Wallace e o aproximasse da coluna de Nixon. (...) Nunca mais eu pude desenvolver muito respeito pela política deles no Vietnã. Pensei que eles estavam dispostos a continuar matando asiáticos e sacrificando a vida de americanos jovens por causa de sua interpretação sobre o que aconteceria nos Estados Unidos".[4]

Nixon precisava aplacar os conservadores para evitar outra terceira via. Para isso, Kissinger, depois de se estabelecer como o "falcão dos falcões", foi um emissário útil. Durante os cinco anos seguintes, as atitudes extremas tomadas por Nixon e Kissinger – minar o porto do Vietnã do Norte, o bombardeio do Natal, a Operação Linebacker, a destruição do Delta do Mekong e, é claro, o Camboja e o Laos, dois países que estavam efetivamente sendo bombardeados e mandados de volta à Idade da Pedra – foram uma homenagem prestada ao crescente poder da direita americana.

Nixon contou com Kissinger para falar com conservadores destacados, incluindo o governador da Califórnia Ronald Reagan, o reverendo Billy Graham, William Buckley e o comediante Bob Hope: "O presidente queria que eu lhe desse um breve telefonema para lhe dizer que, com toda a histeria na TV e as notícias sobre o Laos, achamos que fizemos tudo que nos determinamos a fazer: destruímos mais suprimentos do que no Camboja no ano passado. Fizemo-los regredir muitos meses (...) Alcançamos o que estávamos querendo."⁵

Eles não alcançaram nada. O Vietnã do Norte nunca titubeou, nunca cedeu à exigência de Nixon de que retirasse suas tropas do Vietnã do Sul em troca da retirada dos Estados Unidos. Mas isso não importava, porque os bombardeios visavam a uma vitória em casa.

Nixon estava particularmente preocupado com Reagan, e Kissinger atiçou sua preocupação.

"Ele disse que você tem um problema real com os conservadores", contou Kissinger a Nixon, em novembro de 1971, sobre uma conversa que tivera pouco tempo antes com Reagan.

"Ah, eu sei", disse Nixon.

Kissinger continuou: "Ele diz que você vai acabar sem amigos porque não pode vencer os liberais seja como for."

"Caramba", disse Nixon.⁶

Kissinger disse a Nixon que havia enumerado para Reagan as conquistas conservadoras do governo, incluindo o posicionamento – a despeito da oposição liberal – de MIRVs, mísseis nucleares de reentrada múltipla independente. "Não teríamos tido o Camboja", disse Kissinger, referindo-se à invasão americana em 1970, "não teríamos tido o Laos. (...) E não teríamos um orçamento para defesa de US$ 80 bilhões."

Em determinado momento, Nixon o interrompeu: "Não teríamos tido Amchitka." "Não teríamos tido Amchitka", repetiu Kissinger.

A história de Amchitka, uma pequena ilha do Alasca, está bastante esquecida agora, mas aqui Nixon e Kissinger estão falando sobre isso como se tivesse sido um momento dos acontecimentos históricos à altura do discurso de "sangue, trabalho, lágrimas e suor" de Winston Churchill à Câmara dos Comuns, em 1940. No início dos anos 1970, Amchitka foi palco de uma batalha campal entre, de um lado, grupos de controle de armas e ambientalistas e, do outro lado, a Casa Branca, por causa dos planos de realizar ali um teste nuclear de alto rendimento e extremamente radioativo. O teste não tinha nenhum benefício militar ou científico, mas era visto pela direita como uma espécie de ritual, como fogos de artifício para comemorar o fim da Presidência de Johnson, quando muitos falcões (como LeMay) acharam que os Estados Unidos haviam ficado para trás em termos de desenvolvimento nuclear. Então, quando a oposição pública à detonação começou a crescer, Nixon teve uma chance de mostrar aos conservadores que enfrentaria os "liberais". Ele fez saber que, se a Suprema Corte emitisse uma ordem proibindo o teste, ele iria adiante de qualquer modo.

A Suprema Corte não impediu o teste, mas Haldeman disse a Kissinger para usá-lo politicamente mesmo assim. "Diga a Reagan que estamos enfrentando pressões incessantes para continuar com isso. Precisamos de todo o apoio da direita." Mais tarde, depois que o teste foi realizado, Nixon se encontrou com o senador Barry Goldwater e zombou dos temores dos ambientalistas. "As focas ainda estão nadando", disse o presidente. "Estou muito orgulhoso de você", disse-lhe Goldwater.[7]

∽

O que se tornaria conhecido como a Revolução Reagan estava em marcha, e Nixon tinha uma maioria conservadora (contanto que esta não se dividisse). Seus assistentes tomaram a decisão calculada de usar em seu benefício essa "polarização positiva", como o vice-presidente Spiro Agnew descreveu o rompimento da sociedade americana. "Existe o dobro de conservadores em relação a republicanos", disse Haldeman, e a Casa Branca, especialmente depois da invasão do Camboja, perto de meados dos anos 1970, tornava o Vietnã cada vez mais uma "questão social", associando a guerra aos crimes e protestos em casa, rotulando dissidentes como não patriotas e atribuindo o assassinato de manifestantes aos próprios manifestantes, ao "liberalismo radical", ao "isolacionismo lamuriento" e à "pusilânime infiltração na questão crítica da lei e da ordem".[8]

Mas, enquanto os conservadores não se tornassem um bloco de eleitores confiável, Nixon não podia governar apenas com a direita. Embora o momento deles estivesse passando, ele ainda tinha que levar em conta os liberais e a esquerda, que iam desde os partidários do New Deal que continuavam a acreditar que "Franklin D. Roosevelt era presidente", como reclamou Nixon, até as igrejas, os manifestantes contrários à guerra, o movimento pelos direitos civis, os grupos antipobreza e ambientalistas e organizações mais radicais.

Para manter essa ala da política americana afastada, mesmo enquanto trabalhava para transformar sua "maioria silenciosa" numa coalizão eleitoral, Nixon podia contar com o versátil Kissinger. "Conhecíamos Henry como o 'falcão dos falcões' do Salão Oval, recordou Handelman. "Mas, à noite, ocorria uma transformação mágica. Fazendo brindes em uma festa com seus amigos liberais, o beligerante Kissinger se tornava de repente uma pomba. (...) E a imprensa, seduzida pelo charme e humor de Henry, comprava isso. Eles simplesmente não podiam acreditar que o intelectual, sorridente e engraçado 'Henry the K' fosse um falcão como 'aquele canalha' do Nixon."[9]

Kissinger era eficaz com os críticos liberais. Com gente religiosa, ele podia evocar sua experiência no Holocausto. Com repórteres, podia elogiar, vazar e massagear seus egos. E com estudantes cultivava uma mistura convincente de ironia e sinceridade. Sua performance no MIT, no fim de janeiro de 1971, é lembrada.[10] Ele iniciou seus comentários "com um ar confidencial", dizendo à plateia que Nixon não havia sido sua "primeira escolha" para presidente. Então, depois de uma pausa dramática, ele confessou que "tinha dúvidas, estava preocupado, mas confiante de que a Administração escolhera o único caminho sensato" – a retirada gradual e a "vietnamização". Quanto aos rumores de que o governo estava considerando usar armas nu-

cleares (rumores que se revelaram verdadeiros), Kissinger "fez um comentário depreciativo sobre os cenários absurdos que podiam ser encontrados nos cargos mais baixos do Pentágono, mas os verdadeiros formuladores de decisões jamais usariam essas armas terríveis".*
Questionado por um estudante cético sobre o que o levaria a renunciar, Kissinger disse: quando "toda a tendência da política se tornasse moralmente repreensível para mim". Mas, acrescentou, ele não criticaria o presidente publicamente, "a não ser que câmaras de gás fossem montadas ou algum ultraje moral horrendo".

Relembrando o encontro mais tarde, o estudante não convencido se perguntou: "E se... não houver necessidade de construir fornos? E se... os fornos forem os infernos criados pelo napalm e pelas bombas dos B-52?"

Kissinger conquistara grande parte da plateia jovem. "Ele parecia tão sincero, tão solidário, tão um de nós", disse o estudante. Mas, enquanto Kissinger estava mentindo ao dizer que a guerra estava diminuindo, os B-52 estavam castigando o Sul do Laos numa preparação para uma invasão por terra, que aconteceu na segunda-feira seguinte ao discurso de Kissinger no MIT, sábado.

Kissinger era igualmente bom com os intelectuais liberais. Ele os atraía, fazendo-os pensar que tinham uma plateia. Com frequência, almoçava com Arthur Schlesinger e toda vez contava um segredo ao historiador: estava pensando em renunciar. "Tenho pensado bastante em renúncia", disse ele depois da invasão do Camboja. "Na verda-

---

* Kissinger, na verdade, planejou o uso tático de armas nucleares no Vietnã. E ajudou a executar um plano, de codinome "Giant Lance", que punha as forças nucleares dos Estados Unidos em alerta estendido, como parte do blefe para os soviéticos de que "o louco do Nixon pode fazer qualquer coisa para ganhar a guerra". Às vezes, não parecia um blefe: Nixon disse a Kissinger, na primavera de 1972, em resposta a uma ofensiva norte-vietnamita: "Nós vamos fazer isso. Vou destruir o maldito país, acredite em mim, quero dizer, destruí-lo se necessário. E vou dizer, mesmo as armas nucleares se necessário. Isso não é necessário. Mas, você sabe, o que quero dizer é que isso mostra a você até onde estou disposto a ir. Por arma nuclear, quero dizer que vamos bombardear e tirar tudo que for vida do Vietnã do Norte e depois, se alguém interferir, ameaçaremos [com] as armas nucleares." "Eu quero que você pense grande, Henry", disse ele em outro momento.

de, pensei nisso muito antes do Camboja." De novo, Schlesinger não sabia sobre o bombardeio do Camboja nem sobre o profundo envolvimento de Kissinger no planejamento da invasão. Também não tinha conhecimento da trama de Kissinger com o presidente para "destruir a confiança do povo no sistema americano". Portanto, é possível que ele tenha levado Kissinger a sério quando este disse que permaneceria para impedir mais danos a "instituições de autoridade".[11]

E mesmo se Kissinger não conseguisse convencer intelectuais liberais e da esquerda sobre a integridade da política de Nixon, eles eram tranquilizados pelo fato de que uma pessoa à vontade com conceitos como "sociedade burguesa", "condições objetivas" e "crise estrutural" estava na Casa Branca. Sua "alma era conservadora", como disse certa vez seu mentor Fritz Kraemer, querendo dizer que ele valorizava a hierarquia e a ordem. Mas sua mente era formada por muitas das influências que moldaram a Nova Esquerda, incluindo exaltações de livre-arbítrio. Kissinger apreciava a amplitude da história, possuindo um instinto dialético que alguns compararam à estrutura teórica de Hegel ("Henry pensa em uma estrutura constantemente teórica. Toda vez que uma onda ocorreu na extremidade leste da praia, ele a amarrou a uma relação com a margem oeste", disse um admirador acadêmico que ele levou para o CSN como analista).[12] "O Ocidente", escreveu ele em sua tese de graduação, "não produziu nenhum teórico político com capacidade de alcançar as almas desde Marx."[13] O fato de que Kissinger era em essência uma mente da Nova Esquerda com moral da Velha Direita não passou despercebido por Alexander Haig, que o descreveu como alguém "dissociado daquela maldita (...) esquerda, embora seja um sujeito linha-dura, firme".[14]

E quando faltavam humor e um bom vinho, Kissinger habilmente invocava o medo do revanchismo de direita: "Se tivéssemos feito em nosso primeiro ano o que nossos críticos mais estrondosos nos pediram para fazer", disse Kissinger à plateia do MIT, "os 13% que votaram em Wallace teriam crescido para 35% ou 45%; a primeira coisa que o presidente se propôs a fazer foi neutralizar essa facção."[15]

Kissinger, que na infância testemunhou o colapso da República de Weimar, apresentava-se como alguém que protegia o centro em relação à direita, dizendo a liberais que, se renunciasse, Spiro Agnew faria a política externa. Se houvesse uma revolução nos Estados Unidos, advertiu ele, esta não seria liderada pelos Estudantes por uma Sociedade Democrática, por Tom Hayden, pelos quacres pacifistas, nem pelos católicos e judeus da justiça social. Quando uma sociedade realmente desmorona, disse Kissinger, "alguns sujeitos realmente duros (...) as forças mais brutais da sociedade assumem o poder".[16] "Estamos salvando vocês da direita", disse ele a funcionários do CSN que haviam renunciado em protesto à invasão do Camboja em 1970. "Você é a direita", responderam eles.[17]

A invasão do Laos, em 1971 – realizada com 17 mil soldados sul-vietnamitas e ataques aéreos maciços dos Estados Unidos –, foi outra catástrofe. Seu objetivo era fechar o chamado caminho de Ho Chi Minh, por meio do qual Hanói abastecia os vietcongues. Mas o exército norte-vietnamita afugentou os sul-vietnamitas, matando ou ferindo quase 8 mil soldados da ofensiva. Os Estados Unidos perderam mais de cem helicópteros e 215 soldados. Mas Nixon vendeu a invasão como um sucesso. Ele disse a Haldeman: "Devemos atacar os oponentes com patriotismo, salvar vidas americanas etc."[18] Quando a imprensa começou a relatar com precisão o desastre que se revelava, Kissinger aproveitou a oportunidade para alimentar a raiva de Nixon: os relatos da mídia sobre o Laos, disse ele, foram "cruéis". Sem nunca deixar de fazer uma analogia histórica útil, Kissinger disse a Nixon que se "a Grã-Bretanha tivesse uma imprensa assim na Segunda Guerra Mundial, teria desistido em 1942".

A política externa foi virada do avesso, com Nixon e Kissinger ajustando suas ações não à realidade externa, mas a sua necessidade de manipular a opinião interna. No mundo real, a invasão do Laos foi um fracasso. Mas, como Nixon disse a Kissinger, o mundo real não importava. "A principal coisa no Laos, Henry", disse ele, "não me importa o que aconteça lá, é uma vitória. Entende?"[19]

~

"Ouvir mesmo algumas das fitas de Nixon", escrevem os historiadores Fredrik Logevall e Andrew Preston, "é ficar chocado com o grau em que as opções de política externa eram avaliadas em termos de seu efeito provável sobre a reputação do governo em casa."[20] Aqui estão dois exemplos. O primeiro é de março de 1971, quando Kissinger disse a Nixon: "Temos que ter tempo suficiente para sair. Temos que nos certificar de que eles não derrubem o lugar inteiro" (ou seja, de que o Vietnã do Norte não invadisse o Vietnã do Sul assim que os Estados Unidos retirassem suas tropas). "Não podemos deixar que seja derrubado com brutalidade para colocarmos a brutalidade em questão antes da eleição." Depois, em 3 de agosto de 1972, Nixon: "Eu olho para o curso da história lá fora, o Vietnã do Sul provavelmente nunca sobreviverá, de qualquer modo; eu estou apenas sendo perfeitamente sincero. (...) Também temos que perceber, Henry, que vencer uma eleição é terrivelmente importante. É terrivelmente importante este ano, mas será que podemos ter uma política externa viável se daqui a um ou dois anos o Vietnã do Norte engolir o Vietnã do Sul? Esta é a verdadeira questão." Kissinger respondeu: "Se daqui a um ou dois anos o Vietnã do Norte engolir o Vietnã do Sul, podemos ter uma política externa viável se parecer que isso é resultado da incompetência dos sul-vietnamitas." Kissinger prosseguiu dizendo: "Temos que encontrar alguma fórmula que mantenha a coisa unida por um ano ou dois, após os quais (...) depois de um ano, senhor presidente, o Vietnã será um lugar distante." Após ajudar a prolongar a guerra para que Nixon se elegesse, Kissinger estava agora trabalhando para prolongá-la – até ele conseguir alcançar um acordo para livrar a cara – para que ele fosse reeleito.[21]

Nixon, porém, temia que Kissinger fosse tentado a chegar a um acordo e se deleitar com os elogios que receberia como pacificador. Ele disse a Haig para ficar de olho. O presidente, escreveu Haldeman em seu diário, "quer estar certo de que Haig não deixe o desejo de Henry de que um entendimento prevaleça, esta é a única maneira de como podemos perder a eleição. Temos que nos manter firmes no Vietnã e não suavizar".[22] Kissinger, na maioria das vezes, permanecia firme. Mas, no início de 1972, estava ficando cada vez mais aparente que a estratégia de Nixon e Kissinger de retirar as tropas enquanto intensificavam os bombardeios não estava funcionando. Logo, escreve Larry Berman em sua história detalhada sobre as negociações em Paris, a Casa Branca capitularia "em quase cada ponto importante" em que Hanói estava insistindo, incluindo que "qualquer cessar-fogo fosse um 'cessar-fogo no local', ou seja, que as tropas norte-vietnamitas permanecessem no Sul se já estivessem lá".[23]

Os combates, entretanto, continuaram. O Norte lançou uma grande ofensiva no fim de março e Nixon respondeu com uma campanha de bombardeios maciça: Haldeman escreveu em seu diário que Nixon estava reunindo uma enorme força de ataque, ainda esperando, contra todas as evidências, que outra pancada forte "nos desse uma chance razoavelmente boa de negociação" e forçasse Hanói a fazer concessões. "Henry tem a mesma visão."[24]

A essa altura, os bombardeios tinham tanto a ver com conciliar o pequeno grupo de fiéis seguidores que havia endurecido em torno de Nixon na Casa Branca quanto a direita mais ampla. "Eu me recuso a acreditar que uma pequena potência de quarta categoria como o Vietnã do Norte não tenha um ponto de ruptura", dissera Kissinger antes, enquanto fazia planos para um de seus ataques selvagens que deveriam encerrar a guerra. Kissinger disse ao embaixador soviético que o Vietnã se tornara um "grande problema interno". Ele continuou: "Nós não podemos permitir que nossa estrutura interna seja constantemente atormentada por esse país a dez mil milhas de distância."[25] Confrontado com um oponente que não conseguia dobrar, Kissinger passara a pensar nos Estados Unidos como uma vítima atormentada.

No fim da primavera, a força das negociações havia pendido para os norte-vietnamitas. Em 2 de maio, Kissinger se sentou, em Paris, com o principal representante do Vietnã do Norte, Le Duc Tho, em um encontro que descreveu como "brutal". "Le Duc Tho não estava sequer protelando", disse Kissinger. "Nossas opiniões haviam se tornado irrelevantes; ele estava estabelecendo os termos."[26] "Ele nos operou como um cirurgião com um bisturi e enorme habilidade", relembrou Kissinger anos depois.[27]

Um membro da delegação de Hanói descreveu Kissinger como derrotado: ele "já não tinha a aparência de um professor universitário fazendo longos discursos e brincando continuamente, mas de um homem falando com economia, aparentemente constrangido e pensativo".[28] Le Duc Tho importunou Kissinger repetidamente com referências a um tópico particularmente sensível: o crescimento da dissensão interna nos Estados Unidos e a oposição pública à guerra. Kissinger tentou dizer que esse assunto não estava em pauta, informando laconicamente ao norte-vietnamita que não discutiria política interna. Mas Le Duc Tho continuou pressionando esse ponto, citando os Papéis do Pentágono, de Daniel Ellsberg, como "evidência do processo de intervenção e agressão dos EUA" e como um exemplo de como Kissinger estava sendo minado em casa.

"A tristeza estava aparente em seu rosto", disse Le Duc Tho mais tarde. "Nós não sabíamos o que ele estava pensando naquele momento, porém, mais tarde, ele escreveu repetidamente que a divisão de opinião nos Estados Unidos lhe causou grandes dores."[29]

Kissinger rapidamente recuperou sua desenvoltura. "Nós os bombardeamos", disse ele em particular a vários confidentes, logo depois daquele encontro, "para nos levar a aceitar os termos deles." Foi um comentário tão insensível quanto verdadeiro.³⁰

A única coisa que restava fazer era distorcer os termos de Le Duc Tho para que não prejudicassem a liderança imponente de Nixon nas pesquisas. "Meu velho amigo Henry Kissinger deu uma entrevista coletiva outro dia explicando seus triunfos diplomáticos", escreveu Arthur Schlesinger em sua revista em outubro de 1972, depois do anúncio de que um acordo com Hanói fora alcançado. Schlesinger continuou: "Ele foi, como sempre, sutil, afável e insincero. O mais óbvio são as concessões espetaculares e sem precedentes que fizemos. Mas a imprensa, seguindo Henry, escreveu sobre isso tudo como se não tivéssemos feito nenhuma concessão. O mais triste de tudo é que se Nixonger (como diria Isaiah Berlin) tivesse se disposto a fazer essas concessões em 1969, poderíamos ter tido o acordo na época; e 20 mil americanos e Deus sabe quanto vietnamitas, agora mortos, estariam vivos."³¹

Em novembro, Nixon teve sua vitória esmagadora, conseguindo a reeleição tanto como presidente da guerra quanto como candidato da paz.* A porção Sudeste Asiático da "estratégia sulina", embora não tenha feito nada para mover Hanói, foi um sucesso em casa. O preço

---

* O acordo alcançado em outubro quase foi rompido em dezembro, quando Kissinger fez um último esforço para pressionar os norte-vietnamitas em alguns assuntos que poderiam proporcionar uma cobertura política interna à Casa Branca, como a questão sensível dos prisioneiros de guerra (tornada sensível em grande parte devido ao esforço de Nixon para usá-la para ganhos políticos internos; quando a investigação sobre Watergate foi revelada, Nixon, que exagerou o número de prisioneiros americanos nas mãos dos norte-vietnamitas, deixou-se cada vez mais ser fotografado junto a prisioneiros de guerra que retornavam). Kissinger continuou frustrado: "Hanói quase desdenha de nós porque não nos resta nenhuma influência efetiva." Em 18 de dezembro, a Operação Linebacker II – o infame bombardeio do Natal – começou, tendo como alvo prédios civis, incluindo hospitais. "Os canalhas nunca foram bombardeados como serão bombardeados dessa vez", disse Nixon. O bombardeio foi, de fato, cruel, destinado a causar "o máximo sofrimento civil". "Eu quero que as pessoas de Hanói ouçam as bombas", disse um almirante. Mais de mil vietnamitas morreram em uma das campanhas de bombardeios mais concentrados da história dos Estados Unidos. De novo, sem nenhum propósito (além de assegurar aos norte-vietnamitas que os Estados Unidos não os abandonariam): o tratado finalmente assinado em janeiro foi quase exatamente o mesmo que estava sobre a mesa no início de dezembro.

da vitória, porém, foi alto e incluiu, como escreve o historiador Ken Hughes, as vidas perdidas nos "quatro anos que Nixon demorou para criar a ilusão de 'paz com honra' e esconder a realidade da derrota com uma fraude".[32]

Mais tarde, depois da segunda posse de Nixon, assessores no Congresso perguntaram a William Sullivan, secretário de Estado assistente para Assuntos do Leste Asiático e do Pacífico, sob qual cláusula constitucional a Casa Branca poderia justificar o bombardeio do Camboja, que a essa altura ocorria há quatro anos. Sullivan teve dificuldade para encontrar uma resposta, dizendo por fim: "Por ora, eu diria que a justificativa [foi] a reeleição do presidente Nixon." "Com essa teoria", comentou o *Washington Post*, "ele poderia derrubar Boston."[33]

~

Os Acordos de Paz de Paris – assinados em janeiro de 1973 – não poderiam ser mantidos. Saigon não permitiria eleições honestas, e Hanói, que lutava pela independência de todo o Vietnã desde os anos 1940, não aceitaria um país dividido. A questão é: se Nixon e Kissinger esperavam que houvesse um "intervalo decente" antes da queda de Saigon, quando então o Vietnã poderia ser esquecido como aquilo que Kissinger chamou de "fim de mundo"? Ou eles estavam planejando usar uma violação inevitável do acordo por Hanói para legitimar a retomada dos bombardeios?

Larry Berman defende o segundo argumento: Nixon, escreve ele, "pretendia que o Vietnã do Sul recebesse o apoio do poder aéreo americano ao longo de 1976", quando seu legado seria assegurado e seu sucessor, eleito. "O registro mostra", escreve Berman, "que os Estados Unidos *esperavam* que o tratado assinado fosse imediatamente violado e isso desencadearia uma resposta militar brutal. A guerra permanente (a guerra aérea, não as operações por terra) a um custo aceitável era o que Nixon e Kissinger previam a partir do chamado acordo de paz."³⁴

Uma vitória esmagadora na eleição e um acordo de paz rompido teriam, em outras palavras, permitido a Kissinger trocar o bombardeio do Camboja (de início secreto, porque a Casa Branca temia a reação interna) por um agora demandado e totalmente justificado ataque aéreo ao Vietnã do Norte. O *götterdämmerung* (como Seymour Hersh descreveu a destruição decisiva que Nixon e Kissinger queriam causar ao Vietnã do Norte desde que chegaram à Casa Branca) finalmente teria sua autorização.* E quando o Vietnã do Norte começou a avançar contra o Sul, Kissinger quis retaliar. Informado pelo novo secretário da Defesa de Nixon, Elliot Richardson, de que mais bombas teriam pouco efeito estratégico, Kissinger disse: "Não é essa a questão. É uma questão de represália psicológica que precisamos fazer."

Mas a política interna continuou a confundir. "Watergate explodiu e fomos castrados", disse Kissinger mais tarde. "Não tivemos permissão para forçar um acordo. (...) Acho que é razoável supor que ele [Nixon] os bombardearia duramente."

---

* A punição do Vietnã do Norte não foi a única coisa sabotada por Watergate. Nixon esperava usar sua vitória esmagadora para romper definitivamente com o New Deal e a Grande Sociedade; ele propôs um orçamento de austeridade no início de 1973 que teria eliminado centenas de programas do governo, incluindo toda a burocracia da Guerra à Pobreza, de Johnson, teria reduzido os fundos para educação, moradia e saúde e forçado milhões de beneficiários do Medicare e do Medicaid a pagar do próprio bolso despesas significativas, como observa Rick Perlstein.

5

ANTI-KISSINGER

Poder-se-ia muito bem perguntar: Por que se importar em jogar o jogo ainda?

– Daniel Ellsberg, 1956

A ferocidade com que Nixon e Kissinger bombardearam o Camboja, bem como o desejo de causar dor extrema ao Vietnã do Norte, teve várias motivações, tanto explícitas (arrancar concessões de Hanói; romper as linhas de abastecimento e de comando e controle da FLN) quanto implícitas (superar rivais burocráticos; parecer duros e provar lealdade; agradar à direita). "A palavra brutal era usada repetidamente" em discussões sobre o que precisava ser feito no Sudeste Asiático, recordou um dos assistentes de Kissinger, "um ataque incessante e brutal no Vietnã do Norte para despertá-los".[1] Mas há outra maneira de pensar em brutalidade, bem como na maneira sigilosa e furiosa com que os ataques eram realizados.

Tudo na operação secreta parecia ser uma reação ao homem que Henry Kissinger identificava como o supremo tecnocrata: o secretário da Defesa de Kennedy e Johnson, Robert McNamara.* No poder

---

* Em suas memórias, Kissinger descreve McNamara como exatamente o tipo de racionalista sobre o qual Spengler advertia, que aparece durante o período maduro de uma civilização, justo no momento

de 1961 a 1968, McNamara é famoso por ter imposto ao Pentágono o mesmo sistema integrado de análise estatística que ele usara, na década anterior, para salvar a Ford Motor Company. "A revolução de McNamara" deu continuidade a reformas que vinham ocorrendo desde a Segunda Guerra Mundial, mas de maneira muito mais intensa e acelerada.² Os "meninos prodígios" de McNamara buscavam subordinar cada aspecto da política de defesa – sua burocracia pesada, seu orçamento abundante para apropriação de equipamentos, sua doutrina, suas táticas, suas cadeias de comando, sua logística de abastecimento e suas manobras em campo de batalha – à lógica abstrata da modelagem econômica. Quando Ray Sitton, o coronel da Força Aérea que ajudou Kissinger a inventar um método de encobrir os bombardeios no Camboja, informou aos "analistas de sistema do terceiro andar [do Pentágono]" que não sabia "como quantificar a eficiência" dos bombardeios de B-52, eles o chamaram de "burro".³ "Você pode quantificar qualquer coisa", disseram. Sitton, conhecido como especialista em B-52, foi encarregado de desenhar os gráficos de "custo-eficiência" das ações de bombardeio de B-52 mensalmente. A ideia era orçar apenas as incursões no lado ascendente da curva. Quando a "eficiência" começasse a cair, os fundos seriam cortados. "Eu nunca consegui explicar bem a eles que, se você é um comandan-

---

em que esta está prestes a entrar em decadência. Perdidos em um emaranhado de fatos e cálculos, o secretário e seus meninos prodígios não conseguiam distinguir informação de sabedoria, presumindo que seu domínio sobre os números lhes dava domínio sobre o mundo. McNamara, escreveu Kissinger, "enfatizava demais os aspectos quantitativos do planejamento de defesa; ao negligenciar componentes psicológicos e políticos intangíveis, ele objetivava uma previsibilidade que era ilusória. (...) Seus ávidos e jovens associados escondiam suas convicções morais por trás de um método de análise aparentemente objetivo que obscurecia o fato de que suas perguntas com muita frequência predeterminavam as respostas." Havia outra coisa que incomodava Kissinger em relação a McNamara: o excedente de fatos do secretário levou a um déficit de convicção, deixando-o vulnerável a sentimentalismos e culpa. Depois de perder de vista os fins, ele passara a sentir repulsa pelos meios. "Ele não tinha estômago para uma guerra interminável", disse Kissinger. Em uma fase adiantada de sua vida, McNamara se expôs em um ato público de contrição. "Estávamos errados, terrivelmente errados", disse ele sobre a política de Kennedy e Johnson para o Vietnã. Essas desculpas, em particular, irritaram Kissinger. Ao falar com um repórter, Stephen Talbot, que acabara de entrevistar o secretário da Defesa arrependido, Kissinger esfregou os olhos, fingindo chorar: "Buuuu, buuuu." "Ele ainda está batendo em seu próprio peito, certo?", perguntou ele a Talbot. "Ainda se sentindo culpado."

te militar em campo, o mais importante voo que fizerem pode ser aquele imediatamente antes de alcançar o zero do outro lado da curva", disse Sitton. Coisas intangíveis que não podiam ser representadas graficamente ou codificadas num modelo econômico – vontade, ideologia, cultura, tradição, história – eram desconsideradas (McNamara chegou até a tentar, sem sucesso, impor um único uniforme padrão a todas as diferentes divisões dos serviços armados).

Como se poderia esperar, esses esforços de alcançar um "custo-eficiência" aumentaram muito a papelada. Cada detalhe operacional era registrado para que, em Washington, equipes de economistas e contadores pudessem descobrir novas oportunidades para mais racionalização. Finanças e orçamentos eram submetidos a um exame especial; uma das primeiras grandes reformas de McNamara foi "desenvolver algum meio de apresentar" os custos de operação do Pentágono "em termos de missão". O que isso significou para o Comando Aéreo Estratégico é que era preciso prestar contas por galão de combustível, cada hora de voo registrada, cada peça sobressalente usada, bem como cada bomba lançada.

Os planos de Kissinger de bombardear o Camboja – planos desenvolvidos com Sitton – não eram bem a antítese da burocracia mcnamariana. Eram mais uma versão simulada, ou uma perversão, daquela burocracia. De acordo com Sitton, Kissinger aprovou uma fraude altamente elaborada para contornar "o sistema de comando e controle normal do Comando Aéreo Estratégico – ele próprio altamente secreto – que monitora, por exigências orçamentárias, itens como uso de combustível e tonelagem de bomba utilizada". Um "sistema de relatórios duplos" foi estabelecido; as instruções aos pilotos focavam-se exclusivamente em objetivos dentro do Vietnã do Sul, mas, depois que eles estavam no ar, radares redirecionavam um certo número de aviões para seu verdadeiro destino no Camboja. A missão seria "rotineiramente relatada no sistema de comando e controle secreto do Pentágono como tendo sido no Vietnã do Sul". Uma documentação precisa sobre combustível gasto, peças sobressalentes usadas e bombas lançadas era registrada nos formulários "pós-ataque". "Empregados e administradores" precisavam da papelada, disse o chefe do Estado-Maior Conjunto, general Earle Wheeler, ao Senado, depois que a fraude foi finalmente revelada, para justificar a despesa. Mas toda a documentação – mapas, impressões de computador, mensagens e por aí em diante – que pudesse revelar os verdadeiros alvos era queimada.

"Cada folha de papel, incluindo o papel de rascunho, o papel em que um de nossos computadores poderia ter feito algum cálculo, cada resto de papel era recolhido", testemunhou ao Congresso, em 1973, o major Hal Knight, que fazia a falsificação no local, no Vietnã do Sul: "Eu esperava até o dia clarear e, assim que desse a hora, eu saía e queimava aquilo." "Eu destruía os papéis que tinham as coordenadas de alvo. Eu destruía o papel que saía dos quadros de registro que mostrava a rota da aeronave... Eu destruía a fita de computador que recebia as coordenadas do alvo, as coordenadas UTM e as traduzia em informações que os computadores de bombardeio podiam usar. Depois eu também destruía qualquer resto de papel que viesse com isso e os registros em gráfico." "Uma fornalha especial inteira" foi montada para descartar os registros dos alvos de bombardeio, disse o general Creighton W. Abrams ao Congresso; "queimávamos provavelmente doze horas por dia".[4]

"O fogo", escreveu Spengler, "é para o guerreiro uma arma, para o artesão parte do equipamento, para o padre um sinal de Deus e para o cientista um problema."[5] Para Kissinger e os outros homens que bombardearam o Camboja durante quatro anos foi uma maneira de subverter a debilitação perversa da "análise de sistemas", de tirar a guerra das mãos de burocratas e devolvê-la aos combatentes.*

---

* O bombardeio do Camboja foi uma campanha tão extensa que foi preciso toda uma burocracia (uma antiburocracia?) para gerenciá-lo. Eis o general Creighton Abrams, comandante das forças americanas no Vietnã, testemunhando ao Congresso: "De um ponto de vista puramente administrativo, veja você, a coisa toda se tornara complicada demais. Eu não conseguia guardar aquelas coisas na minha cabeça, então eu tinha que ter especialistas que as guardassem; e o que nós tínhamos que fazer

Eu fico voltando à influência de Spengler sobre a crítica de Kissinger à burocracia da política externa não porque isso revela algo único em Kissinger, embora ela se comporte assim. Kissinger, penso eu, era muito mais consciente da base filosófica de suas posições do que a maioria dos outros intelectuais da guerra contemporâneos. Mas o que é mais importante, pelo menos em termos de entender a evolução do Estado de segurança nacional, é como sua crítica reflete uma corrente mais profunda na história americana. A ideia de que o espírito e a intuição precisam ser restaurados em uma sociedade que se tornara "civilizada demais" e "racionalizada demais", dependente demais de lógica, instrumentos, informação e matemática, tem uma genealogia que remonta pelo menos ao fim dos anos 1800.[6] "A vida é pintar um quadro e não fazer uma soma", disse Oliver Wendell Holmes em um discurso em Harvard em 1911 (citado por Kissinger em sua tese de graduação).

Ao longo do século XX e entrando no XXI, cada geração parecia produzir uma nova coorte de "declinistas", militaristas que advertem para a suposta dependência exagerada da sociedade em relação a dados e *expertise*, reclamam da cautela gerada pelo excesso de burocracia, protestam contra a debilitação resultante do excesso de informação. A solução para essa lassidão é, inevitavelmente, mais guerra ou, pelo menos, mais disposição para travar guerras, o que comumente leva a guerras. Kissinger, nos anos 1950 e 1960, fez parte de uma dessas coortes, contribuindo para a guinada para a direita do pensamento da defesa na época, para a ideia de que precisávamos lutar pequenas guerras em áreas cinza com determinação. Em meados dos anos 1970, ironicamente, ele próprio foi um alvo primordial desse tipo de crítica, nas mãos de Ronald Reagan e da primeira geração de neoconservadores.

---

para esse caso e aquele caso e aquele caso. De um ponto de vista puramente administrativo, de eficiência, se você quiser, eu sugeri que fôssemos para um sistema comum, mais de uma vez. Isso não é nada legal. Eu não estou falando das coisas sobre as quais você está falando, estou falando sobre apenas tentar fazer a coisa direito. Esse era o meu problema. Era complexo demais."

Mas antes de chegarmos a essa ironia há outra que vale a pena considerar: o papel que um daqueles que foram deixados para trás por Robert McNamara, o economista Daniel Ellsberg – um homem que gostava de fazer cálculos, cujo entendimento sobre o modo como o mundo funcionava era tão diametralmente oposto à metafísica de Henry Kissinger que pode ser considerado um anti-Kissinger –, teve na derrubada da Casa Branca de Nixon.

∽

Henry Kissinger e Daniel Ellsberg fizeram seus estudos de graduação e pós-graduação em Harvard mais ou menos na mesma época, ambos jovens veteranos do mundo acadêmico e ambos brilhantes e precoces. Ellsberg entregou sua tese de graduação *summa* dois anos depois de Kissinger. E foi Ellsberg, que ocupava um cargo na embaixada dos Estados Unidos em Saigon, quem instruiu Kissinger durante sua primeira visita ao Vietnã do Sul.

Assim como Kissinger, Ellsberg estava interessado na questão da contingência e da escolha nas relações humanas. Mas Ellsberg abordou o tema como economista, prosseguindo em seus estudos de pós-graduação e depois na Rand Corporation, para fazer um trabalho pioneiro em teoria dos jogos e modelagem abstrata. Focados em indivíduos atomizados envolvidos em uma série de transações de custo-benefício racionais destinadas a maximizar a vantagem deles, esses métodos eram bem diferentes da abordagem metafísica de Kissinger para história, ideias e cultura.

Kissinger, na verdade, tinha em mente o tipo de metodologia de Ellsberg quando criticou, em sua tese de graduação, a pequenez da ciência social americana e os conceitos de "positivismo", a ideia de que a verdade ou a sabedoria podem derivar de postulados lógicos ou fórmulas matemáticas. Ellsberg falava a linguagem de axiomas, teoremas e provas, acreditava que sentenças como essa podiam ajudar estrategistas de defesa a planejar guerras nucleares: "Para qualquer distribuição de probabilidade determinada, a probabilidade de resultado a com ação III é $p(A \cup C) = P_A + P_C$. A probabilidade de resultado a com ação IV é $p(B \cup C) = P_B + P_C$ (...) Isso significa que deve haver uma distribuição de probabilidade, $P_A P_B P_C$ ($0 \leq p_i \leq p \sum p_i = 1$), tal que $P_A > P_B$ e $P_A + P_C < P_B + P_C$. Mas não há."[7]

Em contraste, Kissinger, o metafísico, escreveu coisas como: "Não é suficiente mostrar logicamente teoremas deduzidos como um teste de validade absoluto. Deve também existir uma relação com a penetrabilidade de uma experiência interna que transcende a realidade fenomenal. Porque, embora o homem seja um ser pensante, não se depreende que seu ser se esgota em si mesmo em pensamento. (...) O microcosmo contém tensão e polaridade, a solidão do indivíduo em um mundo de significações estranhas, em que o sentido interno total dos outros permanece um eterno enigma. Ritmo e tensão, anseio e medo caracterizam a relação do microcosmo com o macrocosmo."[8]

O choque entre essas duas maneiras de pensar sobre a experiência humana terminaria nos primeiros meses do mandato de Kissinger como assessor de segurança nacional de Nixon.*

---

* Uma ressalva: havia mais pontos em comum nas abordagens de Kissinger e Ellsberg do que seus métodos sugeririam. Ellsberg era, na verdade, um crítico da escolha racional pura e da teoria dos jogos, argumentando em favor de um grau de irracionalidade ao negociar e tomar decisões. O que ficou conhecido como o "paradoxo de Ellsberg" sustenta que as pessoas têm uma aversão forte e irracional à ambiguidade, mesmo quando se opta pela escolha ambígua haveria uma recompensa benéfica maior do que a opção não ambígua. De maneira semelhante, embora Kissinger criticasse o "positivismo", a influência dos cálculos da teoria dos jogos é clara em sua dissecção da estratégia de defesa nuclear de Eisenhower. Ellsberg, certa vez, deu uma palestra no seminário de Kissinger sobre os "usos políticos da loucura", que argumentava que o comportamento irracional podia ser uma ferramenta de negociação útil. "Eu aprendi mais com Dan Ellsberg", disse Kissinger em determinado momento, "do que com qualquer outra pessoa sobre barganhar", e as semelhanças entre as formulações de Ellsberg e a teoria do louco de Nixon e Kissinger são claras. Veja Jeffrey Kimball, "Did Thomas C. Schelling Invent the Madman Theory?", *History News Network*, 24 de outubro de 2005. Embora se opusesse filosoficamente tanto ao método economista de análise de sistemas quanto à arrogância de muitos de seus praticantes, Kissinger usou estrategicamente uma argumentação de análise de sistemas para reorganizar o fluxo de informação entre agências de modo a aumentar o poder do CSN.

Pouco antes da posse de Nixon, Ellsberg, em um encontro com Kissinger no quartel-general do presidente eleito, no Pierre Hotel, em Manhattan, ofereceu alguma assistência. Ele relatou uma história sobre como Robert McNamara, logo depois de ser nomeado secretário da Defesa, sacudiu a burocracia inundando imediatamente os oficiais e funcionários do Pentágono de perguntas por escrito. As respostas que ele recebeu não eram importantes. O que importava era que McNamara, ao exigir respostas detalhadas em um prazo impossivelmente curto, estava estabelecendo seu domínio. E as perguntas foram formuladas de maneira a mostrar que o secretário da Defesa já estava familiarizado com controvérsias e rivalidades, que ele tinha seus próprios informantes inseridos no departamento.

Ellsberg sugeriu a Kissinger que fizesse algo semelhante: redigisse perguntas sobre assuntos controversos e as enviasse a toda a burocracia, a cada agência e escritório. A principal agência responsável por determinado assunto, previu Ellsberg, teria uma opinião sobre esse assunto e as agências secundárias teriam outra, e a diferença entre as duas opiniões forneceria um mapa útil das ambiguidades, dúvidas e incertezas que existiam na burocracia. Mas, disse Ellsberg, havia outro motivo, mais maquiavélico, para realizar a pesquisa. A "própria revelação de controvérsias e as posições extremamente não convincentes de algumas das principais agências", disse ele, "seriam constrangedoras para a burocracia como um todo. Deixariam os burocratas desestabilizados e na defensiva em relação à fonte das perguntas – ou seja, Kissinger".[9]

"Kissinger", recordou Ellsberg, "gostou de ouvir aquilo". Então, o novo diretor de segurança nacional pediu a Ellsberg, no início de 1969, para reunir as perguntas. De acordo como Marvin e Bernard Kalb, a primeira coisa que Kissinger fez quando "chegou a seu escritório no porão da Casa Branca, em 20 de janeiro de 1969, foi disparar a lista de cinquenta perguntas [de Ellsberg] contra uma burocracia que lutava para fazer a transição de Johnson para Nixon". Kissinger determinou "prazos impossíveis", exigindo "respostas detalhadas dos departamentos de Estado e Defesa, da CIA, do comércio, do tesouro e do Birô de Orçamento a perguntas como: Qual é o estado das relações americanas com a China? Com a União Soviética? Com a Índia, os dois Vietnãs e a Indonésia?" A lista prosseguia "sem parar". As perguntas, conforme Ellsberg previra, causaram uma reação adversa. "Quem diabos ele acha que é, afinal?" E, logo, uma contraproposta de reorganizar o CSN em torno do Departamento de Estado começou a pairar, o que permitiu a Kissinger identificar potenciais rivais. A proposta foi cancelada e seus autores deixados à margem.

Essa primeira etapa do exercício funcionou bem para Kissinger. A seguinte, nem tanto. Kissinger pedira a Ellsberg para reunir, analisar e fazer uma média das respostas às perguntas relacionadas à Guerra do Vietnã – mais de quinhentas páginas no total. O desânimo revelado pela pesquisa foi impressionante. Mesmo os falcões "otimistas" com a pacificação do Vietnã pensavam que seriam necessários, em média, 8,3 anos para alcançar o êxito. Todos os questionados concordaram que o "conjunto de elementos humanos e a capacidade de infiltração do inimigo podem exceder indefinidamente em duração os esforços de atrito aliados" e que somente bombardeios e tropas perpétuos poderiam salvar o Vietnã do Sul.

Quando as respostas foram apresentadas a Kissinger, ele deve ter reconhecido imediatamente a armadilha na qual caíra. Apesar de todas as suas advertências sobre como a "acumulação de fatos" por tecnocratas como Ellsberg tem o efeito de drenar a vontade política, Kissinger havia lhe permitido rédeas soltas para, na verdade, prospectar dados sobre a burocracia, fornecendo-lhe provas concretas de que a maior parte do serviço diplomático achava que a guerra era invencível ou que só poderia ser vencida com ações politicamente impossíveis: a ocupação permanente ou a obliteração total.

A negatividade da pesquisa de Ellsberg contribuiu para o estado de sítio que rapidamente se abateu sobre a Casa Branca de Nixon, compelindo o uso repetido da palavra *brutal* para descrever a violência que ele esperava causar no Vietnã do Norte. Talvez, diante da permanente confirmação de que ele não conseguiria curvar Hanói à sua vontade, Kissinger tenha pensado que a repetição da palavra, como uma feitiçaria, poderia manter afastados os deuses das provas e dos fatos de Ellsberg.

Ellsberg propôs uma pesquisa seguinte. "Tivemos perguntas suficientes por ora", disse Kissinger.*

~

Kissinger era o estadista, Ellsberg o especialista. E, de acordo com a visão de mundo de Kissinger, Ellsberg não deveria ter existido ou pelo menos não deveria ter feito o que fez. Esperava-se que especialistas e analistas de nível médio fossem funcionários que evitassem riscos, um pouco melhor do que atuários de seguros. Ellsberg era o que Kissinger, em sua tese de graduação, chamou de "homem-fato". Sua fé em dados, sua crença de que poderia captar os caprichos do comportamento humano em cifras matemáticas e depois usar essas cifras para tomar decisões, deveria tê-lo levado a um estado de, se não paralisia, então previsibilidade. Como Kissinger escreveria mais tarde, "a maioria dos grandes estadistas" está "presa em uma luta permanente com os especialistas em seus ministérios do Exterior, porque a extensão da concepção do estadista desafia a tendência do especialista ao risco mínimo".[10]

Mas era Ellsberg quem estava falando contra a guerra e depois vazando documentos ultrassecretos, correndo um risco tremendo, incluindo a possibilidade de ser preso. E com esse ato audacioso ele mudou o curso da história.

A diferença entre Ellsberg e Kissinger é ilustrada pelos próprios Papéis do Pentágono. A "grande lição" oferecida pelo imenso estudo, pensou Ellsberg, "era que cada pessoa repetia os mesmos padrões em

---

* Ellsberg levou os resultados do questionário com ele para a Rand, reforçando a opinião entre os analistas da instituição de que a guerra estava perdida. Ele também os vazou para Charles Mathias, senador de Maryland.

tomadas de decisões e praticamente a mesma política de seu predecessor sem sequer conhecê-la", pensando que a "história começara com sua administração e que não tinha nada a aprender com as anteriores". Ellsberg, o economista, acreditava que quebrar a história em pedaços discretos e estudar o processo de tomada de decisões, incluindo as consequências dessas decisões, oferecia uma chance de romper o padrão destrutivo.

Mas, quando Ellsberg tentou, em seu último encontro antes de vazar os documentos, fazer com que Kissinger lesse os papéis, Kissinger o afastou. Kissinger, quando se tornou assessor de segurança nacional, recebeu uma cópia do estudo, portanto sabia o que aquilo era: exatamente o tipo de texto de história para o qual ele advertia há muito tempo, destinado a enredar executivos no raciocínio de que o que era tinha de ser, uma cadeia interminável de causas e efeitos resultando em dúvida, culpa e derrota. O fato de que o estudo havia sido realizado por uma comissão amorfa de especialistas, analistas e funcionários só ressaltava o perigo.* "As pesquisas", escreveu Kissin-

---

* Os Papéis do Pentágono foram realmente algo que saiu dos piores sonhos febris antiburocráticos de Kissinger. O projeto foi um esforço enorme, redigido por uma comissão anônima formada por um grande número daquilo que Robert McNamara chamava de "pessoas entendidas", saídas da burocracia da Defesa de nível médio, de universidades e instituições de ciências sociais. Chefiada por dois "especialistas" em deduções, Morton Halperin e Leslie Gelb, a comissão baseou suas descobertas em uma imensa quantidade de papéis produzidos por diversos departamentos e agências ao longo de anos – o que Kissinger, em sua tese de graduação, desprezava como "dados superficiais" da história. Faltava, portanto, em suas conclusões, o que o jovem Kissinger teria descrito como a possibilidade imanente, a contingência, a intuição e a "liberdade" que havia em cada ponto de decisão. E todo o projeto foi, na verdade, motivado por uma sensação de culpa e dúvida. Como escreve David Rudenstine em *The Day the Presses Stopped: A History of the Pentagon Papers*, a decisão de McNamara de produzir o que se tornaria conhecido como os Papéis do Pentágono estava enlaçada com "sentimentos de responsabilidade, arrependimento, culpa e tristeza. Pelo menos foi isso o que Nicholas Katzenbach pensou: 'Eu acho que o que aconteceu foi que a Guerra do Vietnã foi uma das piores experiências que McNamara teve. Ele viu tudo o que havia feito no Pentágono indo pelo ralo. Ele gastou dinheiro no Vietnã e não tinha nenhuma maneira de sair de lá. (...) Ele realmente não sabia como aquele erro terrível havia sido cometido. (...) Onde ele havia errado? Acho que ele estava aliviando o sentimento de culpa que tinha pelo Vietnã quando dirigiu o estudo que foi feito'". Quando era professor de Harvard, Kissinger soube do projeto dos Papéis do Pentágono, tendo passado um tempo considerável discutindo-o com Gelb e Halperin. Mais tarde, após se tornar assessor de segurança nacional, ele, juntamente com Haig e Laird, foi uma das poucas pessoas do governo Nixon com acesso aos arquivos.

ger em 1966, "com frequência se tornam um meio de ganhar tempo e aliviar consciências. Estudar um problema pode se tornar uma maneira de fugir dele."[11]

"Temos realmente alguma coisa para aprender com esse estudo?", perguntou ele a Ellsberg, com ar de cansado. "Eu fiquei arrasado", recorda Ellsberg.[12]

∽

Na segunda-feira, 14 de junho de 1971, um dia depois de o *New York Times* publicar sua primeira reportagem sobre os documentos, Kissinger, em uma reunião do alto escalão, inclusive Nixon, explodiu. Ele agitava os braços, batia os pés e esmurrava a mesa Chippendale, gritando: "Isso destruirá totalmente nossa capacidade de conduzir a política externa em confidência. (...) Nenhum governo estrangeiro jamais confiará em nós de novo." "Henry ficou pulando", foi como Nixon relembrou a cena, que, de acordo com um biógrafo, chocou até mesmo aqueles que estavam acostumados com as explosões de Kissinger. A essa altura, Kissinger se tornara conhecido por seus "ataques de raiva, acessos de ciúme e depressões".[13] "Aquele pobre companheiro é um companheiro emotivo", comentou Nixon, no fim de 1971, com John Ehrlichman. "Temos que lhe arrumar uma psicoterapia", respondeu Ehrlichman.[14]

Os dias seguintes trouxeram mais telefonemas e reuniões, enquanto Nixon consultava seu círculo interno – Kissinger, Haldeman, Mitchell, Ehrlichman e outros – sobre a melhor forma de responder. Os Papéis do Pentágono eram uma história burocrática do envolvimento dos Estados Unidos no Sudeste Asiático até a Presidência de Johnson. Não havia nada especificamente prejudicial a Nixon. Mas foi a "fúria" de Kissinger que convenceu Nixon a levar o assunto a sério. "Sem o estímulo de Henry", disse John Ehrlichman, "o presidente e o resto de nós poderíamos ter concluído que os Papéis eram um problema de Lyndon Johnson, e não nosso." Kissinger "atiçou as chamas de Richard Nixon".[15]

Por quê? O vazamento era ruim para Kissinger de várias maneiras. Naquela exata ocasião, ele estava negociando com a China para restabelecer relações e teve medo de que o escândalo pudesse sabotar esse diálogo. Ele temia que Ellsberg, trabalhando com outros dissidentes da equipe do CSN, pudesse ter rompido o circuito de informações fechado que ele trabalhara duro para estabelecer, talvez até adquirindo memorandos sigilosos sobre o Camboja.[16]

Mas a raiva de Kissinger, tanto em relação ao vazador quanto ao vazamento, era óbvia na maneira como ele oscilou entre o pavor e a agitação ao descrever Ellsberg para seus coconspiradores quase como um Prometeu em intelecto e apetite. "Maldito filho da puta, eu o conheço bem", começou ele na reunião no Salão Oval:

> Ele é um gênio... Era um linha-dura. Ele foi... Ele se alistou como voluntário para o serviço no Vietnã. Era tão maluco que dirigia por todo o Vietnã com uma carabina quando [o país] estava infestado de guerrilha, e atirava... Ele tem casos de My Lai em seu... Ele atirava em camponeses nos campos considerando que todo mundo de preto... O homem é um gênio. É um dos homens mais brilhantes que já conheci.

Em outras conversas, Kissinger disse que Ellsberg caçara camponeses vietnamitas de helicóptero e era um maníaco sexual enlouquecido por drogas. "Um canalha desprezível", disse Kissinger. "Veemente em sua denúncia de Daniel Ellsberg" foi como Ehrlichman se lembrou de Kissinger.[17] Kissinger ajustava sua performance de modo a provocar ressentimentos variados em Nixon, retratando Ellsberg como uma espécie de super-homem liberal e hedonista – esperto, subversivo, promíscuo, perverso e privilegiado. "Agora, ele se casou com uma garota muito rica", disse Kissinger a Nixon. "Nixon estava fascinado", disse Ehrlichman.

"Henry ativou Nixon", recordou Haldeman, "e então eles começaram a ativar um ao outro até ambos ficarem em frenesi." "Kissinger", disse ele, "estava absolutamente enfurecido e, à sua maneira, inimitável, conseguiu levar o presidente a um estado de fúria igual." Haig disse que Kissinger "incitou a preocupação do presidente" com o vazamento.

"Isso mostra que o senhor é um fraco, senhor presidente", advertiu Kissinger a Nixon, caso ele deixasse Ellsberg impune.

Foi nesse encontro, em que Kissinger fez sua descrição mais detalhada de Ellsberg (aquela em que ele admitiu ter passado informações sigilosas para a campanha de Nixon no outono de 1968), que Nixon ordenou uma série de operações secretas ilegais. "Exploda o cofre", disse ele, esperando adquirir aquele arquivo sobre a suspensão dos bombardeios para poder "chantagear" Johnson e levá-lo a se manifestar contra Ellsberg. "Quero isso implementado por meio de roubo", orientou o presidente. Foi também nesse encontro que Nixon ordenou que fossem estabelecidos os "encanadores", uma unidade clandestina chefiada por Howard Hunt e G. Gordon Liddy que realizou vários grampos telefônicos e arrombamentos, incluindo o do Comitê Nacional do Partido Democrata, no Watergate Hotel.

Os encanadores também foram responsáveis pelo arrombamento do escritório do psiquiatra de Ellsberg na Califórnia, uma operação originada diretamente do retrato que Kissinger fez de Ellsberg como um louco. De acordo com Haldeman, "a razão para tentar obter os arquivos do psiquiatra de Ellsberg é explicada pelo desejo de encontrar provas para apoiar a declaração incisiva de Kissinger sobre os hábitos estranhos de Ellsberg". As informações seriam usadas para "desacreditar seu caráter".[18]

"Ele é maluco, não é?", Haldeman perguntou a Kissinger em um de seus encontros.

"Ele é maluco", respondeu Kissinger.

Antes, no encontro em que sugeriu a Kissinger inspecionar a burocracia como uma maneira de estabelecer seu domínio sobre ela, Ellsberg, que recebera autorização de acesso às mais altas informações de segurança quando era muito jovem, advertira Kissinger sobre o perigo de ter conhecimento demais. Trata-se de uma fala longa, que vale a pena citar inteira:

> Henry, há algo que eu gostaria de lhe dizer, pelo que vale, algo que eu gostaria que tivessem me dito anos atrás. Você é consultor há muito tempo e lidou com um bocado de informações ultrassecretas. Mas você está prestes a receber um monte de autorizações especiais, talvez quinze ou vinte, que são superiores às ultrassecretas.
>
> Eu mesmo tive várias e conheço outras pessoas que as adquiriram e tenho uma boa noção sobre quais são os efeitos dessas autorizações sobre uma pessoa que nem sequer sabia que elas *existiam*. E sobre os efeitos de ler as informações que estarão disponíveis a você.
>
> Primeiro, você ficará animado com algumas dessas novas informações e por tê-las – demais! incrível – de repente disponíveis a você. Mas, segundo, quase ao mesmo tempo você se sentirá um tolo por ter estudado, escrito, falado sobre esses assuntos, criticado e analisado decisões tomadas por presidentes durante anos sem saber da existência de todas essas informações, que presidentes e outros tiveram e você não, e que devem ter influenciado as decisões deles de maneira que você sequer poderia imaginar. Em particular, você se sentirá um tolo por ter convivido por mais de uma década com alguns funcionários e consultores que tinham acesso a todas essas informações sobre as quais você não sabia e que não sabia que eles tinham, ficará chocado por eles terem escondido tão bem esse segredo de você.
>
> Você se sentirá um tolo, isso durará umas duas semanas. Depois, após começar a ler toda a entrada diária de informações secretas e se acostumar a usar o que equivale a bibliotecas inteiras de informações ocultadas, muito mais bem guardadas do que meros dados ultrasse-

cretos, você esquecerá que houve um tempo em que não as tinha, você terá consciência apenas do fato de que agora as tem e a maioria dos outros não... e de que todas essas *outras* pessoas são tolas.

No decorrer de um período de tempo mais longo – não longo demais, mas uns dois ou três anos – você acabará se tornando consciente das limitações dessas informações. Há muita coisa que não lhe dizem, com frequência, são imprecisas e podem desencaminhar você tanto quanto o *New York Times* pode. Mas é preciso um tempo para aprender.

Enquanto isso, ficará muito difícil para você *saber* [algo] por pessoas que não têm essas autorizações. Porque você pensará enquanto as ouve: "O que esse homem estaria me dizendo se soubesse o que eu sei? Será que ele estaria me dando o mesmo conselho ou isso mudaria totalmente seus prognósticos e recomendações? E *esse* exercício mental é tão torturante que depois de um tempo você desiste e simplesmente para de ouvir. Eu vi isso com meus superiores, meus colegas... e comigo.

Você lidará com uma pessoa que não tem essas autorizações apenas do ponto de vista do que você quer que ela acredite e da impressão com a qual você quer que ela saia, uma vez que você terá que mentir cuidadosamente para ela sobre o que você sabe. Na verdade, você terá que manipulá-la. O perigo é você se tornar uma espécie de idiota. Você se tornará incapaz de saber pela maioria das pessoas do mundo, não importando quanta experiência elas possam ter em suas áreas específicas que possa ser bem maior do que a sua.[19]

Ellsberg diz que pensou um pouco no que queria dizer antes de seu encontro com Kissinger. O monólogo é notável por revelar Ellsberg, o racionalista dedutivo, como um verdadeiro apreciador do conselho que até hoje Kissinger gosta de dar: informação não é sabedoria, e a verdade dos fatos é encontrada não nos fatos em si, mas nas perguntas que fazemos sobre eles.

Kissinger, mais tarde, reclamou com Ellsberg de seus ex-colegas de Harvard, incluindo Thomas Schelling, que haviam se voltado contra a guerra. Ele desdenhou, relata Ellsberg, "da presunção deles de que podiam julgar uma política quando sabiam muito pouco sobre elaboração de políticas por dentro".
"Eles nunca tiveram as autorizações", disse Kissinger.

∾

Durante o que deve ter sido um longo ano para ele, entre meados de 1973 e meados de 1974, parecia que Henry Kissinger, agora ocupando os cargos tanto de assessor de segurança nacional quanto de secretário de Estado, estava afundando com Nixon, juntamente com seus principais assistentes: Haldeman, Ehrlichman e John Dean, que, em abril de 1973, haviam ido embora. Kissinger quase foi apanhado pelo Camboja quando o major Hal Knight enviou uma carta delatora ao senador William Proxmire, informando-o sobre sua falsificação de registros. A Comissão de Serviços Armados do Senado realizou audiências, em meados de 1973, e Seymour Hersh chegou muito perto de determinar o envolvimento de Kissinger na montagem do sistema de relatórios de registros duplos.* Hersh não pôde confirmar o papel de Kissinger (ele faria isso mais tarde), mas isso não livrou Kissinger do perigo. Em junho de 1974, Hersh, juntamente com Woodward e Bernstein, havia ampliado a rede, publicando reportagens que atribuíam a Kissinger a primeira rodada de escutas telefônicas ilegais que a Casa Branca fizera, na primavera de 1969, para manter secreto o bombardeio do Camboja. Repórteres, senadores e deputados estavam cercando, fazendo perguntas, cavando mais informações, fazendo intimações judiciais.[20]

---

* Para ser claro, a guerra não oficial da Casa Branca não se limitava ao Camboja: Knight decidiu escrever a carta depois de ler as reportagens anteriores de Hersh sobre outros bombardeios ilegais realizados no Vietnã do Norte e no Laos.

Ao desembarcar na Áustria, a caminho do Oriente Médio, e descobrir que a imprensa publicara mais reportagens e editoriais desfavoráveis, Kissinger fez uma aposta arriscada. Ele deu uma entrevista coletiva de improviso e ameaçou renunciar (isso foi em 11 de junho, menos de dois meses antes da renúncia de Nixon). Essa foi, de acordo com a opinião geral, uma atitude corajosa. "Quando os registros forem escritos", disse ele, aparentemente quase às lágrimas, "deve-se lembrar que talvez algumas vidas tenham sido salvas e talvez algumas mães possam descansar mais tranquilas, mas deixo isso para a história. O que eu não deixarei para a história é uma discussão sobre minha honra pública."[21]

A aposta funcionou e a imprensa se entusiasmou.* Ele "parecia totalmente autêntico", escreveu a revista *New York*. Como que recuando da assertividade inesperada que haviam demonstrado nos anos anteriores, repórteres e âncoras de noticiários se uniram em torno dele. O resto da Casa Branca estava sendo revelado como pouco mais do que um bando de marginais baratos obscuros, mas Kissinger era alguém em quem os Estados Unidos podiam acreditar. "Ficamos semiconvencidos", disse Ted Koppel em um documentário em 1974, logo depois da ameaça de renúncia de Kissinger, "de que não havia nada, afora a capacidade daquele homem notável." O secretário de Estado era uma "lenda, o homem mais admirado nos Estados Unidos, o mágico, o fazedor de milagres". Kissinger, disse Koppel, "pode ser a melhor coisa que temos lutando por nós".[22]

---

* Alguns permaneceram não convencidos. Em um ensaio publicado no *Washington Post*, o historiador Arthur Schlesinger, talvez pensando em todos os almoços que tivera com Kissinger em que lhe disseram uma coisa para depois ele testemunhar a Casa Branca fazendo outra, escreveu que "assistir a Henry Kissinger balbuciando sobre sua honra" o fez lembrar-se de uma das "observações impassíveis" de Ralph Waldo Emerson: 'Quanto mais alto ele falava de sua honra, mais rápido nós contávamos nossas colheres.' "Quando Kissinger reclamou, em uma carta pessoal, do uso da palavra *balbuciando*, Schlesinger se desculpou: "Ao refletir, eu não deveria ter escrito 'balbuciando'; 'continuando' teria sido suficiente. Quanto ao resto, devo confessar que ainda estou com Emerson."

6

O OPOSTO DA UNIDADE

Você tem a responsabilidade de reconhecer que estamos vivendo uma época revolucionária.

– Henry Kissinger

Henry Kissinger há muito tempo expressa uma admiração mais do que invejosa por revolucionários. Anos antes de se sentar com Mao para discutir filosofia ou de escapar com o embaixador soviético Anatoly Dobrynin para bebericar um *scotch* e estabelecer as respectivas esferas de influência, ele argumentou que "em sua maioria, os grandes estadistas têm sido ou representantes de estruturas sociais essencialmente conservadoras ou revolucionárias". O conservador é eficiente, disse ele, porque, como defensor do *status quo*, ele não precisa "justificar" "cada passo ao longo do caminho". Mas o revolucionário também tem uma vantagem por acreditar que se libertou do passado. Ele tem, portanto, mais liberdade para agir e "dissolve limitações técnicas" com mais facilidade.[1] Kissinger era um conservador, mas também um especialista em dialética, e acreditava que os revolucionários possuíam várias qualidades – certeza de propósito, uma visão do futuro, uma capacidade de superar a letargia institucional –, o que os conservadores precisariam se quisessem vencer o desafio revolucionário.

Kissinger se esforçou para obtê-las. Ele admirava, em especial, a disciplina e a determinação de seus colegas marxistas. Às vezes, a inveja era palpável. Os negociadores norte-vietnamitas, escreveu ele, permaneceram fiéis a seus propósitos, mesmo enquanto ele se via curvando-se à pressão política em casa: eles "não mudaram em nada seus objetivos diplomáticos e muito pouco em suas posições diplomáticas". O país de camponeses deles, de "quarta categoria", estava sendo bombardeado e levado de volta à Idade da Pedra, mas eles "conseguiam nos manter sob constante pressão pública".² Zhou Enlai era "elétrico, rápido, firme, hábil, cômico", escreveu Kissinger, e os dois homens desenvolveram "uma camaradagem fácil, não despida de afeição".³ Com o autocrático Mao, ele pôde fantasiar sobre como é conduzir uma política externa e não ser atormentado pela imprensa e pelo Congresso. "Por que em seu país", perguntou-lhe Mao, certa vez, "vocês são sempre tão obcecados por esse assunto absurdo de Watergate?"

Mao e Kissinger compartilhavam uma apreciação mútua pela metafísica alemã. "Você agora está mais livre do que antes", disse Mao a Kissinger em novembro de 1973, querendo dizer que, com o fim da Guerra do Vietnã e Nixon reeleito, ele tinha mais espaço de manobra. "Muito mais", respondeu Kissinger.⁴ A menção de Mao à liberdade aqui foi num sentido estreito, político, agora que Nixon tinha sua vitória esmagadora. E levou o revolucionário chinês a fazer uma pergunta sobre Hegel a Kissinger. O líder chinês queria saber se estava usando a tradução correta para o inglês da famosa máxima de Hegel: "Liberdade significa o conhecimento da necessidade."

"Sim", respondeu Kissinger. A conversa continuou:

MAO: Você presta atenção ou não a um dos objetos da filosofia de Hegel, quer dizer, à unidade de opostos?
KISSINGER: Muito. Eu fui muito influenciado por Hegel em meu pensamento filosófico.
MAO: Tanto Hegel quanto Feuerbach, que veio um pouco depois dele. Ambos foram grandes pensadores. E o marxismo em parte veio

deles. Eles foram predecessores de Marx. Se não fossem Hegel e Feuerbach, não haveria marxismo.

KISSINGER: Sim. Marx reverteu a tendência de Hegel, mas adotou a teoria básica.

MAO: Que tipo de doutor você é? Você é doutor em filosofia?

KISSINGER: Sim (rindo).

MAO: Sim, bem, então não me daria uma aula?

Kissinger conhecia bem a "unidade de opostos" de Hegel, a noção de que ideias, pessoas, movimentos políticos e nações são definidos por suas contradições. Ele acreditava que a diplomacia eficiente era a administração dessas contradições, que o que tornava os grandes estadistas grandes era sua capacidade de "conter forças em disputa, tanto internas quanto externas, manipulando seus antagonismos".

Em 1975, porém, após seis anos em cargos públicos, Kissinger, agora secretário de Estado de Gerald Ford, alcançara o oposto da unidade em casa e uma espécie de guerra perpétua no exterior. Em vez de conter forças em disputa, as soltara. Nos Estados Unidos, o embuste, a crueldade e a corrupção do círculo interno de Nixon, incluindo Kissinger, não foram as únicas causas do colapso ocorrido em todos os níveis da sociedade, entre elites e na população mais ampla, e que no início dos anos 1970 alcançara proporções de crise. Mas, como os próprios Nixon e Kissinger explicaram, eles usaram a política externa para "quebrar a espinha" dos oponentes internos e "destruir a confiança do povo no sistema americano". Eles tiveram resultados ambíguos no primeiro caso (Nixon teve uma reeleição com vitória esmagadora, embora em seguida tenha sido expulso do cargo), mas tiveram êxito, de maneira impressionante, no segundo caso. No fim do mandato de Kissinger, todos os pilares institucionais da sociedade com os quais administrações anteriores haviam podido contar para sustentar a legitimidade do governo – a imprensa, universidades, as indústrias do cinema e da música, igrejas, tribunais e o

Congresso – pareciam estar sendo pressionados contra ele, criando a cultura adversária arraigada que tanto preocupava os conservadores.

Ao avaliar o legado de Kissinger no campo da diplomacia, é preciso, como observou a *New Yorker* no fim de 1973, debater-se com as políticas externas de "dois Henry Kissinger". Houve o Kissinger que "estabeleceu relações com a China, melhorou nossas relações com a Rússia e completou com êxito a segunda fase do SALT – e por essas conquistas a maioria dos americanos é grata". Essas iniciativas visavam a ser os pilares de sua "grande estratégia", estabilizando a ordem internacional pós-Vietnã e permitindo aos Estados Unidos, à União Soviética e à China demarcar esferas de influência. Poder-se-ia acrescentar a essa lista a diplomacia de mediação que ajudou a encerrar a guerra árabe-israelense, de 1973. Mas houve também o Kissinger que, com Nixon, "planejou o não revelado bombardeio do Camboja, (...) iniciou a escuta telefônica não autorizada de membros da equipe de Kissinger e de jornalistas, em 1969, (...) planejou a invasão do Camboja, em 1970, (...) planejou o uso de poder aéreo americano para sustentar a invasão do Laos, em 1971, (...) planejou minar e bloquear os portos norte-vietnamitas, (...) planejou o 'bombardeio de Natal' no Vietnã do Norte – tudo isso feito em segredo e sem o consentimento do Congresso. Enquanto o presidente e os homens de Watergate estavam, como agora se torna aparente, minando nosso sistema de governo democrático em assuntos internos, o presidente e Henry Kissinger estavam minando o sistema nas relações exteriores".[5]

Se as políticas executadas pelo primeiro Kissinger tivessem tido permissão para amadurecer, seria possível imaginá-las produzindo vários efeitos salutares.* Mas essas ações não tiveram uma chance de amadurecer e isso, pelo menos em parte, devido às ações do segundo

---

* Nos Estados Unidos, por exemplo, Washington poderia ter se desmilitarizado mais após o Vietnã, usando recursos que iriam para o orçamento militar para recapitalizar a infraestrutura interna e pesquisas, além de desenvolvimentos não militares, tornando possível um tipo de resposta diferente à crise econômica de 1973-75, uma política pública industrial de massa com boas remunerações, em vez da corrida para o fundo do poço do "livre comércio" que foi implementada.

Kissinger. Nos anos que se seguiram ao fim da Guerra do Vietnã, Kissinger, região após outra, executou políticas que ajudaram a condenar sua própria grande estratégia. Depois, já fora do poder, ele se inseriu entre os novos militaristas dos Estados Unidos que pretendiam destruir a *détente*. Lembra-se daquelas "forças brutais da sociedade", dos "sujeitos realmente duros" para os quais ele estava constantemente advertindo os liberais, em 1970 e 1971? Em 1980, ele estava com eles, sancionando sua revitalização da Guerra Fria e seu empenho para retomar o Terceiro Mundo.

Com tanto tempo desperdiçado numa guerra perdida e um presidente fracassado, Kissinger, em seus últimos anos no poder, parecia ter sucumbido a algo semelhante ao "padrão" de "empenho exagerado" que o historiador diplomático John Lewis Gaddis identifica nas políticas dos colegas soviéticos e chineses de Kissinger durante esse período: "Os esforços dos antigos revolucionários", escreve Gaddis, "por motivos mais sentimentais do que racionais, para redescobrir suas raízes, para se convencerem de que os propósitos pelos quais haviam sacrificado tanto para tomar o poder não haviam sido totalmente sobrepujados pelos compromissos que eles haviam tido que assumir para realmente exercer poder."[6] Lutando para produzir uma política pós-Vietnã coerente, Kissinger respondeu à crise de maneira *ad hoc*, jogando isso contra aquilo, amparando a posição de Washington em ditadores diversos e dando sinal verde para invasões, golpes e assassinatos.[7]

As iniciativas que ele implementou (em especial após 1973 no Oriente Médio) não apenas obscureceram a *détente* como neutralizaram qualquer efeito estabilizador que esta poderia ter oferecido ao planeta. Se as políticas que Kissinger passaria para as mãos de seus sucessores eram moralmente indefensáveis, isso é uma questão de opinião. Menos contestável é a alegação de que ele deixou o mundo polarizado e, no longo prazo, volátil, apesar da estabilidade do autoritarismo no curto prazo.

De certo modo, Kissinger fez com grande parte do Terceiro Mundo o que fez com o Camboja: institucionalizou uma lógica de intervenção autossatisfatória. A ação levava à reação, a reação exigia mais ação. Assim como seus bombardeios secretos transtornaram tanto as fronteiras do Camboja, que, no início de 1970, fizeram com que uma grande invasão por terra usando tropas americanas parecesse ser uma boa ideia, a diplomacia global de Kissinger pós-Guerra do Vietnã inflamou tanto a ordem internacional que fez a visão radical do neoconservador de uma guerra perpétua parecer uma opção razoável para muitos problemas do mundo.

ÁSIA

O Khmer Vermelho havia tomado Phnom Penh, em 17 de abril de 1975, e Saigon sucumbiu às tropas norte-vietnamitas pouco depois. Após perder o Sudeste Asiático, Kissinger reforçou o compromisso da Casa Branca com ditadores da vizinhança, incluindo Ferdinando Marcos, nas Filipinas, e Suharto, na Indonésia. Nixon e Kissinger haviam dado a Marcos permissão para impor a lei marcial e, com Kissinger, as forças americanas e os recursos econômicos destinados às Filipinas haviam aumentado muito. Kissinger, em troca de um acordo para manter bases militares dos Estados Unidos nas Filipinas, ofereceu a Marcos um acréscimo de ajuda significativo. Marcos quis mais. "Nós oferecemos US$ 1 bilhão a eles", relatou Kissinger a Ford, "e eles pediram US$ 2 bilhões."[8]

A Indonésia, com seus vastos recursos naturais, incluindo reservas de petróleo significativas, era ainda mais importante. Em 6 de dezembro de 1975, numa pequena pausa em Jacarta, a caminho de Washington, vindo de uma visita de Estado à China, Kissinger e o presidente Gerald Ford haviam dado ao presidente do país, Suharto, sinal verde para invadir o Timor Leste, uma ex-colônia portuguesa que buscava a independência. Seria uma "longa guerra de guerrilha?, Kissinger quis saber. "Uma pequena guerra de guerrilha", respondeu

Suharto. "É importante que o que quer que você faça tenha êxito rapidamente", disse Kissinger, advertindo Suharto a "não criar um clima que desestimule investimento".⁹

Suharto tinha ainda mais pressa do que Kissinger. Ele vinha planejando a invasão há algum tempo, mas o temor do isolamento diplomático o levara a adiá-la. Agora que tinha seu sinal verde, ele começou a atacar o Timor Leste no dia seguinte. Pelo menos 102.800 timorenses foram mortos na invasão e durante os 24 anos da ocupação da Indonésia, seja em combate ou de fome e doenças, de acordo com uma comissão da verdade das Nações Unidas. Outras fontes estimam um número de vítimas ainda maior, incluindo levas de centenas de milhares para campos de concentração indonésios. Isso em uma população inferior a 700 mil. Durante todo o tempo, Suharto continuou a receber milhares de M-16 e outras armas pequenas, carros blindados e aeronaves, incluindo os aviões Bronco, especialmente projetados durante a Guerra do Vietnã para operações de contrainsurgência, capazes de voar baixo sobre terrenos acidentados, como aqueles encontrados no Timor Leste. Os grandes combates prosseguiram por três anos, seguidos de uma contrainsurgência de baixa intensidade que continuou até 1999.

Kissinger deixou sua marca no Sul da Ásia também em 1971, tendo fechado os olhos para a invasão do Paquistão Oriental (hoje Bangladesh) pelo Paquistão Ocidental. Kissinger sabia que o "genocídio seletivo" – como o enviado dos Estados Unidos a Daca descreveu a brutalidade da invasão – estava acontecendo. O resultado foram meio milhão de mortos, centenas de milhares de mulheres violentadas e milhões de refugiados entrando na Índia. Em determinado momento, Nixon comparou o massacre ao Holocausto, indicando ter percebido a imoralidade de permanecer em silêncio. Kissinger lhe disse para não se preocupar. Kissinger queria agradar a um aliado do Paquistão, a China. E o próprio Paquistão era um amigo importante na Guerra Fria. Ele também odiava a primeira-ministra da Índia, Indira Gandhi (chamou-a de "uma cadela") e não tinha muita consideração pelos indianos em geral ("canalhas", pensava). Além disso, ele disse a Nixon que se Bangladesh se separasse do Paquistão, o novo país "iria para a esquerda de qualquer modo". Os bengaleses "são por natureza esquerdistas". E, de fato, um governo de esquerda surgiu para governar o que acabou se tornando – após a Índia intervir para pôr fim à matança – Bangladesh independente. Mas, em agosto de 1975, esse governo foi derrubado num golpe sangrento sobre o qual, muito provavelmente, Kissinger tinha ciência e havia apoiado, que levou ao poder um regime militar islâmico, pró-americano e anti-indiano.[10]

ÁFRICA

Focado como estava no Sudeste Asiático, Kissinger com frequência tratava a África como pouco mais do que um objeto de zombaria. Ele era conhecido por fazer piadas racistas ("Eu me pergunto que cheiro terá a sala de jantar", disse ele ao senador William Fulbright a caminho de um jantar para embaixadores africanos) e se referiu a pelo menos um chefe de Estado africano como "macaco".[11] Essa intolerância pode ter sido também outra maneira de se insinuar entre os maiores racistas da Casa Branca, como Haig, Nixon e Haldeman.

No que diz respeito às políticas, no início do governo Nixon, Kissinger implementou o que se tornou conhecido como a "opção *tar baby*"* no Sul da África, o que incluía fortalecer os laços com as nações supremacistas brancas África do Sul e Rodésia, expandindo a venda de armas para as Forças Armadas desses países e estabelecendo redes clandestinas para realizar operações secretas, a fim de conter movimentos de libertação. E assim como a linha dura no Sudeste Asiático teve seu componente interno, executada de olho na reeleição de Nixon em 1972, o apoio a Pretória e Salisbury visava a avançar a "estratégia sulina". A "opção *tar baby*" funcionou bem no Sul dos

---

* O *tar baby* (bebê de piche) é personagem de uma história do folclore americano: um boneco usado por uma raposa para capturar um coelho, já que não se pode encostar nele sem ficar grudado. Por analogia, era o que Nixon pretendia fazer ao oferecer vantagens aos países para prendê-los. (N. do T.)

Estados Unidos, assim como a insistência de Kissinger e Nixon de que questões internas de regimes de apartheid não eram assunto para as Nações Unidas – um claro eco da defesa segregacionista dos "direitos dos Estados".[12]

Mas o Sul da África estava se tornando rapidamente um grande campo de batalha, convulsionado por movimentos que exigiam o fim da opressão racial e do colonialismo. O governo português em Angola e Moçambique ruíra, o que levou a guerras civis entre movimentos de libertação amplamente populares e "combatentes da liberdade" apoiados por Washington, África do Sul e Rodésia.

Kissinger entrou em conflito aberto com especialistas na região da CIA e do Departamento de Estado, que de fato sabiam alguma coisa sobre o Sul da África. Por exemplo, tanto o cônsul-geral dos Estados Unidos em Angola quanto o chefe do posto da CIA achavam que a maior organização insurgente do país, o esquerdista Movimento Popular de Libertação de Angola, ou MPLA, composto por engenheiros, agrônomos, professores, médicos e economistas da classe média instruída da colônia, "era o movimento mais qualificado para governar Angola".[13] Kissinger discordava, rejeitando aqueles que eram tolerantes com o MPLA como "missionários", "antibrancos", "obsessivamente liberais" e pessoas de "bom coração". Kissinger, que acreditava que esses especialistas estavam subestimando a influência soviética na região, também entrou em conflito com seus secretários de Estado assistentes para a África. Um deles foi demitido e o outro renunciou em protesto à política.[14]

Kissinger mais tarde escreveria que a "nuance" tinha que orientar estadistas e que diplomatas precisavam evitar aplicar um "esquema mecânico" à "política externa do dia a dia". Mas Kissinger olhava para o Sul da África nos anos 1970 e tudo o que conseguia ver era o Sudeste Asiático nos anos 1960. Os Estados Unidos, argumentou ele em uma reunião de planejamento em meados de 1975, teriam que assumir "um papel ativo" no conflito de Angola para "demonstrar que eventos no Sudeste Asiático não diminuíram nossa determinação de proteger nossos interesses". O que estava acontecendo em Angola era mais do que uma guerra civil, disse ele. Sempre de olho naquela crise em que uma ação espontânea pode criar do caos a ordem, Kissinger disse que Angola era uma "oportunidade". Durante um momento de "grande incerteza", os Estados Unidos tinham uma chance de provar sua "vontade e determinação de permanecer como líder preeminente e defensor da liberdade no Ocidente".[15] Angola mal imaginava.

De novo, temos o efeito demonstrativo tanto dos meios quanto dos fins: os objetivos específicos são deixados não declarados, à parte de uma circularidade implícita; precisamos demonstrar determinação, a fim de proteger nossos interesses e defender a liberdade, sendo "interesses" e "liberdade" definidos inteiramente como nossa capacidade de demonstrar nossa determinação.

Pelo menos uma vez, porém, Kissinger não foi a pessoa mais casualmente cruel na sala. "Pode ser que desejemos incentivar a desintegração de Angola", disse o secretário da Defesa de Ford, James Schlesinger, durante uma sessão de estratégia.[16] Em julho, Kissinger aumentou a ajuda secreta à insurgência pró-americanos em Angola, que ele já vinha dirigindo. Ele também exortou mercenários sul-africanos e forças regulares do regime do apartheid a invadir. Conduzir essas operações por meio da CIA e de supremacistas brancos aliados na Rodésia e na África do Sul era útil, já que isso lhe permitia evitar todas aquelas restrições incômodas impostas a ele pelo "Congresso MacGovernista".* Na verdade, no *exato* momento em que estava se desculpando a uma comissão do Congresso por ter usado a CIA no Laos, Kissinger estava fazendo exatamente a mesma coisa no Sul da África.**

---

* O senador George McGovern, do Partido Democrata, liderou uma longa campanha contra o envolvimento dos Estados Unidos no Vietnã e disputou a Presidência dos Estados Unidos com Richard Nixon em 1972. Embora tenha saído derrotado, os democratas conquistaram a maioria do Congresso. (N. do R. T.)

** Em 21 de novembro de 1975, Kissinger testemunhou ao Congresso: "Eu não acredito, considerando o retrospecto, que foi uma boa política nacional ter a CIA conduzindo a guerra no Laos. Eu acho que

O OPOSTO DA UNIDADE

Em suas memórias, John Stockwell, o agente da CIA encarregado das operações nas primeiras fases da guerra secreta de Kissinger em Angola, escreveu que a "coordenação era efetuada em todos os níveis da CIA e os sul-africanos intensificaram seu envolvimento no mesmo passo que nós". Isso foi feito, disse Stockwell, "sem qualquer memorando sendo escrito na sede da CIA dizendo 'Vamos coordenar com os sul-africanos'". "Houve estreita colaboração e incentivo entre a CIA e os sul-africanos", testemunhou Stockwell ao Congresso, e Kissinger, juntamente com o diretor da CIA, era o encarregado da operação.[17] Na verdade, uma coordenação semelhante aconteceu em toda a região, em Angola, bem como em Moçambique, Zaire e Namíbia.[18]

As guerras de Kissinger no Sul da África foram catastróficas. Em Angola, o MPLA estava provando ser formidável, e a incursão da África do Sul levou Cuba a entrar na guerra, com o exército de Fidel Castro expulsando os invasores apoiados pelos Estados Unidos. Kissinger começou a duvidar. "Talvez devamos deixar Angola pra lá", disse ele a Brent Scowcroft, o assessor de segurança nacional, no início de 1976. "Isso vai se tornar um desastre pior."

Foi o que aconteceu. As guerras civis saíram do controle. Em pânico, os governos de minoria branca em Pretória e Salisbury estavam atacando primeiro de um jeito, depois de outro. Em resposta, Havana os fez saber que aumentaria seu apoio a lutas pela liberdade. A vitória extraordinária de Fidel em Angola já aumentara seu prestígio. Se a guerra se intensificasse e se tropas cubanas vencessem a supremacia branca em outros lugares, na Rodésia, por exemplo, esse prestígio aumentaria muitas vezes.

Para aumentar as preocupações de Kissinger, houve uma série de artigos críticos, a partir de 1974, nas imprensas americana e internacional, sobre sua "investida *tar baby*". Defender moralmente o antico-

---

deveríamos ter encontrado alguma outra maneira de fazer isso. E usar a CIA apenas porque presta menos contas por grandes operações muito visíveis é uma política nacional pobre." A CIA, disse ele, não deveria ser mobilizada "simplesmente por conveniência do braço executivo e por sua prestação de contas". Mesmo enquanto ele estava fazendo exatamente isso.

munismo, mesmo que isso significasse recorrer a ditadores sanguinários, era uma coisa. Justificar seu apoio à supremacia branca e ao racismo era outra coisa bem diferente. Kissinger foi forçado a reverter o curso e bancar o pacificador. Em abril de 1976, ele viajou pela África, encontrando-se com líderes de inclinação esquerdista, falando sobre valores universais e "comuns" e declarando as "aspirações" africanas. Ele visitou as Cataratas de Vitória, percorreu uma reserva de animais em um Land Rover, vestiu uma *dashiki* e se referiu à Rodésia como Zimbábue. "A África para os africanos", disse Kissinger à revista *Jet*, ao retornar, afirmando que Washington não deveria forçar a diversidade da região a adotar um modelo de Guerra Fria.

Depois, para impedir outro triunfo de Fidel, Kissinger ajudou a negociar a rendição do governo supremacista branco da Rodésia. "Eu tenho uma simpatia pelos rodesianos brancos", disse Kissinger, o refugiado da Alemanha de Weimar, "mas a África negra está absolutamente unida nessa questão, e se não agarrarmos a iniciativa enfrentaremos os soviéticos e as tropas cubanas".[19]

Apesar dessa meia-volta, o dano estava feito. Kissinger deixou para trás uma infraestrutura terrorista que seria reaproveitada pela Nova Direita. Como parte de sua restauração da Guerra Fria, os linhas-duras da Casa Branca continuaram a apoiar o apartheid na África do Sul e, o que é ainda mais trágico, insurgentes pró-Washington sanguinários em Moçambique e Angola.* Em Moçambique, a Renamo, ou Resistência Nacional Moçambicana, era brutal, conhecida por cortar membros de civis e mutilar seus rostos. "Não pode haver nenhuma ambiguidade em relação às atividades terroristas da Renamo", escreveu a embaixada dos Estados Unidos em Maputo; seus "insurgentes têm cometido atos cada vez mais cruéis e insensíveis de ter-

---

* George Shultz, como secretário de Estado, tentou, com algum êxito, moderar a posição de Reagan para Angola, Moçambique e África do Sul, mas era comum que fosse minado pelo diretor da CIA, William Casey, que, juntamente com o mesmo grupo linha-dura que dirigia os contras na Nicarágua, ativou a rede secreta que Kissinger deixara para trás.

rorismo armado".²⁰ Em Angola, rebeldes apoiados por Washington eram liderados por Jonas Savimbi, descrito pelo embaixador britânico em Angola como um "monstro" cujo "desejo de poder trouxera um sofrimento horrível para seu povo".²¹

Savimbi foi primeiramente cultivado por Kissinger, que gastou milhões com ele. Agora, era assumido por Reagan, que em 1986 o hospedou na Casa Branca e o elogiou no jantar anual da Conferência de Ação Política Conservadora. Depois de saudar "a ascensão da Nova Direita e o renascimento religioso, em 1980, da marcha final e triunfante para Washington de meados e fins dos anos 1970", Reagan se voltou para a revolução no exterior, brindando a Savimbi. A luta "revolucionária" dos "combatentes da liberdade" de Angola, liderados por Savimbi, "eletriza o mundo". "As esperanças deles", disse Reagan, "residem em nós, e as nossas neles."²² Dois meses depois, o governo deu aos rebeldes de Savimbi um pacote de ajuda de US$ 25 milhões, incluindo mísseis terra-ar.

Estudiosos estimam que a insurgência de Savimbi custou 400 mil vidas. Ao todo, historiadores supõem que essas guerras mataram nada menos que 2 milhões de angolanos e moçambicanos. Nenhum dos dois países se "desintegrou". Mas ambos foram devastados, sua infraestrutura arruinada, seus governos militarizados e falidos, seus hospitais e necrotérios superlotados. A guerra civil de Moçambique terminou em 1992, enquanto em Angola os combates se arrastaram por mais uma década.*

---

* Em seu testemunho, em janeiro de 1976, à subcomissão do Senado para Angola, Kissinger insistiu que os Estados Unidos precisavam mostrar resolução e ser "determinados a usar sua força" na "África Negra". "Se os Estados Unidos forem vistos emasculando-se diante da intervenção soviética e cubana maciça e sem precedentes", perguntou Kissinger, "qual será a percepção dos líderes no mundo?" Kissinger citou a Doutrina Monroe, alegando que a declaração presidencial de 1823 – que declarou o Hemisfério Ocidental fora dos limites para potências europeias – deu ao presidente uma "discrição incomum" para agir na África sem a supervisão do Congresso (o senador Joe Biden o acusou de tentar implementar uma "Doutrina Monroe global"). Mas as intrigas de Kissinger prevaleceram, provocando a intervenção soviética à qual ele disse depois que os Estados Unidos tinham tido que responder para não se emascularem. Em seu testemunho ao Congresso em maio de 1978, Stockwell, o agente da

ORIENTE MÉDIO

Dezembro de 1975 foi um mês movimentado para Kissinger. Apenas dez dias depois de aprovar o ataque de Suharto ao Timor Leste, Kissinger se encontrou com o ministro do Exterior do Iraque, Sa'dun Hammadi. Na esperança de fazer Bagdá se voltar contra Moscou, prometeu a Hammadi que, em troca da redução do radicalismo baathista no Iraque e de se afastar da União Soviética, Ford subjugaria Israel e o forçaria a desistir de seus territórios ocupados. "Israel nos faz mais danos do que bem no mundo árabe", disse Kissinger ao ministro do Exterior do Iraque. "Não podemos negociar sobre a existência de Israel, mas podemos reduzir seu tamanho para proporções históricas."[23]

Kissinger não tinha nenhuma intenção de fazer algo desse tipo. Ao longo dos dois anos anteriores, desde que sua "diplomacia de mediação" ajudara a encerrar a Guerra do Yom Kipur, em 1973, Kissinger vinha elaborando os contornos do que o cientista político Stephen Walt descreve como a "ascendência dos Estados Unidos" na região.

CIA que dirigiu as operações da agência no Sul da África, é inequívoco ao afirmar que os soviéticos e cubanos só entraram no conflito em Angola *depois* de Kissinger e o diretor da CIA, William Colby, iniciarem sua operação secreta. A CIA e a China, aliada de Kissinger, começaram a fornecer treinamento e armas aos rebeldes anti-MPLA, em maio de 1974. *Subsequentemente*, os soviéticos começaram a armar o MPLA, em setembro de 1974. Os cubanos se envolveram *no ano seguinte*. Stockwell descreveu o testemunho de Kissinger em 1976 como uma invenção completa: "O diretor da CIA e o sr. Kissinger estavam com certeza extremamente conscientes de que o público americano não toleraria uma operação como essa três meses depois da humilhação de nossa evacuação do Vietnã do Sul, então eles mentiram sobre isso. Mesmo em informes secretos ao Congresso, eles dissimularam. O diretor [William] Colby e o secretário Kissinger testemunharam ao Congresso que nenhum americano estava envolvido no conflito em Angola, que nenhuma arma americana estava sendo enviada diretamente para Angola, que a CIA não tinha nenhum envolvimento com a África do Sul e que a CIA não estava envolvida no recrutamento de mercenários. O testemunho deles foi enganoso em todos esses pontos." Para o testemunho de Kissinger, *ver* Us Senate, Hearings before the Subcommittee on *African Affairs of the Committee on Foreign Relations (...) on U.S. Involvement in Civil War in Angola, January 29, February 3, 4, and 6, 1976* (1976); para o de Stockwell, veja *United States-Angolan Relations: Hearing Before the Subcommittee on Africa of the Committee on International Relations* (1978). Os efeitos das guerras secretas de Kissinger, e depois de Reagan, espalharam-se para o Norte de Angola, chegando ao centro da África. O Human Rights Watch, em seu *World Report de 2004*, p. 313, associou a permanente crise de guerra por recursos no Congo às operações secretas dos Estados Unidos, em Angola, nos anos 1970, em particular ao apoio, às armas e ao incentivo que os Estados Unidos deram ao líder anti-MPLA do Zaire, Mobutu Sese Seko.

Essa ascendência envolveu muitos elementos diferentes. Mas sua essência consistia na combinação explosiva de criar alianças inseparáveis *tanto* com Israel *quanto* com nações árabes produtoras de petróleo, dizendo aos dois lados o que eles queriam ouvir. Aos Estados árabes ele prometeu (conforme disse a Hammadi) que Washington pressionaria Israel a devolver seus territórios ocupados. Mas a Israel ele disse outra coisa completamente diferente. Em setembro de 1975, por exemplo, ele assinou um acordo secreto com Israel em que os Estados Unidos se comprometiam a não "reconhecer" a OLP nem "negociar" com ela enquanto não admitisse "o direito de Israel de existir" (enquanto isentava Israel de ter que retribuir e reconhecer o "direito da Palestina de existir"). As garantias de Kissinger a Israel tiveram o efeito de manter a crise, provando ser um método de administrar o impasse e não de resolvê-lo. Como escreve o historiador Salim Yaqub, Kissinger "*deliberadamente* criou a abordagem passo a passo para ser um mecanismo para a ocupação indefinida das terras árabes por Israel, uma função que continuou a cumprir em décadas posteriores, quaisquer que fossem as intenções de seus sucessores".[24]

Apesar do que dissera a Hammadi, Kissinger não reduziria Israel às "proporções históricas". Mas ele tinha um povo mais dispensável ao qual podia fazer uma oferta e manter a palavra: os curdos. Três anos antes, ele tramara com o Irã desestabilizar o Iraque baathista apoiando os curdos, fornecendo-lhes armas (providas por Israel de modo a não alertar o Departamento de Estado) para travar uma guerra insurgente pela independência no Norte do Iraque. Kissinger não esperava um triunfo dos curdos. Com frequência, ele reclamava do tamanho impraticável das Nações Unidas e dizia que a última coisa que queria era mais um Estado membro (Bangladesh já era ruim o bastante). Ele só precisava da insurgência curda para fazer pressão suficiente sobre Bagdá para obter influência.

Mas agora, em 1975, acreditando que conseguira um equilíbrio de poder pró-americano duradouro entre Irã e Iraque, Kissinger retirava o apoio dos Estados Unidos aos curdos. Bagdá agiu rapidamente, lançando um ataque que matou milhares e implementando um programa de limpeza étnica. Árabes foram transferidos para a região e centenas de milhares de curdos foram reunidos e obrigados a mudar de lugar. De acordo com uma comissão do Congresso que mais tarde investigou a política de Kissinger, Kissinger e o Irã "esperavam que nossos clientes" – os curdos – "não prevalecessem". Em vez disso, eles queriam que "os insurgentes simplesmente mantivessem um nível de hostilidades suficiente para esgotar os recursos" do Iraque. A prosa dos relatórios dessa comissão é normalmente branda, mas as duas próximas frases transmitem uma mordacidade incisiva: "Essa política não foi comunicada a nossos clientes, que foram incentivados a continuar lutando. (...) Mesmo no contexto de ação secreta nossa iniciativa foi cínica."[25]*

Também no Oriente Médio foi Kissinger quem, em 1972, iniciou a "política de apoio incondicional" ao xá do Irã, como uma maneira de firmar o poder americano no Golfo enquanto os Estados Unidos tentavam se desembaraçar do Sudeste Asiático.[26] E, como observou James Schlesinger, que foi diretor da CIA e secretário da Defesa de Nixon, "se quisermos tornar o xá o Guardião do Golfo, temos que dar a ele o que ele precisa". O que, prosseguiu Schlesinger, significava, na verdade, "dar a ele o que ele quer".[27] E o que o xá mais queria eram armas – e treinadores militares americanos, e uma marinha, e uma força aérea. "Negociadores de armas brincavam", escreve o historiador Ervand Abrahamian, "que o xá devorava os manuais deles mais ou menos da mesma forma que outros homens liam a *Play-*

---

* Kissinger sacrificou os curdos por nada: o xá iria embora em 1979 e todos os equipamentos militares que Washington disponibilizara ao Irã seriam herdados pelos aiatolás. Um ano depois, o Iraque e o Irã iniciariam uma guerra trágica despropositada que consumiria centenas de milhares de vidas, com o governo Reagan "inclinando-se" na direção de Bagdá (o que incluiu dar a Saddam o material necessário para produzir gás sarin e as informações necessárias para utilizar esse gás contra os curdos) enquanto ao mesmo tempo vendia armas de alta tecnologia ao Irã revolucionário [no que se tornou conhecido como o Irã-Contras].

boy." Kissinger passou por cima de objeções dos departamentos de Estado e Defesa para dar ao xá o que nenhum outro país do mundo tinha: a capacidade de comprar o que quisesse de empreiteiras militares americanas. "Estamos à procura de uma marinha", disse o xá a Kissinger. "Temos uma lista de compras grande." Kissinger o deixou comprar uma marinha. Em 1977, observa Abrahamian, "o xá tinha a maior marinha do Golfo Pérsico, a maior força aérea do Leste Asiático e o quinto maior exército do mundo inteiro": milhares de tanques modernos, quatrocentos helicópteros, 28 aerobarcos, cem peças de artilharia de longo alcance, milhares de mísseis Maverick, 173 jatos de caça F-4, 141 F-5 e por aí em diante. No ano seguinte, o xá comprou mais US$ 12 milhões em equipamentos.

A escalada militar do xá significava mais do que proteger o golfo. Era parte de uma transformação maior da economia política global, em que o Ocidente se tornava cada vez mais dependente dos petrodólares reciclados.* Essa dependência aumentou ainda mais em 1975,

---

* O *Los Angeles Times* (14 de fevereiro de 1974) diz que a palavra *petrodólar* foi cunhada no fim de 1973, introduzida na língua inglesa por banqueiros de investimento de Nova York que cortejavam países do Oriente Médio produtores de petróleo. Já em junho de 1973 – com a pior das muitas crises daquele ano ainda por vir (a Guerra do Yom Kipur em outubro, o embargo do petróleo e a recessão de novembro, que durou dois anos), o secretário do Tesouro de Nixon, George Shultz, fez um discurso dizendo que os preços crescentes do petróleo poderiam resultar em uma "barganha mútua altamente vantajosa" entre os Estados Unidos e países produtores de petróleo no Oriente Médio. De fato, muitos começaram a argumentar que essa "barganha" poderia resolver vários problemas: criar demanda para o dólar dos Estados Unidos (para compensar a saída de Nixon, em 1971, do sistema Bretton Woods); injetar um dinheiro necessário em uma indústria de defesa enfraquecida, atingida duramente pela desaceleração no Vietnã (o secretário da Defesa Schlesinger disse que a venda de armas iranianas ajudou a pagar pesquisas e desenvolvimentos militares) e cobrir déficits crescentes por meio da compra, com petrodólares, de títulos do Tesouro. Os petrodólares não foram uma solução rápida; o preço alto da energia continuou a dificultar a economia dos Estados Unidos, com a inflação e as taxas de juros elevadas sendo um problema por quase uma década. Nem a dependência dos petrodólares foi parte de um plano preconcebido. Em vez disso, a dependência aumentou de maneira intermitente, em resposta a uma série de acontecimentos mundiais, conforme ilustrado pela relação crescente de Kissinger com o Oriente Médio. Entre 1969 e 1971, Nixon e Kissinger acomodaram o nacionalismo econômico árabe e iraniano, trabalhando, por exemplo, com Muammar Kadafi, depois que este tomou o poder na Líbia, em 1969, e forçou novos termos à Occidental Oil. Durante esses anos, "Washington", escreve o historiador Daniel Sargent, "havia tolerado – e até incentivado – aumentos de preço que melhoraram a capacidade do Irã e da Arábia Saudita de servir como fiadores dos interesses de segurança da Guerra Fria". Mas a Guerra do Yom Kipur, seguida do embargo, forçou uma avaliação: "Os Estados Unidos",

quando Kissinger fez um acordo com a Arábia Saudita, semelhante ao que tivera com o Irã, que incluía um contrato de US$ 750 milhões para a venda de sessenta caças F-5E/F para os xeiques. A essa altura, os Estados Unidos já tinham mais de um trilhão de dólares em acordos militares com Riad. Só o Irã tinha mais.[28]

O xá também queria ser tratado como um estadista sério e esperava que o Irã fosse tratado com o mesmo respeito que Washington demonstrava pela Alemanha e a Grã-Bretanha. Era trabalho de Kissinger estimular a vaidade do xá, fazê-lo se sentir como se realmente fosse o "rei dos reis". A única pessoa que Kissinger bajulava mais do que Mohammad Reza Pahlevi era Richard Nixon.

Quem lê os registros diplomáticos fica com a impressão de que Kissinger devia sentir um enorme desgaste ao se preparar para os encontros com o xá, uma vez que ele estudava os gestos e palavras precisos que precisaria para deixar claro que sua majestade tinha importância, era valorizada. "Vejamos", disse um assistente que o ajudava

---

conforme Kissinger resumiria o problema mais tarde, "têm um interesse na sobrevivência de Israel, mas é claro que temos um interesse nos 130 milhões de árabes que sentam em cima dos estoques de petróleo do mundo." O que fazer? Os dois "fiadores" de Washington no golfo – Irã e Arábia Saudita – estavam provando ser resistentes (o custo crescente do petróleo deixou o xá eufórico: "É claro que vai crescer. Com certeza!", disse ele a um entrevistador no fim de 1973; os sauditas, enquanto isso, imploravam a Kissinger para entender que eles estavam sob pressão de radicais: eles não tinham escolha, a não ser enviar tropas para combater Israel e reduzir a produção de petróleo, incluindo o petróleo fornecido à Sétima Frota dos Estados Unidos no Pacífico). Kissinger tentou exibir poder militar, estudando várias opções militares com o secretário da Defesa, James Schlesinger, incluindo a possível ocupação de Abu Dhabi. "Vamos elaborar um plano para apanhar um pouco do petróleo do Oriente Médio se quisermos", disse Kissinger. "Será que não podemos derrubar um dos xeiques só para mostrar que podemos fazer isso?", perguntou ele. Mas, em 28 de novembro, os sauditas cederam e voltaram atrás. Em menos de um ano, a Arábia Saudita ajudou a pôr fim ao embargo e concordou em aumentar a produção em um milhão de barris por dia para vender aos Estados Unidos. De sua parte, Kissinger começou a promover a ideia de uma chamada política de preço de petróleo mínimo, abaixo do qual o custo por barril não cairia, o que, entre outras coisas, visava a proteger o xá e os sauditas de uma queda repentina na demanda e oferecer às corporações de petróleo dos Estados Unidos uma margem de lucro garantida. Ao mesmo tempo, Nixon e Kissinger começaram a aumentar a ajuda militar americana e a venda de armas à Arábia Saudita. Ao longo de 1974 e 1975, Kissinger continuou a fantasiar de vez em quando sobre um ataque decisivo: "Talvez precisemos tomar alguns campos de petróleo", "Não estou dizendo que temos de nos apoderar da Arábia Saudita", disse ele mais tarde, "que tal Abu Dhabi ou a Líbia?" Mas a base do que se tornou uma aliança sólida como uma rocha entre a Casa de Saud e a classe política de Washington já estava estabelecida.

a se aprontar para um desses encontros, "o xá vai querer falar sobre o Paquistão, o Afeganistão, a Arábia Saudita, o Golfo, os curdos e Brejnev."²⁹ Durante outra preparação, Kissinger foi informado de que "o xá quer passear num F-14".³⁰ Uma discussão demorada resultou na conclusão de que isso podia não ser aconselhável e coube a Kissinger tentar dissuadi-lo. "Podemos dizer", supôs Kissinger, "que, se ele quiser muito fazer isso, está bem, mas o presidente se sentiria mais tranquilo se não tivesse essa preocupação entre dez mil. O xá ficará lisonjeado." Certa vez, Nixon pediu a Kissinger para contratar o cantor Danny Kaye para uma apresentação particular para o xá e sua esposa.

Depois de um golpe no vizinho Afeganistão, em julho de 1973, levar ao poder um governo republicano moderado, secular, mas de inclinação soviética, o xá tentou se aproveitar, pedindo ainda mais assistência militar. Agora, disse ele, ele precisava "cobrir o Oriente de aviões caças".³¹ Teerã começou a se intrometer na política afegã, oferecendo a Cabul bilhões de dólares para desenvolvimento e segurança em troca de afrouxar "seus laços com a União Soviética".³² Isso pode ter parecido uma maneira razoavelmente pacífica de aumentar a influência dos Estados Unidos, via Irã, sobre Cabul. Exceto que estava combinado à iniciativa explosiva de levar – por meio da polícia secreta do xá, a Savak, e da agência Interserviços de Inteligência (ISI), do Paquistão – insurgentes islâmicos para o Afeganistão, a fim de desestabilizar o governo republicano de Cabul.

O Paquistão tinha seus próprios motivos para querer desestabilizar o Afeganistão, relacionados a disputas de fronteira e a sua permanente rivalidade com a Índia. E Kissinger apreciava há muito tempo a importância estratégica do Paquistão. "A defesa do Afeganistão", escreveu ele, em 1955, no ensaio em que exortava Washington a lutar "pequenas guerras" nas áreas cinza do mundo, "depende da força do Paquistão". E então, em 1975, Kissinger, na esperança de levar o Afeganistão de volta ao jogo, pressionou para restaurar a ajuda militar a Islamabad, que havia sido cortada em 1971, desde sua violência em Bangladesh (que Kissinger sancionou com seu silêncio).[33]

Como assessor de segurança nacional e depois secretário de Estado, Kissinger, nós sabemos, estava envolvido no planejamento e na execução de atividades secretas em outros lugares – no Camboja e no Chile (discutido no próximo capítulo), por exemplo. Nenhuma informação disponível indica seu envolvimento direto no incentivo à ISI, do Paquistão, ou à Savak, do Irã, para desestabilizar o Afeganistão.[34] Mas não precisamos de um cano fumegante para entender o contexto mais amplo para considerar as consequências não intencionais de suas iniciativas. Em seu livro de 1995, *Out of Afghanistan*, os analistas de política externa Diego Cordovez e Selig Harrison, com base em pesquisas em arquivos soviéticos, apresentam uma boa descrição de quantas das políticas que Kissinger estabeleceu – o fortalecimento do Irã, a restauração das relações militares com o Paquistão e a venda de armas – reuniram-se para desencadear o jihadismo:

> Foi no início dos anos 1970, com os preços do petróleo subindo, que o xá Mohammed Reza Pahlevi, do Irã, iniciou seu ambicioso esforço para repelir a influência soviética em países vizinhos e criar uma versão moderna do antigo Império Persa. (...) Começando em 1974, o xá lançou um esforço determinado para atrair Cabul para uma esfera econômica e de segurança regional inclinada para o Ocidente, centralizada em Teerã e envolvendo Índia, Paquistão e os Estados do Golfo Pérsico. (...) Os Estados Unidos incentivaram ativamente essa política de repulsão como parte de sua ampla parceria com o xá, (...) a Savak e a CIA trabalharam de mãos dadas, às vezes em frouxa colaboração com grupos fundamentalistas islâmicos afegãos clandestinos que compartilhavam seus objetivos antissoviéticos, mas tinham suas próprias agendas também. (...) Quando os lucros com o petróleo dispararam, emissários desses grupos fundamentalistas árabes recém-afluentes chegaram à cena afegã com recursos financeiros volumosos.[35]

Harrison escreve também que "a Savak, a CIA e agentes paquistaneses" estavam envolvidos em fracassadas "tentativas de golpe fundamentalistas" no Afeganistão em 1973 e 1974, bem como em uma tentativa de insurreição islâmica no vale do Panjshir em 1975, estabelecendo as bases para a jihad dos anos 1980 (e depois).[36]

~

Muito se tem falado da decisão de Jimmy Carter, a conselho de seu assessor de segurança nacional, Zbigniew Brzezinski, de autorizar uma ajuda "não letal" aos mujahidins afegãos em julho de 1979, seis meses antes de Moscou enviar tropas para ajudar o governo afegão a combater a insurgência islâmica que se espalhava.* Mas a ajuda letal já fluía para os jihadistas por meio de dois aliados-chave de Washington: Paquistão e Irã (até sua revolução, em 1979). Essa provisão de apoio a islamistas radicais, iniciada no mandato de Kissinger e continuando pelos de Carter e Reagan, teve várias consequências infelizes. Pôs uma pressão insustentável sobre o frágil governo modernista secular do Afeganistão. Estabeleceu a infraestrutura inicial para o Islã radical transnacional de hoje. E, é claro, ao desestabilizar o Afeganistão, provocou a invasão soviética.

---

* A rivalidade entre dois grandes estrategistas imigrantes de Harvard, Kissinger e Brzezinski, é bem conhecida. Mas Brzezinski, em 1979, foi absolutamente kissingeriano em seu conselho a Carter. Na verdade, vários aliados de Kissinger que continuaram ativos no governo Carter – incluindo Walter Slocombe e David Newsom – influenciaram a decisão em julho de apoiar politicamente a jihad. Newsom, subsecretário de Estado para assuntos políticos de Carter, afirmou, num encontro em 30 de março de 1979, que "foi uma política dos Estados Unidos para reverter as correntes tendência e presença soviéticas no Afeganistão e para demonstrar aos paquistaneses nosso interesse e preocupação com o envolvimento soviético, para demonstrar aos paquistaneses, sauditas e outros nossa determinação para impedir a extensão da influência soviética no Terceiro Mundo". Newsom havia sido o homem de Kissinger na África e o "principal defensor público" da "investida *tar baby*" de Kissinger – ou seja, o conjunto de recomendações de políticas que levou às guerras civis de Angola e Moçambique e renovou o apoio aos governos supremacistas brancos na África do Sul e na Rodésia. Slocombe, o subsecretário da Defesa de Carter, perguntou no encontro se não valeria a pena continuar a apoiar a insurgência afegã, "sugando os soviéticos para um atoleiro no Vietnã".

Alguns celebram a decisão de Carter e Reagan como uma maneira de apressar o fim da União Soviética, já que teve o efeito de empurrar Moscou, em dezembro de 1979, para seu próprio atoleiro. "O que é mais importante para a história do mundo?", perguntou certa vez Brzezinski. "O Talibã ou o colapso do Império Soviético? Alguns muçulmanos agitados ou a libertação da Europa Central e o fim da Guerra Fria?" Mas a ocupação do Afeganistão por Moscou foi um desastre, não só para a União Soviética. Quando as tropas soviéticas se retiraram, em 1989, deixaram para trás o Afeganistão estraçalhado para enfrentar uma rede sombria de fundamentalistas insurgentes, que durante anos trabalhou estreitamente com a CIA (no que foi a mais longa operação de contrainsurgência da agência), e uma ISI paquistanesa inchada e livre de controle.[37] E poucos estudiosos sérios acreditam que a União Soviética teria provado ser mais durável se não tivesse invadido o Afeganistão. E a lealdade do Afeganistão – quer fosse inclinada para Washington, Moscou ou Teerã – também não fez nenhuma diferença para o resultado da Guerra Fria, não mais do que fizeram, digamos, as de Cuba, Iraque, Angola ou Vietnã.

O certo é que, individualmente, cada uma das iniciativas de Kissinger para o Oriente Médio – confiar em déspotas, bajular o xá, fornecer uma imensa ajuda a forças de segurança que torturavam e aterrorizavam cidadãos, encher a indústria da Defesa dos Estados Unidos de petrodólares reciclados, o que por sua vez estimulou uma corrida armamentista no Oriente Médio financiada por preços altos de gasolina, estimular o serviço secreto do Paquistão, alimentar o embrionário fundamentalismo islamista, jogar o Irã e os curdos contra o Iraque, e depois o Iraque e o Irã contra os curdos, e comprometer Washington com a defesa da ocupação de terras árabes por Israel – foi desastrosa no longo prazo.

Combinadas, elas ajudaram a pôr o Oriente Médio moderno em um nó que nem a espada de Alexandre consegue cortar.

7

SIGILO E ESPETÁCULO

Vamos parecer ferozes!
— Henry Kissinger

Em seus últimos anos no poder, Henry Kissinger ajudou a inaugurar um novo tipo de espetáculo público: a investigação do Congresso sobre assuntos de segurança nacional e ações secretas.[1] Como assessor de segurança nacional, Kissinger podia evocar privilégios do Executivo para recusar pedidos para que testemunhasse. Mas quando Nixon o nomeou secretário de Estado, em meados de 1973, ele não teve escolha. As explicações ao Senado foram feitas em audiência, em setembro, exatamente no momento em que estava acontecendo o golpe que depôs Allende. Senadores lhe perguntaram sobre essa operação. "Nós nos mantivemos absolutamente afastados de qualquer golpe", disse ele. Quanto ao ataque aéreo de quatro anos contra o Camboja, Kissinger negou que tivesse alguma coisa a ver com o "duplo registro contábil" que manteve o Congresso sem saber sobre os bombardeios. Mas insistiu: "Acreditei na época, e devo dizer com toda a honestidade que acredito agora, que a ação em si foi correta." Ele foi evasivo em relação a seu envolvimento na primeira rodada de grampos telefônicos que o FBI fizera com jornalistas e membros de seu CSN e insistiu que não tinha nenhum conhecimento sobre a unidade de encanadores espiões de Nixon, que arrombou a sede dos democratas no Watergate e o consultório do psiquiatra de Daniel Ellsberg.*

Esses questionamentos não foram realmente confrontadores.² Os senadores se dirigiram a Kissinger com "uma mistura de admiração, respeito e perplexidade", como observou uma revista, incapazes de se conformar com o fato de que o homem diante deles *tanto* orquestrou o bombardeio secreto do Camboja *quanto* negociou a reaproximação com a China, *tanto* incentivou as escutas telefônicas ilegais de seus próprios funcionários *quanto* normalizou as relações com a União Soviética, *tanto* se inclinou na direção do Paquistão mesmo quando o país estava massacrando bengaleses *quanto* estabeleceu as bases para as negociações de armas estratégicas com Moscou. De qualquer modo, Nixon estava em queda livre devido ao Watergate e Kissinger não era apenas um dos últimos homens em pé no governo; era o *único* homem associado a esse governo que parecia "inteligente, articulado, talentoso, espirituoso, cativante", que possuía "estilo, (...) fineza intelectual" e "cordialidade e humor". Comparado à truculência pré-verbal do resto do círculo interno de Nixon, ele pelo menos "fala a língua inglesa". Sua confirmação como secretário de Estado nunca foi posta em dúvida.

Kissinger reclamou, porém, dessa e de outras audiências. "Um massacre congressional impiedoso", como mais tarde descreveu os esforços do Legislativo para supervisionar sua execução da guerra, e ele resistiu a subsequentes pedidos de mais testemunhos ou mais documentação a respeito dessa ou daquela política, do bombardeio de hospitais no Vietnã do Norte, digamos, ou das incursões da CIA no

---

* David Young, que foi assistente tanto de Kissinger no CSN quanto da mulher de Kissinger, Nancy Maginnes, quando ela trabalhou no escritório dos irmãos Rockefeller, ajudou a dirigir os encanadores. Young recebeu imunidade em troca de testemunhar contra John Ehrlichman.

Laos. Kissinger se encrespava diante do próprio princípio da supervisão.³ Depois de aprovar a invasão do Timor Leste por Suharto, por exemplo, ele queria continuar a fornecer armas ao Exército indonésio. Fazer isso, porém, seria uma violação da lei americana, que proibia transferências de armas para exércitos agressores. Kissinger achava que podia contornar a proibição suspendendo os despachos por algumas semanas e depois, após a atenção pública se desviar, retomá-los discretamente. Mas alguém de sua equipe expôs um telegrama listando as questões legais relacionadas ao assunto. "Isso irá para o Congresso", reclamou Kissinger, "e então teremos audiências sobre isso." Kissinger soube que havia ainda um segundo telegrama sobre o assunto. "Dois telegramas!", gritou. "Isso significa que vinte sujeitos viram isso. (...) Isso vazará em três meses e vai sair que o Kissinger dominou seus burocratas puros e violou a lei."⁴

Kissinger não estava sozinho em seu raciocínio de que a nova era de supervisões do Congresso lesaria o Estado de segurança nacional. Em 1976, James Angleton, ex-chefe de contrainteligência da CIA, comparou o Congresso a uma "potência estrangeira" saqueadora, com a agência sofrendo a indignidade de ter "nossos arquivos assaltados, nossos funcionários humilhados e nossos agentes expostos". Longe de ser "imperial", a Presidência, disse Angleton, era "impotente".⁵

Tais temores foram mal colocados e não apenas porque desde então muitas reformas pós-Vietnã e pós-Watergate foram revogadas ou destruídas (em especial depois do 11 de Setembro). Ao longo das últimas quatro décadas, desde que Kissinger deixou o poder, a própria natureza da relação entre sigilo e espetáculo mudou. Essas duas qualidades – sigilo e espetáculo, o secreto e o aberto – podem parecer incompatíveis, mas passaram a compreender uma forma unificada do poder imperial moderno. Tudo bem com o sigilo quando é possível alcançá-lo. Mas o sigilo já não é realmente necessário para o Estado de segurança nacional funcionar. O que é necessário é esquecimento político, ou amnésia, e essa amnésia é criada não nas sombras, mas no palco.

A Comissão Church do Senado, sobre a qual Angleton reclamou, foi uma prévia do que acabou se tornando uma representação teatral perpétua: da Comissão Pike à Comissão Rockefeller, dos muitos inquéritos de William Fulbright ao Relatório Walsh sobre Irã-Contras e às audiências do senador John Kerry sobre o uso pela CIA de contrabandistas de drogas para apoiar suas atividades ilegais na Nicarágua, e agora ao relatório sobre tortura da senadora Dianne Feinstein, além das incontáveis investigações envolvidas: o cofre foi aberto e as joias da família de atividades clandestinas foram jogadas para o público. WikiLeaks, Chelsea Manning, o Arquivo de Segurança Nacional não governamental, Edward Snowden e livros de agentes apóstatas, como Philip Agee, que contam tudo se somam à montanha de informações. Fato após fato ultrassecreto, testemunha após testemunha e documento após documento liberado – os Papéis do Pentágono *ad infinitum*: assassinatos, golpes, Camboja, Cointelpro, Irã-Contras, apoio a jihadistas para conter os soviéticos; torturas; vigilância interminável; operações psicológicas contra cidadãos americanos; manipulação de informações e da imprensa; Blackwater; Abu Graib; lucros excessivos com guerras; os memorandos sobre tortura; drones. E ainda assim, hoje, o Estado de segurança nacional – sua guerra interminável, seu sistema de espionagem interna que em tudo penetra e a capacidade de seus agentes de defender qualquer ação, não importa o quanto seja ilegal ou imoral, desde detenções indefinidas e assassinatos dirigidos de indivíduos não acusados de nenhum crime até a guerra de drones não regulamentada e as torturas – está mais forte do que nunca.

Grande parte das informações sobre esses tópicos reunidas permanece secreta, incluindo o grosso do relatório sobre tortura da senadora Feinstein e aparentemente o "pior" das imagens de Abu Ghraib, incluindo gravações em vídeo de crianças pequenas sendo estupradas por soldados americanos.[6] Mas, realmente, o que não sabemos?

Certamente o fato de que vínhamos torturando pessoas – e treinando nossos aliados para torturar pessoas – muito antes do 11 de Setembro era conhecido por qualquer um que quisesse saber. Kissinger estava certo: informação por si só não é conhecimento; dados demais podem sobrepujar a sabedoria; a "verdade" revelada por "fatos" não é evidente.

Existem várias maneiras de o espetáculo das audiências do Congresso e investigações públicas semelhantes produzirem amnésia política ou pelo menos indiferença política.[7] Existe o divertimento vicário do teatro das audiências, que pode ter o efeito de transformar cidadãos em espectadores, com seu interminável regresso de testemunhas e inquisitores corporificando os prazeres suaves do entretenimento visual contemporâneo. Pense no impecável Oliver North enfrentando os interrogadores democratas desgrenhados nos questionamentos sobre Irã-Contras.

A amnésia, ou paralisia, também é criada pelo fato de os dois partidos de nosso sistema bipartidário basicamente compartilharem um conjunto comum de suposições a respeito da defesa nacional e da integridade do poder americano no mundo. Considere o Camboja. O bombardeio desse país, realizado pela Operação Menu (1969-1970), permaneceu secreto por mais tempo do que qualquer um acreditava que seria possível, em grande parte porque os norte-vietnamitas tomaram a decisão de não emitir uma reclamação. Só em meados de 1973 o Senado realizou um inquérito, impulsionado pela carta do major Hal Knight informando ao Congresso que seu trabalho era queimar toda a papelada relacionada às incursões. Por um breve momento, durante as audiências, políticos e jornalistas, alguns pelo menos, fizeram uma ligação entre Watergate e os bombardeios. "Alguns membros" do Congresso, escreveu Seymour Hersh em julho de 1973, "estão convencidos de que o bombardeio secreto do Camboja emergirá como outra faceta do escândalo de Watergate, talvez mais perigosa". E, em julho de 1973, a primeira resolução de impeachment contra Nixon, apresentada na Câmara pelo deputado de Massachusetts Robert Drinan, concentrava-se não no arrombamento de Watergate, mas na guerra ilegal contra o Camboja. Mas colegas de Drinan não aceitaram a resolução, e o Senado nunca determinou se foi Kissinger quem, juntamente com Haig e Sitton, criou o sistema de registros contábeis duplos para a destruição e falsificação dos dados sobre voos.

Em vez de expor a Menu como um crime, o inquérito do Senado chegou perto de justificar a fraude. "Alguns membros" do Congresso podem ter levado a sério o bombardeio, mas nos últimos dias das audiências públicas realizadas pela Comissão de Serviços Armados (ocorridas de 16 de julho a 9 de agosto de 1973), apenas três de seus quatorze membros se importaram em comparecer: Stuart Symington e Harold Hughes, democratas do Missouri e de Iowa, e Strom Thurmond, o republicano da Carolina do Sul. Symington sintetizou a posição de "pomba": "O que eu não gosto nisso é que não sabíamos sobre isso", reclamou ele a uma testemunha, o general Creighton Abrams, "demos dinheiro para uma coisa e ele foi usado para outra." Symington foi o único senador que questionou as consequências do bombardeio secreto e fez isso apenas uma vez: "Como militar experiente, você não acharia que essa pressão [do bombardeio] tornou quase inevitável que eles tivessem que expandir sua área de controle ou operações, levando-os, portanto, a um conflito cada vez maior com as autoridades cambojanas?" A resposta do general Abrams foi sucinta: "Sim, eu acho que esta é uma afirmação justa."[8]

Os falcões (Thurmond, principalmente, mas também os senadores Barry Goldwater, Sam Nunn e John Tower nas poucas vezes em que apareceram) dominaram os procedimentos. Eles não apenas insistiram que o bombardeio foi uma política eficiente e legítima, como argumentaram que a queima de documentos foi apenas uma extensão dos protocolos de sigilo, e o sigilo era uma prática de guerra aceita. "Eu acho que temos de endossar a ideia de um grau de dissimulação, ocultação, embuste e secretismo", disse Tower, "particularmente em uma sociedade aberta como a nossa, que já está em uma posição difícil em tempo de guerra quando confrontada por uma sociedade fechada, como foram os casos da Alemanha nazista e da Rússia soviética." "E o que dizer da invasão da Normandia?", perguntou Nunn, querendo saber se a principal testemunha da comissão, o dedo-duro major Knight, teria se sentido compelido a revelar essa operação. Outros levaram o argumento mais longe, sustentando que não houve nenhuma "intenção de enganar" inerente na falsificação de informações se essa falsificação foi realizada em resposta a "ordens genuínas e legais". Um senador sugeriu que o código usado por Knight, quando telefonava para Saigon, para indicar que havia queimado todas as provas com êxito ("o jogo de bola acabou") era em si mesmo um relato preciso. Consequentemente, nenhuma fraude havia ocorrido.

Os falcões da comissão ficaram repetindo que o bombardeio foi necessário para "salvar vidas americanas", com quase todas as pombas admitindo que, se a Casa Branca as tivesse procurado, em 1969, com esse argumento, elas teriam aprovado tanto a operação quanto seu sigilo. Qual era, então, o problema?

A atenção do público logo se voltou para o arrombamento no Watergate Hotel, em grande parte tratado como um crime interno; e a destruição do Camboja sumiu na memória. Em julho de 1974, a Comissão Judiciária da Câmara finalmente aprovou três artigos do impeachment contra Nixon, todos eles relacionados à obstrução da justiça interna. A comissão se recusou, por 26 votos a 12, a prosseguir com uma quarta acusação de não buscar a aprovação do Congresso para travar a guerra contra o Camboja. Membro da comissão, John Conyers divergiu, considerando esta o pior delito de Nixon passível de impeachment. Mas a maioria bipartidária discordou. "Podemos também ressuscitar o presidente Johnson e aprovar seu impeachment postumamente pelo Vietnã e pelo Laos", disse o democrata Walter Flowers, ou Kennedy pela Baía dos Porcos e Truman pela Coreia.[9]

O esquecimento político também é criado por meio da transformação do crime em uma questão de procedimento ou um drama interno entre dois partidos políticos: um partido executa, o outro explica. Enquadrar qualquer que seja a política controversa – seja o bombardeio de um país neutro, um grampo telefônico interno, o apoio a golpes, tortura – como uma questão técnica, como uma discussão sobre a legalidade dos meios em que a política foi executada, cria uma afirmação implícita de que todos concordam com o objetivo da ação. Kissinger era um mestre nesse tipo de reenquadramento. Em 1975, por exemplo, ele concordou em ser questionado pelo Congresso, comparecendo diante da Comissão Pike, presidida pelo deputado de Nova York Otis Pike e encarregada de investigar as atividades secretas da CIA, do FBI e da Agência de Segurança Nacional. Kissinger foi duramente interrogado pelo deputado Ron Dellums a respeito de vários assuntos clandestinos. "Francamente, senhor secretário", disse Dellums, pensando que havia encurralado Kissinger, "e quero dizer isso muito sinceramente, estou preocupado com seu poder e o método de sua operação, e tenho medo do resultado para a política americana... O senhor poderia, por favor, comentar?"

Kissinger deu uma resposta em tom perfeito, apresentada com apenas um traço de sintaxe do Borsch Belt: "Exceto por isso", perguntou ele, "não há nada de errado com minha operação?"[10] A sala riu e o noticiário noturno na TV destacou isso, que para milhões de espectadores sintetizava as audiências: um congressista insistente sendo empurrado para trás por uma mente hábil.* Uma década depois, em audiências no Senado sobre a venda ilegal de mísseis de alta tecnologia para o Irã e o desvio de fundos para apoiar os contras nicaraguenses, o coronel North e seus coconspiradores diriam isso de maneira

---

* O relatório final da Comissão Pike nunca foi oficialmente divulgado, embora tenha vazado para o *Village Voice*, que publicou um trecho grande. Ver "The CIA Report the President Doesn't Want You to Read", 16 de fevereiro de 1976.

mais solene, mas diriam praticamente a mesma coisa: se você concorda com os fins, então por que questiona nossos meios?

~

A relação simbiótica entre espetáculo e sigilo é proeminente na diplomacia pós-Vietnã de Henry Kissinger. Kissinger achava que exibições públicas de determinação ajudariam os Estados Unidos a restaurar sua credibilidade e legitimidade danificadas. "Os Estados Unidos devem realizar algum ato em algum lugar do mundo", disse ele a repórteres logo depois da queda de Saigon em 1975, "que mostre sua determinação para continuar a ser uma potência mundial."[11] Algum ato. Em algum lugar. No futuro, escreveu ele no memorando "Lessons of Vietnam" para Gerald Ford, que se tornara presidente alguns meses antes: Washington terá que assumir "posições mais duras" na arena internacional "para fazer os outros acreditarem em nós novamente".[12] A inação precisa ser evitada para mostrar que a ação é possível.

As oportunidades eram limitadas em termos de onde os Estados Unidos poderiam fazer essa demonstração. Tome, por exemplo, o "resgate" da tripulação do navio porta-contêineres americano *Mayaguez* por Kissinger e Ford.

Em 12 de maio de 1975, forças do Khmer Vermelho sequestraram o *Mayaguez*, juntamente com 39 marinheiros mercantes. O Camboja, na época, estava um caos, o genocídio em curso. A tripulação e o navio foram levados para uma ilha próxima bastante fortificada chamada Koh Tang, no Golfo da Tailândia, perto da costa do Camboja.

Quase todos os envolvidos na série de reuniões na Casa Branca convocadas para lidar com a crise aproveitaram o incidente para assumir aquela "posição mais dura" (embora o historiador Rick Perlstein observe que chamar aquilo de crise é um exagero, já que é muito comum navios mercantes dos Estados Unidos serem ocupados por marinhas estrangeiras e depois liberados). Kissinger foi contundente. Seu biógrafo, Walter Isaacson, descreve-o em uma dessa reuniões "inclinando-se sobre a mesa da Sala do Gabinete e falando com emoção", dizendo que "os Estados Unidos devem impor limites. (...) Temos que agir agora, e agir com firmeza". E não apenas Kissinger. "Eu acho que uma resposta violenta é adequada", disse um antigo chefe de Kissinger, o vice-presidente Nelson Rockefeller. "O mundo deve saber que agiremos e que agiremos rapidamente."[13]

Kissinger aconselhou que os Estados Unidos fizessem "algo que impressionará os coreanos e os chineses". O escritor de discursos de Ford, Bob Hartmann, disse que uma resposta dura poderia contribuir para a popularidade de Ford em casa: "Não devemos apenas pensar em qual é a coisa certa a fazer, mas naquilo que o público percebe."[14]

"Essa crise, assim como a crise dos mísseis em Cuba, é o primeiro teste verdadeiro para sua liderança", disse Hartmann a Ford. Kennedy respondera àquela crise metodicamente, abrindo canais de comunicação secretos com os soviéticos, considerando cada movimento e oferecendo concessões-chave para resolvê-la. Mas, em 1975, Kissinger não podia esperar. Ele nem tentou um contato com Phnom Penh para fazer um acordo. Em vez disso, exortou Ford a fazer um resgate militar, soltar os B-52 sobre o Camboja uma última vez e afundar navios cambojanos à vontade. Não aos poucos, mas tudo de uma vez. "Eu temo que se dermos poucos passos pequenos de horas em horas", disse Kissinger, "tenhamos problemas. Acho que devemos ir em frente com a ilha... e o navio tudo de uma vez. Acho que as pessoas devem ter a impressão de que somos potencialmente rápidos no gatilho." O incidente também deu a Kissinger uma chance de instruir o novo presidente na teoria do louco das relações internacionais. "Esta é sua primeira crise", disse ele, "você deve estabelecer uma reputação de ser muito duro de lidar."[15]

Não havia nenhuma necessidade de nada disso. Mesmo antes de o assalto à ilha começar, os cambojanos haviam sinalizado que devolveriam o navio. E a tripulação havia sido libertada, posta a bordo de um navio pesqueiro e entregue de volta à Marinha dos Estados Unidos. Mas a operação militar prosseguiu mesmo assim. Dezoito americanos foram mortos tentando tomar a ilha e outros 23 morreram quando o helicóptero deles caiu enquanto se preparava para a ação. Ninguém sabe quantos cambojanos foram mortos no ataque, mas os B-52 atingiram o território do país, destruindo um pátio ferroviário, um porto, uma refinaria de petróleo e mais de trezentos prédios. Nove navios cambojanos foram afundados.

"Vamos parecer ferozes", disse Kissinger, exortando Ford a não hesitar.[16] Ford mais tarde disse que o resgate do *Mayaguez* foi uma de suas decisões de política externa mais importantes. "Isso convenceu alguns de nossos adversários de que não éramos um tigre de papel." "Foi maravilhoso", concordou Barry Goldwater. "Isso mostra que ainda temos colhões nesse país."[17]

∼

Kissinger não queria uma crise "como" a de Cuba. Queria a coisa de verdade. E alguns anos antes do incidente do *Mayaguez*, durante o primeiro mandato de Richard Nixon, ele quase a tivera. Em setembro de 1970, Kissinger irrompeu no escritório de Bob Haldeman com fotografias de reconhecimento tiradas em uma área perto da cidade portuária de Cienfuegos, na costa sul de Cuba. "Essas fotografias mostram que os cubanos estão construindo campos de futebol", disse ele. "Esses campos de futebol podem significar guerra, Bob." Haldeman pareceu confuso, até que Kissinger lhe disse: "Os cubanos jogam *beisebol*. Os russos jogam *futebol*."[18] Kissinger insistiu que Moscou estava construindo uma base naval permanente para abrigar submarinos nucleares. Mais fotografias foram tiradas, reuniões de alto nível foram realizadas, nas quais Kissinger deu lições sobre as ações ousadas de Kennedy, oito anos antes, e planos de contingência para bloquear Cuba foram traçados.

A base de submarinos parece ter sido uma fantasia.[19] Os soviéticos não voltaram atrás, porque não estavam fazendo nada do qual precisassem voltar atrás (ou pelo menos jamais foi produzida alguma prova de que eles estavam fazendo algo do qual precisassem voltar atrás). É claro que os cubanos jogam futebol. Eles jogavam desde os anos 1920, e a Revolução Cubana chegou a trazer um interesse renovado pelo esporte. Os voos de reconhecimento fotografaram cada centímetro de Cienfuegos e não conseguiram encontrar uma única peça de equipamento pesado que pudesse ser usada para construir o tal porto. Não havia nenhum guindaste, nenhuma draga, nenhuma doca em águas profundas. Eles não conseguiram encontrar um submarino soviético no porto. Não importava. Essa "crise", que aconteceu pouco depois da invasão do Camboja, em 1970, deu a Kissinger mais uma oportunidade de impressionar Nixon com sua dureza, usando sua vitória percebida sobre os soviéticos em sua permanente rivalidade com o secretário de Estado Rogers, que, "desnorteado com a advertência de Kissinger", pareceu indeciso e fraco.[20]

Até hoje, em memórias e outros textos publicados, Kissinger apresenta como fato sua acusação de que os soviéticos estavam construindo um sofisticado porto para submarinos nucleares em águas profundas em Cienfuegos. É difícil, porém, encontrar qualquer outra coisa além de perplexidade em documentos oficiais que registram a reação soviética às acusações de Kissinger.*

---

* Compare o memorando de Kissinger sobre uma conversa que ele teve com Dobrynin (ocorrida antes de sua reunião com Haig) com a anotação em diário de Dobrynin sobre o mesmo encontro. Kissinger descreve Dobrynin como "pálido" e "claramente" preocupado com o "problema cubano". Ele diz que recriminou duramente o enviado soviético, ameaçou tomar uma "atitude drástica" e o advertiu sobre a situação "grave", interrompendo-o quando ele quis mudar de assunto. Mas o diário de Dobrynin não registra nenhum confronto assim. Registra simples e prosaicamente que a reunião fora convocada para Kissinger transmitir as "preocupações" de Nixon. "Kissinger", escreveu Dobrynin, "disse que o presidente pede que essa mensagem não seja considerada algum tipo de representação oficial ou protesto, mas sim um apelo estritamente confidencial e importante aos líderes soviéticos na esperança de que receba a atenção que merece" (ambos encontrados em Douglas Selvage et al., *Soviet-American Relations* [2007], pp. 193, 197). Um estudo observou que a linguagem relatada por Kissinger "lembrava de maneira estranha os ultimatos da crise dos mísseis de Cuba original".

SIGILO E ESPETÁCULO

~

Kissinger ainda não tinha terminado com Cuba, e suas interações subsequentes com a ilha, bem como com o resto da América Latina, ajudam a revelar a relação de dependência entre o aberto e o encoberto, o espetacular e o secreto, o modo como limites muito reais ao que os Estados Unidos podiam fazer no mundo depois de serem expulsos da Indochina levaram a uma dependência de trabalhos de espionagem clandestinos.

Em fevereiro de 1976, Kissinger, depois de empreender algum esforço para normalizar as relações entre Havana e Washington, viu-se de repente em um impasse geopolítico com Fidel Castro quando Fidel enviou tropas cubanas ao Sul da África para defender Angola dos mercenários sul-africanos apoiados pelos Estados Unidos. A intervenção cubana – um golpe audacioso da parte de Fidel, salvando a capital angolana, Luanda, para o Movimento Popular de Libertação de Angola, de esquerda, e expulsando os aliados de Washington – foi o tipo de ação que Kissinger poderia ter apreciado se não tivesse sido direcionada para minar sua política externa.

Com um movimento, Fidel expusera a inviabilidade da "investida *tar baby*" de Kissinger no Sul da África – ou seja, seus esforços para manter a supremacia branca ali – ao mundo inteiro: os aliados iranianos, paquistaneses e latino-americanos comentaram a ação de Cuba, expressando admiração por seu sucesso, mas temor em relação ao que Fidel faria em seguida. O Egito disse que a associação de Washington com a África do Sul era "um anátema aos olhos africanos", fazendo um "apelo veemente" para que os Estados Unidos fossem mais "compreensivos e tolerantes com os movimentos africanos emergentes", mesmo que estes fossem de tendência esquerdista.[21]

Kissinger pressionou por uma linha mais dura. "Se os cubanos destruírem a Rodésia, então a Namíbia é a seguinte e depois a África do Sul", disse ele em uma reunião de crise de alto nível em 24 de março de 1976. "Acho que temos de humilhá-los", disse Kissinger em uma reunião anterior, instruindo seus assistentes a traçar planos de contingência que incluíssem sanções políticas e econômicas, bloqueios aéreo e naval, minar os portos cubanos, ataques punitivos e até uma invasão. "Não deve haver medidas parciais", instruiu Kissinger; o que quer que eles fizessem precisava ser "implacável, rápido e eficiente". Assim como no caso do *Mayaguez* um ano antes, Kissinger insistiu que o que estava em jogo com Cuba em Angola era uma questão de aparência. "Se houver uma percepção no exterior de que estamos tão enfraquecidos por nosso debate interno [sobre o Vietnã] que parece que não podemos fazer nada em relação a um país de oito milhões de pessoas, então em três ou quatro anos teremos uma crise de verdade."

É verdade que, com as imagens difundidas da queda de Saigon, em abril de 1975, e da retirada caótica das tropas americanas restantes e dos funcionários da embaixada ainda frescas na mente do público, havia pouco entusiasmo por operações militares no exterior. Mas não foi o "debate interno" dos Estados Unidos que "enfraqueceu" Kissinger no Sul da África. Em vez disso, Fidel revelara a contradição paralisante que havia no cerne da tese da "pequena guerra" de Kissinger. Por um lado, Kissinger argumentava que pequenas guerras em áreas de importância marginal podiam permanecer limitadas em extensão. Por outro lado, ele exigia que não se pusesse *nenhum limite* na força que estadistas e líderes militares poderiam usar para lutar essas guerras (incluindo o uso tático de armas nucleares). A diplomacia, argumentava Kissinger constantemente, precisava ser apoiada por ameaças críveis, e ameaças só podiam ser críveis se fossem ilimitadas.

Em lugares pequenos de verdadeira insignificância, um paradoxo como esse podia ser controlado. Brutalizar uma pequena ilha no Golfo da Tailândia e matar um número desconhecido de cambojanos para "resgatar" o *Mayaguez* era uma coisa. Desatar uma guerra contra Cuba, aliada da União Soviética, era outra. Mas seus assessores lhe disseram que, diferentemente do sucesso de Kennedy, em 1962, "uma nova crise cubana não levaria necessariamente a uma retirada soviética". A crise poderia "se intensificar em áreas que maximizariam as baixas dos Estados Unidos e provocar, assim, uma resposta mais forte". "Negócio sério", admitiu Kissinger. Não havia como imaginar uma "pequena guerra" contra Cuba que pudesse não levar ao que os assessores de Kissinger chamavam de "guerra geral" entre os Estados Unidos e a União Soviética.

Kissinger sabia que estava em uma posição difícil. Não havia nada que Washington pudesse fazer que não daria a impressão de que estava correndo para tentar alcançar Havana. Ignore Cuba e os Estados Unidos parecerão fracos. Ataque Cuba e isso parecerá reativo, um drama em que a maior potência do mundo foi vencida por uma nação que é uma pequena ilha, um gigante esmagado por uma mosca. Kissinger admitiu isso: "O problema é que não importa como construímos nossa política no Sul da África, qualquer coisa que acontecer parecerá resultado de uma pressão cubana." Exatamente isso. Fidel dera um xeque-mate em Kissinger.

"Acho que vamos ter que esmagar Castro", disse Kissinger a Ford, mas "provavelmente não podemos fazer isso antes da eleição", admitiu ele, referindo-se à disputa presidencial em novembro de 1976.[22] "Eu concordo", respondeu Ford. E assim foi. Mais tarde, Kissinger reverteu sua "investida *tar baby*", implementando o que alguns analistas chamaram de *détente* africana.

∼

Na América Latina, Kissinger, depois de ter um triunfo público negado, continuou a conspirar privadamente. Em 1969, quando assumiu o poder, apenas o Paraguai e o Brasil, na América do Sul, eram governados por ditaduras de direita. Quase todos os outros países estavam vivendo uma agitação revolucionária inspirada, até certo ponto, por Cuba. Isso logo mudaria. A Bolívia foi a primeira democracia latino-

-americana a sofrer um golpe militar sob a vigilância de Kissinger. "Estamos tendo um grande problema na Bolívia", afirmou Kissinger, em 11 de junho de 1971, dizendo à CIA para "acelerar a operação, a toda velocidade".[23] Em 21 de agosto, um golpe militar instalou um ditador de direita prontamente reconhecido por Washington (de acordo com o Departamento de Estado, a CIA agiu em "resposta a um pedido da Casa Branca de um programa de ação política para deter a tendência à esquerda" do governo boliviano). Alguns meses depois, o Brasil, agindo como um representante de Nixon e Kissinger, "ajudou a fraudar as eleições uruguaias", conforme Nixon explicou, assegurando que uma coalizão de esquerda popular não conseguisse tomar o poder.[24] O tumulto que se seguiu contribuiu diretamente para o golpe de junho de 1973, liderado por Juan María Bordaberry, que transformou o Uruguai em um Estado policial. Kissinger enviou uma nota a Bordaberry desejando-lhe "os melhores votos nessa ocasião feliz".[25] A mulher do ditador acabara de dar à luz seu segundo filho.*

Depois veio o Chile, em 11 de setembro de 1973. Fora Kissinger quem pressionara Nixon a adotar uma "linha mais dura", conforme

---

* A América Central não era uma prioridade alta para Kissinger, mas ele continuou a dar um firme apoio a ditaduras de direita e Estados de esquadrões da morte já no poder quando tomou posse. Em 1970, na Guatemala, por exemplo, Kissinger e Alexander Haig estavam envolvidos na transmissão de nomes e endereços de "terroristas guatemaltecos" para forças de segurança, embora Washington estivesse bem consciente de que o governo estava usando seu programa de contraterror financiado pelos Estados Unidos para eliminar não apenas insurgentes armados, mas *toda* a oposição política, e que a grande maioria dos prisioneiros políticos detidos era executada sumariamente. De fato, em 1971, a CIA relatou que o presidente da Guatemala na época, Carlos Arana, estava envolvido diretamente na elaboração de "listas de mortes". A repressão na Guatemala saiu tanto do controle que um membro da equipe de Kissinger no CSN exortou a chamada Comissão 40 – a comissão presidida por Kissinger que reunia vários braços do Estado de segurança nacional que ajudaram a organizar a campanha para derrubar Allende, no Chile – a reconsiderar o apoio dos Estados Unidos ao governo guatemalteco. Kissinger, como presidente, não achou que era um assunto que valesse a pena levantar e o robusto apoio militar continuou durante o governo Carter. O massacre em massa de camponeses maias guatemaltecos, entre 1978 e 1983, com frequência não é incluído nos genocídios aos quais Kissinger é associado, já que aconteceu após seu serviço público. Mas, durante seu mandato, a ajuda fornecida por Washington (que fortaleceu as forças de segurança que executaram o genocídio) aumentou constantemente. Veja a Nota 24 com fontes para essa discussão.

ele próprio explicou, contra o presidente socialista do país eleito democraticamente, Salvador Allende, que morreu no golpe.[26] Ao Chile seguiram-se golpes no Peru e no Equador. Depois, em 23 de março de 1976, os militares argentinos tomaram o governo. Esse golpe correspondeu à renovada obsessão de Kissinger por Cuba, no Sul da África. E, quando ficou claro que Fidel venceria em Angola – e em seguida possivelmente enviaria suas tropas à Rodésia –, Kissinger se aproximou mais dos novos pretorianos da América Latina.

Ao longo da década passada foi liberado um número cada vez maior de documentos do governo revelando o envolvimento de Kissinger em violações de direitos humanos na América Latina e no acobertamento destas. Ele tentou se defender. "Simplesmente tirar uma frase de uma conversa ao telefone quando você tem outras cinquenta conversas não é a maneira de analisar isso", disse ele após a divulgação de uma gravação particularmente desfavorável que o mostra apoiando Pinochet. "Venho dizendo às pessoas para lerem o correspondente a um mês de conversas para você saber o que mais aconteceu."[27] Mas agora que mais informações estão disponíveis, o correspondente a um mês de gravações parece uma das peças mais sangrentas de Shakespeare. Talvez *Macbeth*, com sua descrição do que hoje é chamado de consequências não intencionais: "Nós apenas damos instruções que, sendo ensinadas, retornam."

Há o apoio de Kissinger à ditadura de Pinochet, no Chile. Em agosto de 1975, Kissinger recebeu o ministro do Exterior do Chile, o vice-almirante Patricio Carvajal, em Washington. A essa altura, as forças de segurança chilenas haviam matado ou desaparecido com milhares de pessoas e torturado um número ainda maior, transformando o estádio de futebol de Santiago em um campo de concentração. Kissinger repelira firmemente a tentativa do Congresso de impor sanções ao país por essas violações. E, então, ele abriu sua reunião com Carvajal com uma piada, ridicularizando a preocupação de alguns de seus funcionários com os direitos humanos: "O Departamento de Estado é formado por pessoas que têm uma vocação para o sacerdócio. Como não havia igrejas suficientes para elas, elas foram para o Departamento de Estado." A discussão em seguida tomou um rumo enigmático. Carvajal disse a Kissinger que o Chile estava tendo dificuldades com cerca de duzentas pessoas que acabara de libertar da prisão. "Elas estão criando problemas", disse o ministro, e ele não conseguia encontrar um país que as aceitasse como exiladas. Kissinger respondeu: "Você saberá o que fazer. Nós não podemos ir além do que dissemos. Que outro problema temos para discutir?"

O regime de Pinochet sabia o que fazer: as torturas, os assassinatos e os desaparecimentos no Chile continuaram.

Há seu apoio à junta militar argentina. Logo após o golpe, um dos assistentes de Kissinger o aconselhou a não "se apressar e apoiar esse novo regime". "Devemos esperar uma quantidade razoável de repressão, provavelmente um bocado de sangue, na Argentina em pouco tempo", disse o assistente. "Acho que eles terão que reprimir duramente não apenas os terroristas, mas os dissidentes de sindicatos e seus partidos." Kissinger discordou da sugestão de que mantivesse distância. "Qualquer que seja a chance que eles tenham, eles precisarão de um pouco de incentivo", respondeu ele a seu assistente cauteloso, "porque eu quero, sim, incentivá-los." No dia seguinte, 27 de março de 1976, o Fundo Monetário Internacional ampliou para US$ 127 milhões a linha de crédito à junta militar, com muitos milhões a mais por vir de empréstimos tanto públicos quanto privados.[28]

Há também a visita de Kissinger a Santiago, Chile, no início de 1976, para participar de uma sessão da Organização dos Estados Americanos. Ali, ele teve um tête-à-tête com Pinochet e lhe assegurou que qualquer crítica moderada que ele pudesse ouvir em seus comentários à OEA não deveria ser levada a sério. Apenas um mês depois, seu secretário assistente para a América Latina, Harry Shlaudeman, exortou-o a ajudar a reduzir o tom de "exageros retóricos do tipo 'Terceira Guerra Mundial'". Shlaudeman se referia aos militantes conservadores que pensavam que estavam na linha de frente de uma cruzada internacional contra o marxismo global. O Chile era o pior do grupo. "Talvez", disse Shlaudeman, oferecendo um conselho sutil, "possamos convencê-los de que uma Terceira Guerra Mundial é indesejável".

Mas, em seu encontro com Pinochet, Kissinger pôs lenha na fogueira: eles se compadeceram do Vietnã e concordaram que a guerra civil espanhola era apenas a primeira batalha da "guerra mundial" corrente. O general, disse Kissinger, era "uma vítima de todos os grupos de esquerda do mundo" e seu "maior pecado" era ter "derrubado um governo que estava se tornando comunista". Kissinger disse a Pinochet que teria de incluir algumas palavras sobre direitos humanos nos comentários que faria a seguir à Assembleia Geral, mas que Pinochet podia seguramente ignorá-los: "O discurso não é direcionado ao Chile."*

Em Santiago, Kissinger também se encontrou com o almirante César Augusto Guzzetti, da recém-instalada junta militar argentina. Ele deu a Guzzetti o mesmo conselho que dera a Suharto um ano antes: "Se há coisas que precisam ser feitas, você deve fazê-las rapidamente. Mas deve voltar rapidamente para os procedimentos normais." Assim como fez com Pinochet, Kissinger incentivou a ideia de que a Argentina era um Estado na linha de frente de uma guerra global, dizendo ao almirante que os Estados Unidos fariam o possível "para ajudá-lo a ter êxito. (...) Nós entendemos que você precisa estabelecer autoridade". Assim como no encontro que tivera antes com o ministro do Exterior de Pinochet, o problema das pessoas deslocadas surgiu; estas incluíam vários exilados de países vizinhos que fugiam da repressão de direita. Mais uma vez, Kissinger foi enigmático: "Eu

---

* O discurso teve como título "Direitos humanos e o hemisfério ocidental" e começou assim: "Uma das questões mais prementes de nossa época, e que exige ação conjunta de todos os povos e nações responsáveis, é a necessidade de proteger e ampliar os direitos fundamentais da humanidade."

entendo o problema." Elas estão criando "intranquilidade", disse Guzzetti. "Nós lhe desejamos sucesso", respondeu Kissinger, ele próprio um refugiado.

Ao fim do encontro, Kissinger e Guzzetti deixaram a sala para "uma palavra a sós", de acordo com a pessoa que tomou nota. Foi uma conversa breve, de quatro minutos.[29] O que foi dito? A julgar pelos comentários incriminatórios que Kissinger permitiu que permanecessem no registro público, podemos supor que ele não estava exortando Guzzetti a agir com restrição.

No dia seguinte, 11 de junho, um esquadrão da morte sequestrou e torturou 24 refugiados chilenos e uruguaios que estavam morando na Argentina. Houve muitas outras operações naquele dia, incluindo as execuções de Raúl Albert Ramat, um ativista de 27 anos, estudante da Universidade Católica, em Buenos Aires, e Santiago Bruschtein, de 59 anos, o último dos sete membros de sua família a ser morto ou desaparecer. A junta militar não teve nenhuma pressa para "voltar rapidamente para os procedimentos normais". Os almirantes e generais permaneceram no poder por sete anos e os assassinatos e desaparecimentos continuaram. Documentos militares sobreviventes sugerem que os mortos ou desaparecidos eram 22 mil em julho de 1978.[30]

Depois, há o envolvimento de Kissinger no estabelecimento da Operação Condor, um consórcio internacional de esquadrões da morte que executou operações na América Latina, nos Estados Unidos e na Europa. J. Patrice McSherry, um dos principais pesquisadores das atividades da Condor, argumenta que a documentação do Departamento de Estado disponível era, na verdade, destinada a ser desencaminhada. Este pode ser muito bem o caso. O próprio Kissinger observou que o grande volume da papelada de política externa torna impossível determinar "quais documentos foram produzidos para fornecer um álibi e quais orientaram verdadeiramente decisões". "Kissinger raramente registrava alguma coisa oficialmente pelos canais diplomáticos normais, era possível inventar um canal alternativo mais sigiloso em vez disso", escreve Walter Isaacson.[31]

O que existe é incriminador. A Condor foi formalmente estabelecida em 26 de novembro de 1975, em Santiago, Chile (pouco depois de Fidel decidir enviar tropas de combate a Angola), em uma reunião da qual participaram oficiais militares e de serviços secretos, bem como alguns chefes de Estado, representando quase toda a América do Sul. Está claro que eles tiveram ajuda de Washington.

O embaixador dos Estados Unidos no Paraguai confirmou que as diferentes franquias da Condor mantiveram "contato umas com as outras por meio de uma instalação de comunicação dos Estados Unidos na Zona do Canal do Panamá que cobre toda a América Latina". Era um "sistema codificado dentro da rede de comunicação dos Estados Unidos" que permitia aos países da Condor (Bolívia, Paraguai, Uruguai, Argentina, Brasil e Chile) "manter a confidencialidade de sua comunicação". E foi depois da visita de Kissinger a Santiago e de suas conversas com Pinochet e Guzzetti que a Operação Condor foi totalmente encaminhada, incluindo as operações da chamada fase III – a realização de execuções fora da América Latina.

A mais famosa dessas execuções aconteceu em 21 de setembro de 1976, no Sheridan Circle, em Washington, perto da Embassy Row, quando um carro-bomba matou Orlando Letelier e seu assistente, Ronni Moffitt. Letelier ocupou vários cargos de alto nível no governo de Allende e, depois do golpe, estabelecera-se em Washington, onde pressionava o Congresso a impor sanções ao Chile. Em seu encontro com Kissinger, Pinochet reclamou duas vezes de Letelier.

Kissinger recebia repetidos informes sobre a Condor da CIA e do Departamento de Estado. Ele sabia que operações estavam sendo realizadas na América Latina, na Europa e nos Estados Unidos. E sabia que na mira estavam, conforme o secretário assistente Shlaudeman lhe disse, esquerdistas "não violentos" e esquerdistas de centro que viviam no exterior, como Letelier. "O que estamos tentando impedir é uma série de assassinatos internacionais", escreveria subsequentemente Shlaudeman, pouco antes do assassinato de Letelier.

Em 23 de agosto, Kissinger aprovou um telegrama de "suspensão", instruindo seus embaixadores a procurar "o funcionário apropriado mais elevado" em seus respectivos países e dizer a essa pessoa que o "assassinato de subversivos, políticos e figuras proeminentes (...) no exterior (...) criaria um problema moral e político muito sério". Mas, depois, Kissinger voltou atrás. Em 16 de setembro, informado por um assistente que essa ordem poderia ofender Pinochet, ele rescindiu sua *démarche*. Ele estava na África, no meio de uma visita de boa vontade para reverter os danos de sua política *"tar baby"* e da desastrosa guerra civil angolana, e enviou uma nota a Shlaudeman instruindo que "nenhuma outra atitude seja tomada sobre esse assunto". Shlaudeman, em troca, disse aos embaixadores de Kissinger para "não tomar nenhuma outra atitude".

Cinco dias depois, Letelier e Moffitt estavam mortos. A Condor continuou.

Ao todo, os aliados que Kissinger "incentivou" na América Latina assassinaram dezenas de milhares de civis e torturaram um número igual.* Entre os sequestrados e brutalizados pelos representantes

---

* O uso de tortura por agentes de segurança dos Estados Unidos, na América Latina – e o treinamento fornecido por Washington a latino-americanos sobre a melhor maneira de torturar –, aconteceu tanto antes quanto depois do período de Kissinger no poder. Mas alguns dos torturadores mais famosos dos Estados Unidos exerceram seu ofício enquanto Kissinger dirigia, como presidente da Comissão 40, as atividades secretas na região. Dan Mitrione, por exemplo, foi enviado, em 1969, ao Uruguai, onde ensinou à polícia como torturar. "Antes de tudo, você precisa ser eficiente", instruía Mitrione. "Você precisa causar apenas o dano estritamente necessário, nem um pouco mais." Mitrione ensinava por demonstração, ao que consta torturando até a morte várias pessoas sem-teto sequestradas nas ruas de Montevidéu. "Temos que controlar nosso temperamento em qualquer caso", dizia ele. "Você tem que agir com a eficiência e limpeza de um cirurgião e com a perfeição de um artista." Muitas das técnicas praticadas e ensinadas por Mitrione foram codificadas nos infames "manuais de tortura" do Pentágono, nos anos 1980, e subsequentemente influenciaram as práticas descritas no "relatório de tortura" da senadora Dianne Feinstein, de 2014. De acordo com a jornalista Marcy Wheeler, depois que o Pentágono destruiu exemplares de seus infames manuais de tortura que usara para treinar aliados latino-americanos, Dick Cheney, na época secretário da Defesa, e seu assessor jurídico, David Addington, "salvaram os únicos exemplares conhecidos" para seus arquivos pessoais. Além disso, um dos agentes da CIA, Jose Rodriguez, que dirigiu o programa de tortura da CIA pós-11 de Setembro,

de Kissinger estão as presidentes do Chile e do Brasil e um ex-presidente do Uruguai. Dilma Rousseff, do Brasil, foi capturada em 1970 e "passou três anos atrás das grades, onde interrogadores repetidamente a torturaram com choques elétricos em seus pés e orelhas e a forçaram no pau de arara, no qual vítimas eram suspensas de cabeça para baixo nuas, com pulsos e tornozelos amarrados".[32] Uma recente investigação da comissão da verdade brasileira descobriu que mais de trezentos soldados brasileiros foram treinados pelos Estados Unidos em "teoria e prática de tortura".[33] O ex-presidente do Uruguai José Mujica também foi torturado. Sequestrado em 1971, Mujica passou 14 anos na prisão, o que incluiu períodos prolongados no fundo de um poço. O pai de Michelle Bachelet, presidente do Chile, foi sequestrado e torturado, morrendo numa prisão de Pinochet. A presidente Bachelet e sua mãe também foram capturadas e torturadas, mas acabaram sendo libertadas, quando, então, foram para o exílio.[34]

~

O sinal afirmativo silencioso, o gesto público. Uma "palavra a sós" de quatro minutos com um ator-chave do consórcio internacional de esquadrões da morte, um discurso entusiasmado sobre direitos humanos. Sigilo e espetáculo. A política moderna, há muito tempo, funciona entre esses dois polos, enquanto diplomatas se movem num vaivém entre os cantos escuros e os holofotes. Faça isso rapidamente, disse Kissinger a seus aliados estrangeiros. Faça isso teatralmente, disse ele a Ford: "Vamos parecer ferozes!"

Como sugere a experiência de Kissinger na América Latina e no Sul da África, a restauração pós-Vietnã e pós-Watergate do Estado de segurança nacional passou a depender, em uma escala maior do que no passado, de uma combinação dinâmica de sigilo e espetáculo. Em

---

passara trinta anos trabalhando na América Latina. Ver Wheeler, "The Thirteen People Who Made Torture Possible", *Salon*, 18 de maio de 2009; para Rodriguez, ver as ligações em meu "Misery Made Me a Fiend: Latin America and the Torture Report", *Nation*, 11 de dezembro de 2014.

um nível, a relação do aberto com o encoberto é sequencial. Kissinger queria ir com tudo após o Vietnã, tomar "posições mais duras" em algum lugar no mundo sobre alguma questão. Mas não pôde. Checado por Fidel e preocupado com um público pós-Vietnã e um Congresso sem nenhum apetite por novas guerras, ele se viu obrigado a se aquietar e se juntar aos homens da Condor. Em outro nível, porém, o sigilo e o espetáculo coexistem simultaneamente, alimentando um ao outro. O regime de desaparecimentos dos esquadrões da morte na América Latina durante o mandato de Kissinger foi uma rede clandestina de prisões secretas e salas de tortura, covas escondidas e unidades paramilitares obscuras. Mas sua eficiência em espalhar o terror residia no conhecimento público, em publicar listas de mortos, em adotar nomes para esquadrões de morte – "Mão Branca", "Olho por Olho" e por aí em diante – e em sequestrar pessoas na rua em plena luz do dia para não serem vistas nunca mais. A mensagem era clara.

No Sul da África, Kissinger quis dar uma lição pública a Cuba para todo o resto do Terceiro Mundo, aliados e adversários verem. Mas, mesmo enquanto traçava planos para fazer isso, ele estava travando uma guerra secreta em vários países. Nos Estados Unidos, ele não apenas mentiu para o público sobre essa guerra. Ele fez campanhas de propaganda internas para aumentar o apoio a uma linha mais dura no Sul da África. John Stockwell, um agente da CIA em Angola, testemunhou diante da Subcomissão da Câmara para a África em maio de 1978. O que ele descreveu parecia um ensaio geral para a rede clandestina Irã-Contras que o governo Reagan montaria para executar suas guerras secretas, ilegais. De acordo com Stockwell (e outras fontes), Kissinger e o diretor da CIA, William Colby, usaram nações que os apoiavam (Israel e África do Sul) para realizar operações militares e entregar armas a rebeldes aliados. Fizeram também uma campanha de publicidade encoberta para influenciar a opinião dos cidadãos americanos. "O senhor Kissinger e a CIA", testemunhou Stockwell, "mentiram para o povo americano por meio de declarações e atividades de propaganda falsa nos Estados Unidos. A CIA financiou e dirigiu as atividades de duas equipes de propagandistas dentro dos Estados Unidos e as alimentou com informações falsas para serem usadas para influenciar as Nações Unidas e o povo americano. Também plantou histórias falsas em jornais americanos."[35] Mais tarde, após o 11 de Setembro, neoconservadores esperariam confrontar e extirpar a "cultura adversária" dos Estados Unidos. Aqui, porém, não muito tempo depois do Vietnã, Kissinger estava apenas esperando contorná-la.

Essa combinação de sigilo e espetáculo evoluiria ao longo dos anos, encontrando expressão inovadora, em especial durante os governos de Reagan e George W. Bush. Mesmo enquanto operadores secretos estavam reativando as guerras clandestinas de Kissinger em Angola e Moçambique, fortalecendo os laços de Kissinger com o ISI no Paquistão para desestabilizar o Afeganistão e iniciando novas operações na América Central e em outros lugares, o Pentágono estava, conforme veremos, testando exibições públicas de poder militar, enviando tropas para Granada, bombardeando a Líbia e invadindo o Panamá.

Mas foi depois do 11 de Setembro que os senhores do espetáculo e do sigilo teriam sua capacidade totalmente reconhecida. E quando isso aconteceu, eles tiveram Henry Kissinger para aconselhá-los.

8

INCONCEBÍVEL

Mas os espíritos, depois de evocados, recusaram-se a ser banidos.

– Henry Kissinger

Em novembro de 1971, Richard Nixon perguntou a Henry Kissinger, que acabara de retornar de uma de suas missões na Califórnia para reforçar o flanco direito, o que ele achava do governador do estado, Ronald Reagan. Kissinger é conhecido pela "precisão lapidária" de sua análise de caráter, por sua capacidade de captar a essência de uma pessoa em algumas palavras exatas.* Mas Reagan o deixou confuso.

Ele era um homem decente o bastante, disse Kissinger. Mas "ele é raso. Ele não tem nenhum... ah, ah... ele é, ele é um ator. Ele... Quando recebe uma fala, ele se sai muito bem". Reagan aparentemente dissera a Kissinger: "Diabos, as pessoas são lembradas não pelo que fazem, mas pelo que dizem. Você não consegue encontrar algumas falas boas?" Kissinger riu nervosamente quando contou isso a Nixon. "Isso é realmente uma abordagem de ator para a política externa – para o substantivo...", disse ele ao presidente.[1]

Nixon sabia o que ele queria dizer. "O companheiro realmente é um sujeito decente, um sujeito decente. Mas não há... não há nenhum, em outras palavras, tudo é..."

---

* "Seus movimentos eram ligeiramente vagos", disse Kissinger a Nixon sobre seu primeiro encontro prolongado com Reagan, "e não relacionados com o que ele estava dizendo, como se dois impulsos diferentes estivessem por trás de discurso e gesto" (Isaacson, *Kissinger*, p. 77).

Você quer terminar a frase de Nixon: não há nada ali, tudo é superfície. Quanto a Kissinger, ele parecia pretender desprezar Reagan como um mero ator, mas hesitou, perdendo as palavras quando percebeu que aquilo não era bem o que queria dizer. A interpretação de um ator exige cálculo. Nixon e Kissinger eram calculados: eles manipulavam acontecimentos e coreografavam gestos, criando as atmosferas que serviam a seus propósitos. E mesmo o existencialista Kissinger acreditava que a realidade existia. Ele não era um solipsista. Os indivíduos podem não ter acesso imediato a essa realidade além de sua perspectiva relativa, subjetiva, mas ele achava que essa realidade fixava limites e impunha restrições ou "necessidades".

Reagan estava um degrau acima na escada metafísica. Era um político que conseguia abolir a distinção entre aparência e realidade. "Não existem dois Ronald Reagan", disse certa vez Nancy Reagan, respondendo à ideia de que seu marido era um cínico, que seu jeito rústico não era sincero. "Você olha por trás de uma declaração para ver o que um homem realmente quer dizer", continuou Nancy, "mas as pessoas demoram um pouco para perceber que com Roonie você não precisa olhar por trás de nada."[2]

Os atores sabem que estão interpretando, e Kissinger tinha a sensação de que Reagan não sabia. Em determinado momento da conversa deles, ele reclamou com o governador sobre a "burocracia desleal" de Nixon. Kissinger, é claro, fizera mais do que qualquer um de seus predecessores para domar a burocracia, para neutralizar a capacidade desta de restringir suas ações. Mas nem uma vez ele duvidou de que precisava de uma burocracia. Reagan, porém, ofereceu uma solução melhor para sua reclamação. "Bem", disse ele, "então por que você não demite a burocracia?" É de perguntar se nesse momento Kissinger viu Reagan como uma extensão de suas políticas ou sua perversão.*

---

* Kissinger nunca perdeu sua sensação de confusão em relação a Reagan, a ideia de que não havia nenhuma diferença entre substância e superfície, nenhuma interioridade, de que ele era um espelho ou um gravador repetindo o mundo para si mesmo. Em 1981: "Eu tenho a impressão de que ele não di-

Nixon perguntou a Kissinger se ele conseguia imaginar Reagan – que se saíra surpreendentemente bem nas primárias republicanas de 1968, considerando que nunca participara delas – sentado no Salão Oval.

"Inconcebível", respondeu Kissinger.

Eles então se perguntaram o que Reagan faria em seguida e se ele poderia aceitar a embaixada no Reino Unido. "Tenho certeza de que ele não vai", disse Nixon. "Nós oferecemos isso a ele. Ele não quer isso." "Mas o que ele quer?", perguntou Kissinger.

~

Foi contra Kissinger que Ronald Reagan violou seu chamado Décimo Primeiro Mandamento: não falar mal de nenhum companheiro republicano. O rompimento aconteceu em março de 1976, depois de Reagan perder as primeiras quatro primárias em sua tentativa de arrebatar de Gerald Ford a indicação republicana. Até aquele momento, Reagan mantivera suas críticas vagas, reclamando de uma política externa sem propósito, mas sem culpar ninguém em particular. Mas, depois de chegar perto de conseguir New Hampshire e a uma distância surpreendente da vitória na Flórida, ele começou a citar nomes, acusando Henry Kissinger e, quase reconsiderando sua opinião, Ford de comandarem um perigoso declínio do poder global americano.

Em discurso após discurso, anúncios na TV e em um pronunciamento transmitido nacionalmente, Reagan punha o nome de Kissin-

---

gere nada do que você lhe diz. Eu costumava mantê-lo informado para Nixon quando ele era governador. Eu acho que, anos depois, ele poderia me dizer quase *verbatim* algo que eu lhe disse na época. Ele se lembra exatamente, mas tenho a sensação de que o item ficou repousando sem ser usado em sua mente durante todos aqueles anos." Novamente em 1981: "Ele é um homem bom, um homem decente. Uma coisa estranha, porém. Quando ele fala, todas as suas ilustrações são tiradas do negócio do cinema." Em 1982: "Eu conheci vários presidentes e candidatos a presidente. Com todos os outros, quando você fala com eles, pode senti-los traduzindo o que você está lhes dizendo como 'O que eu posso fazer sobre isso?'. Com Reagan, você o sente traduzindo como 'O que eu posso dizer sobre isso?'. As palavras são a realidade para ele. (...) Ele é o único presidente com o qual eu preferia ter outra pessoa na sala ao vê-lo. Se você falar com ele sozinho, pode ter certeza de que nada acontecerá." Em 1986: "Ele tem um tipo de instinto que eu não consigo explicar."

ger à frente do de Ford. Às vezes, ele se referia a eles coletivamente com o vagamente francês e meio arcaico *Messrs* (senhores): "Com *Messrs* Kissinger e Ford", disse ele em uma propaganda na TV, "esta nação se tornou a número dois em poder militar num mundo onde é perigoso, se não fatal, ser a segunda melhor."[3] O cerne desse anúncio atacava o "Dr. Kissinger" por sua política para o Oriente Médio, pelos preços do petróleo, pelas negociações com o Panamá sobre o canal, pelo Vietnã – que Reagan chamou de "a pior humilhação" da história dos Estados Unidos –, por Cuba e por Angola. Talvez houvesse alguma "grande estratégia" ali, disse Reagan, mas ele não conseguia vê-la: "A recente administração da política externa dos Estados Unidos por Henry Kissinger coincidiu precisamente com a perda da supremacia militar dos Estados Unidos."

Depois de arremeter contra Kissinger, Reagan se voltou diretamente contra Ford: "Eu acredito na paz da qual o senhor Ford fala – tanto quanto qualquer homem. Mas, em lugares como Angola, Camboja e Vietnã, a paz que eles vieram a conhecer é a paz do túmulo."[4]

Reagan, em 1976, estava usando Kissinger para impulsionar-se para a fase final de uma transformação extraordinária do Partido Republicano. Não a tomada do partido pelas forças da Nova Direita, mas sim sua conversão no principal recipiente político de uma versão armada do excepcionalismo americano. Previamente, pelo menos desde a Primeira Guerra Mundial, tinham sido principalmente os democratas que haviam iniciado e travado as guerras da nação, fazendo isso (quaisquer que fossem as verdadeiras causas) em nome da disseminação da democracia. Os republicanos há muito tempo eram o partido da linha-dura, mas sua linha-dura tendia a ser chauvinista, isolacionista e ignorante, desprovida do evangelismo democrata associado à tradição wilsoniana do Partido Democrata. Isso mudaria com Reagan.

Antes, durante seu estratagema, em 1968, para obter a indicação republicana, Reagan focou-se na segurança nacional, argumentando que a União Soviética estava ultrapassando os Estados Unidos na corrida armamentista. Com todos os outros candidatos concentrados em tirar o país do Vietnã, Reagan teve dificuldade para ganhar impulso. Ele prometeu que não se "envergonharia de falar abertamente sobre moralidade".[5] Fora confrontar os soviéticos – mais tarde naquele ano, por exemplo, pedindo a Washington a impor o que hoje chamamos de "sanções" à URSS por ter invadido a Tchecoslováquia para pôr fim à Primavera de Praga – não ficou claro o que ele queria dizer com essa promessa.

Os oito anos de Henry Kissinger permitiram a Reagan concentrar suas críticas.* Quando Reagan falava de "moralismo", em 1976,

---

* Kissinger escapou de uma associação com o escândalo de Watergate, mas, a partir de 1974, ele se tornou um alvo importante da ira da direita – nos tabloides e na imprensa conservadora alternativa – por ter perdido o Vietnã. Em março de 1974, por exemplo, o *Review of the News* publicou um longo ensaio de Frank Capell chamado "The Kissinger Caper", que defendia que Kissinger, quando estava na Europa, no serviço secreto do Exército, durante a Segunda Guerra Mundial, havia sido recrutado pelo serviço secreto soviético e recebido o codinome de "Bor". Capell era um fomentador de fofocas veementemente anticomunistas que publicava o informativo *Herald of Freedom*. Ele amarrou sua alegação de que Kissinger era um agente soviético à queda, em 1974, do chanceler da Alemanha Ocidental, Willy Brandt, que renunciou quando se revelou que um de seus principais assistentes, Günter Guillaume, era espião da Stasi, da Alemanha Oriental. Capell, mais conhecido por reportagens sobre o relacionamento entre Robert F. Kennedy e Marilyn Monroe, ampliou seu ensaio e o tornou um livro curto, *Henry Kissinger, Soviet Spy*, que publicou, ele mesmo, em 1974. Também supostamente envolvido na conspiração estava Frank Wisner, um agente da CIA aposentado que se matou em 1965, e Kim Philby, que era um espião da KGB no serviço secreto britânico. Wisner tinha uma antiga ligação com William Y. Elliott, mentor de Kissinger, em Harvard. A ideia de que Kissinger era agente soviético foi aceita e repetida por ativistas da Nova Direita. Além das acusações de traição, Kissinger foi objeto de um número crescente de perfis desfavoráveis na imprensa populista, incluindo um perfil no *National Enquirer*, em 12 de agosto de 1975. "The Real Kissinger" alegava que ele gostava de humilhar sua primeira mulher em público. Citava Maury Feld, um antigo companheiro de Harvard, dos tempos do Seminário Internacional, dizendo que ele muitas vezes sentia "repulsa" pela "abordagem calculista" de Kissinger às pessoas. O artigo também citava uma ex-empregada doméstica que contava que Kissinger tinha um sono agitado e rasgava os lençóis da cama toda noite. Muitos desses relatos refletem a xenofobia e o antissemitismo que marcam a direita americana. Em 8 de julho de 1974, William Loeb, o editor do *Manchester Union*, de New Hampshire, levantou a possibilidade (extremamente improvável devido a uma proibição constitucional) de Kissinger concorrer à Presidência: "Um homem educado que não consegue sequer falar a língua inglesa sem um sotaque forte é repugnante." Curiosamente, os conservadores da base nos anos 1970 se viam como contrários aos interesses corporativos da indústria de combustíveis fósseis e se enfureciam particularmente com o "preço mínimo do petróleo" (discutido no Capítulo 6), que um conservador identificou como um plano para "vender uma fatia grande dos Estados Unidos" aos "grandes produtores de petróleo para convencê-los a formalizar seu apoio à

todo mundo sabia o que isso significava: o oposto do que era apresentado como a *realpolitik* amoral de Kissinger, da disposição de Kissinger para tratar Leonid Brejnev, Mao e os sucessores deste como iguais éticos. O defensor típico da ascendente direita americana tinha uma lista de reclamações: Angola, Vietnã, Cuba, Canal do Panamá, Israel. Mas por trás de todas essas questões estava o alvo principal: a *détente*.

Kissinger não introduziu essa palavra no vocabulário político dos Estados Unidos; há muito tempo ela fazia parte do vernáculo diplomático. Ele também não foi o principal responsável pelo relaxamento das tensões entre Moscou e Washington. As dinâmicas de normalização estavam ocorrendo há mais de uma década, desde, entre outros eventos, a morte de Stalin, em 1953, a disposição de JFK para negociar com Moscou durante a crise dos mísseis em Cuba e a "Ostpolitik" de Willy Brandt, que melhorou as relações entre as Alemanhas Ocidental e Oriental. Mas em meados dos anos 1970 a *détente* passara a ser associada a Kissinger, particularmente com a ratificação de uma série de tratados entre os Estados Unidos e a URSS com o intuito de reduzir a corrida armamentista, incluindo o Salt, em 1972, e os Acordos de Helsinki, em 1975.[6]

Reagan, em 1976, pronunciava a palavra "*détente*" como se fosse o sobrenome do meio de Kissinger. Ele incluiria em seus discursos uma ladainha das crises nas quais Washington aparentemente perdeu o controle sobre Moscou – Angola, Vietnã, Cuba, Oriente Médio – repetindo, após a menção de cada uma delas, o mesmo refrão: "O doutor Kissinger disse 'nós não podemos permitir que isso interfira na *détente*'." Para a direita ascendente, a palavra se tornou sinôni-

---

'nova ordem mundial'". O escritor continuou: "É uma espécie de plano de apropriação perpétua pelo qual prestamos homenagem continuamente aos grandes interesses do petróleo." *Ver* William Hoar, "Henry Kissinger: This Man Is on the Other Side", *American Opinion*, junho de 1975. Alguns desses recortes de jornais são encontrados na caixa 47 dos Nathaniel Weyl Papers, achados nos Hoover Institution Archives.

mo de declínio, derrota, apaziguamento e rendição. A *détente*, acusaram Reagan e seus aliados, era uma maneira de Kissinger administrar o declínio.

Kissinger não respondeu a esses ataques durante as primárias de 1976: fazer isso prejudicaria Ford, já que Kissinger era muito impopular entre ativistas republicanos. Porém, mais tarde, fora do poder, ele defenderia a *détente*, dizendo que foi um sistema não para administrar o declínio, mas para assegurar que Washington não desperdiçasse seus recursos em crises inúteis enquanto trabalhava firmemente para "desgastar o sistema soviético". Ford julgava "o desafio como sendo da natureza de uma maratona", disse Kissinger, e estava preocupado em não dissipar a "força" da nação "em uma série de corridas criadas para os espectadores". O objetivo da *détente* era "provar ao povo americano que crise e confronto eram o último recurso e não um meio diário de conduzir a política externa".[7]

Na realidade, a *détente* foi muito mais do que o sugerido seja pela crítica de Reagan ou pela defesa de Kissinger.[8] Nixon chegou à Casa Branca, em 1969, quando os anos dourados do *boom* econômico pós-guerra dos Estados Unidos estavam chegando ao fim. As dívidas públicas estavam aumentando, as balanças comerciais estavam apertando, o custo da energia estava aumentando, o dólar estava desvalorizando. Mercados do Terceiro Mundo estavam fechando (graças à nacionalização e às altas tarifas e subsídios) e rivais econômicos na Europa e na Ásia estavam em expansão. Nesse contexto, a *détente* se tornou uma estratégia tanto econômica quanto política, uma tábua de salvação para a base corporativa da desgastada coalizão New Deal (que incluía o primeiro patrono de Kissinger com poder de verdade, Nelson Rockefeller). A redução das Forças Armadas liberaria a receita pública para investimentos produtivos e conteria as pressões inflacionárias que assustavam as grandes casas bancárias, enquanto a normalização das relações internacionais abriria a URSS, o Leste Europeu e a China para o comércio e os investimentos.

Se a *détente* havia restaurado a economia americana para a primazia global, as críticas à política feitas por Reagan e as outras tribunas da Nova Direita podem ter errado o alvo. Mas a normalização não conseguiu resolver a crise econômica, que, em 1975, parecia intratável: a China, saindo da Revolução Cultural, estava em má situação financeira, enquanto as economias do Leste Europeu e da URSS estavam anêmicas demais para absorver quantidades suficientes do capital americano e pobres demais para servir como parceiros comerciais lucrativos. Portanto, quando Reagan, em suas propagandas na TV, olhava para a câmera e dizia (ligeiramente zangado, não com a atitude de "combatente feliz" que ele aperfeiçoaria em sua candidatura, em 1980), "nós demos aos soviéticos nosso comércio e tecnologia" e não recebemos nada em troca, a reclamação era registrada. "Bem, chegou a hora", dizia Reagan, "de dizer a nós, povo americano, o que estamos ganhando com a *détente*." Ele continuava: "O que os Estados Unidos receberam em troca a não ser a beligerância soviética no Oriente Médio, a duplicidade soviética no Sudeste Asiático e o imperialismo soviético no centro-sul da África?"

Kissinger, amordaçado pela duração da temporada da eleição, não podia responder (ele se tornara tamanho alvo para a direita que Ford lhe pediu para cancelar uma série de discursos planejados na Califórnia; Kissinger passou grande parte da primavera de 1976 e a temporada das primárias no início do verão viajando pelo exterior, incluindo América Latina, Europa e África). Mas, considerando o estado pobre da economia dos Estados Unidos e os efeitos contínuos da inflação e da estagnação, o que ele poderia ter dito?

∼

Kissinger, em 1976, deve ter se sentido um pouco como o aprendiz de feiticeiro. Nos anos 1950 e 1960, ele usara o temor de uma "disparidade de mísseis", que sabia que não existia, para estabelecer suas credenciais de intelectual de defesa sério levantando perguntas difíceis e sugerindo alternativas difíceis. Agora, tinha que ouvir em silêncio enquanto Reagan usava um conjunto de mentiras semelhante, acusando-o de permitir que os Estados Unidos ficassem atrás de Moscou: "O Exército soviético tem o dobro do tamanho do nosso. (...) Nós somos superados em três para um em peças de artilharia, quatro para um em tanques. Os mísseis estratégicos soviéticos são maiores, mais numerosos e mais potentes do que os dos Estados Unidos."[9]

Durante as primárias, circulou uma história sobre Kissinger, contada pelo almirante Elmo Zumwalt, que eletrizou a base de Reagan. O almirante, em suas memórias publicadas no início de 1976, disse que Kissinger lhe confessara que achava que os melhores anos dos Estados Unidos estavam atrás dele. Os dois estavam viajando em um trem de Washington para a Filadélfia, e Kissinger, de acordo com anotações que Zumwalt alegou ter feito imediatamente após a conversa, disse:

> sentir que os Estados Unidos passaram de seu ponto alto histórico assim como muitas civilizações anteriores. Ele acredita que os Estados Unidos estão decaindo e não podem ser levantados por um desafio político. Ele afirma que seu trabalho é persuadir os russos a nos dar o melhor acordo que pudermos obter, reconhecendo que forças históricas os favorecem. Ele diz perceber que à luz da história será reconhecido como um daqueles que negociaram termos favoráveis para os soviéticos, mas que o povo americano só pode culpar a si próprio pela falta de vigor para manter o curso contra os russos que são "Esparta para a nossa Atenas".[10]

As memórias de Zumwalt foram publicadas em maio, mas Reagan já as citava em abril. Em um anúncio de meia hora na TV, ele dizia que, de acordo com um "livro não publicado" – o de Zumwalt –, Kissinger achava que seu trabalho era "negociar a mais aceitável segunda melhor posição disponível" atrás da União Soviética. Reagan aqui estava soando bastante como Kissinger nos anos 1950, recorrendo ao diagnóstico de Oswald Spengler sobre a ameaça de declínio, mas insistindo que o declínio não era inevitável: "Eu não acredito que as pessoas que encontrei em quase todo o Estado da União estejam dispostas a consignar esta, a última ilha de liberdade, ao lixo da história, juntamente com os ossos de civilizações do passado mortas."[11]

A partir de Spengler, Kissinger também desenvolveu, conforme vimos, sua crítica ao racionalismo estéril e sua apreciação da importância da "espontaneidade", do "instinto" e da "intuição" para conduzir a política, de conhecer o "propósito". Onde Spengler e Kissinger acreditavam que havia um território da experiência que não estava sujeito às leis da razão, mas, sim, governado por esses valores intangíveis. Agora, ouça Reagan continuando sua fala contra Kissinger: "Chame isso de misticismo, se você quiser, mas eu acredito que Deus tinha um propósito divino" para os Estados Unidos. E enquanto Kissinger no passado havia recorrido a Spengler para advertir aos burocratas que insistem que as coisas são tão complicadas que não se pode fazer nada por coisa nenhuma, em 1976 era Kissinger quem estava sendo rotulado de burocrata por Reagan.[12] Claramente se referindo a Kissinger, Reagan atacou duramente a "elite autoungida da capital de nossa nação" que passa seu tempo "nos dizendo" que a governança é "complexa demais para nossa compreensão".*

Kissinger, o splengeriano, havia sido posto para fora do splengerianismo.

~

---

* Antes, em 1968, Reagan soou indistinguível de Kissinger quando atacou o "fetiche da complexidade, o truque de tornar as decisões difíceis mais difíceis de serem tomadas – a arte, enfim, de racionalizar a não decisão". Uma mentalidade burocrática como essa, disse Reagan, fizera a "ruína da política externa americana".

Reagan perdeu sua disputa com Ford pela candidatura, em 1976, e Ford perderia a Presidência para Jimmy Carter. Mas, antes de deixar Foggy Bottom, Kissinger, que sobrevivera a todos os seus rivais originais desde o primeiro governo Nixon, teve que sofrer a ignomínia de ver Donald Rumsfeld, Dick Cheney e Paul Wolfowitz – os homens que mais tarde conduziriam os Estados Unidos ao Iraque e ao Afeganistão – manobrarem habilmente para superá-lo em posição e miná-lo.

Wolfowitz, que seria secretário da Defesa assistente de George W. Bush, integrava o infame "Time B" da CIA, criado por Ford para fazer uma análise das informações secretas *ad hoc*, a fim de aplacar os conservadores que insistiam que a CIA estava minimizando a importância de suas próprias estimativas sobre o poder soviético. Na Casa Branca, Cheney e Rumsfeld promoveram a ideia. "Eles queriam fortalecer as estimativas da agência", disse Melvin Goodman, um ex-analista da CIA. "Cheney queria direcionar [a CIA] tanto para a direita que ela nunca dissesse não aos generais."[13]

Frágil em fatos, provas sólidas e números verificáveis, o Time B era forte em retórica, retratando os soviéticos como uma ameaça expansionista reunindo forças e se preparando para atacar. Seu relatório de cinquenta páginas, finalizado em dezembro de 1976, foi a resposta da direita aos Papéis do Pentágono, uma negação quase perfeita do documento que Daniel Ellsberg vazara três anos antes. Os estudiosos e formuladores de políticas que elaboraram os Papéis do Pentágono representavam o tipo de homem que Kissinger desdenhava: especialistas fascinados por fatos. Em contraste, os membros do Time B eram ideólogos confessos. "Seus membros", como observa J. Peter Scoblic, "viam a ameaça soviética não como um problema empírico, mas como uma questão de fé."[14]

Se os autores dos Papéis do Pentágono se debruçaram sobre dados brutos e produziram uma exposição densa, empírica, de causa e efeito levando a um envolvimento mais profundo e desastroso no

Vietnã, os integrantes do Time B mal consideraram qualquer informação real. Eles sabiam que a CIA subestimara a força soviética antes mesmo de verem as estimativas da CIA. Em uma prévia do que se tornaria conhecido como a "doutrina do 1%" de Dick Cheney, o Time B interpretava ameaças com a menor probabilidade de ocorrer como prováveis de ocorrer. A ausência de provas sobre a superioridade russa foi tomada como uma prova de superioridade: "O fracasso do Time B para encontrar um sistema antissubmarino não acústico soviético foi uma prova de que podia muito bem haver um", observou um resumo das descobertas.[15]

Assim como os Papéis do Pentágono, as descobertas do Time B foram passadas secretamente à imprensa para influenciar o debate público. Ellsberg vazou para tentar pôr fim a uma guerra. Os integrantes do Time B vazaram para reiniciar uma: a Guerra Fria. Em dezembro de 1977, o *New York Times* publicou uma reportagem de capa legitimando as descobertas de "inteligência" do Time B, moldando a subsequente discussão pública sobre o orçamento da Defesa. Levaria algum tempo para fazer efeito, mas a avaliação do Time B forneceria a justificativa para o maciço desenvolvimento armamentista de Reagan.

E, assim como os Papéis do Pentágono continuaram a ser um ponto de referência para os opositores da intervenção, o sucesso do Time B continuou a inspirar a direita neoconservadora, em especial os formuladores de políticas e intelectuais que levaram os Estados Unidos à guerra, em 2003, politizando informações secretas oficiais ou fabricando informações secretas falsas sobre os esforços do Iraque para obter armas de destruição em massa.* No Pentágono, por

---

* A estimativa da CIA sobre o poder soviético estava errada. Em 1989, a agência revisou suas avaliações sobre a ameaça de 1974 até 1986 e descobriu que em cada ano a força soviética havia sido "substancialmente superestimada". Muitos dos neoconservadores que ressurgiram nos anos 2000 haviam trabalhado no Time B ou colaborado para seu estabelecimento, incluindo Rumsfeld, Wolfowitz, Cheney e Richard Pipes. Outros, não diretamente ligados ao Time B, como William Kristol, especialista da Fox, argumentaram que, como o Time B venceu a Guerra Fria, suas suposições sobre como interpretar

exemplo, Donald Rumsfeld, após o 11 de Setembro, "estava reprisando o Time B ao criar sua própria oficina de informações secretas", baseada em relatos falsos sobre as armas nucleares de Saddam Hussein. "Foi por isso que eles montaram uma unidade de inteligência no escritório de [Douglas] Feith" [subsecretário da Defesa], disse James Bamford, que escreve sobre assuntos relacionados à segurança nacional. "Todo o propósito era obter esse tipo de informação e enviá-lo para Cheney."[16]

A filosofia da história que motivou a maioria dos membros do Time B (assim como a maioria dos envolvidos na pressão em favor da guerra, em 2003) foi a filosofia da história de Kissinger. Eles juraram sobre a validade da intuição ao avaliar ameaças e sobre a importância da vontade para oferecer um poder material eficaz. Eles atacaram a "objetividade" das estimativas anteriores da CIA, a insistência equivocada dos especialistas da inteligência em se focar apenas no que os soviéticos estavam realmente fazendo e não naquilo que, baseado em seu poder material, eles eram capazes de fazer. Os integrantes do Time B sustentaram que era preciso olhar o poder material (que, de qualquer modo, eles exageraram muito) do arsenal soviético e supor o pior – ou seja, usar o parâmetro de que Moscou *faria* o que *pudesse* fazer. Soando um pouco como o jovem metafísico Henry Kissinger, que insistia que a verdade era uma questão de interpretação, Leo Cherne, membro do Conselho Consultivo de Inteligência Externa do presidente que ajudou a montar o Time B, disse: "Estamos no meio de uma crise de crença, e uma crise de crença só pode ser resolvida com crença."[17] A ironia, é claro, é que os membros do Time B usaram a filosofia da história intuitiva para sabotar Kissinger,

---

informações secretas deveriam ser ressuscitadas para confrontar a al-Qaeda. Frank Gaffney, sempre presente em noticiários da TV a cabo defendendo a guerra e fazendo advertências sobre o Islã, juntou-se a outros militaristas, incluindo o tenente-general William Boykin, que foi vice-secretário da Defesa para inteligência no Pentágono durante a Guerra do Iraque, no que eles chamaram de "Time B II".

o filósofo da história intuitiva.* O objetivo deles era, como escreve a historiadora Anne Hessing Cahn, "depreciar, denegrir e empanar Henry Kissinger".[18] Rumsfeld, quando secretário da Defesa de Ford, e Dick Cheney, o chefe de gabinete da Casa Branca, usaram, por exemplo, o Time B para isolar Kissinger em seus últimos meses no poder e sabotar a possibilidade de um novo tratado Salt com a Rússia.[19]

Mesmo antes de o Time B emitir seu relatório final, Cheney trabalhara com insurgentes partidários de Reagan para inserir uma "política de moralidade" na plataforma republicana de 1976 (um nome melhor para isso poderia ter sido uma "política anti-Kissinger"), repudiando as "concessões indevidas" feitas em "acordos secretos" com os soviéticos. Os antes isolacionistas e chauvinistas republicanos estavam agora defendendo uma política externa motivada não apenas pela defesa dos interesses nacionais, mas por uma "crença nos direitos do homem, no império da lei e na condução pela mão de Deus". Isso parecia repudiar tudo o que Kissinger – que chegou a dizer que Deus morreu nos campos de concentração nazistas e nos gulags soviéticos – defendia.[20]

O Time B e suas consequências permanentes foram uma derrota impressionante para Kissinger, que iniciou a Presidência de Ford supremo: seu ex-patrono Nelson Rockefeller era vice-presidente e ele mantinha, simultaneamente, os cargos de secretário de Estado e assessor de segurança nacional. Kissinger chegou a considerar Rumsfeld, chefe de gabinete de Ford, um aliado, conspirando com ele durante algumas disputas internas burocráticas pós-Nixon. Mas logo o libe-

---

* No ensaio *Commentary*, de outubro de 1986, defendendo o trabalho do Time B, o historiador neoconservador Richard Pipes acusou Kissinger de adotar o "positivismo". Ecoando o Kissinger de 1950, Pipes reclamou da "crescente influência dos modos de pensar científicos sobre todos os aspectos da vida", refletida na insistência da Casa Branca de que as agências de inteligência, quando consideram a força soviética, "concentram-se exclusivamente nos dados técnicos ou nas armas, evitando o que Kissinger chamou de estimativas 'talmúdicas'. Isso tinha o mesmo efeito porque, ao eliminar das estimativas um julgamento político informado, consciente e aberto, levava à injeção de julgamentos políticos sub-reptícios disfarçados como análises de mecanismos".

ral Rockefeller se tornou uma inconveniência com a união de forças da Nova Direita. No início de 1975, representantes do movimento conservador se reuniram com Rumsfeld e disseram que considerariam Ford pessoalmente responsável "por qualquer deslocamento para a esquerda" conduzido por Rockefeller.[21] Talvez Rumsfeld, no momento ele próprio considerado um "liberal", tenha percebido que o futuro pertencia aos conservadores. De qualquer modo, logo ele ficou ao lado dos militaristas contra Kissinger. Mais tarde, Kissinger reclamou das "ambições" de Rumsfeld. Ele era, disse Kissinger, "a pessoa mais podre que ele conhecera no governo".[22]

∽

Havia, sem dúvida, dessemelhanças entre a filosofia diplomática de Kissinger e o "elã ideológico" dos partidários de Reagan, que o próprio Kissinger apontou. Os neoconservadores desdenham da história, disse Kissinger em 1999: "As táticas os entediavam; eles não discerniam nenhum objetivo de valor para a política externa americana a não ser a vitória. (...) Mesmo depois de alcançarem uma grande influência dentro da ascendência de Reagan, os neoconservadores continuaram seu ataque, insistindo em uma versão da história que afaste os Estados Unidos da necessidade de encarar complexidades."[23]

Pode parecer à primeira leitura que Kissinger, considerando sua metafísica de política externa, está descrevendo uma distinção sem uma diferença. Afinal de contas, há muito tempo ele insistia para que os estadistas não fossem paralisados pelo passado, para que eles agissem com resolução para curvar a história à sua vontade. "Nós criamos nossa própria realidade", disse um membro da equipe de Bush para justificar a invasão do Iraque. O Ocidente precisa de homens que possam "criar sua própria realidade", disse Kissinger quatro décadas antes.

Contudo, havia uma diferença. Kissinger carregou nas costas sua filosofia da história orientada para a ação com o peso, ou "elemento", da tragédia, com a consciência de que no fim as ambições humanas são sempre frustradas e a felicidade, sempre impedida. "A vida é sofrimento", escreveu ele em 1950, "nascimento envolve morte." E apesar de toda a sua insistência de que a interpretação humana da realidade nunca pode ser outra coisa senão relativa e subjetiva, Kissinger não pensava (ou pelo menos disse que não pensava) que a realidade impunha restrições e limites; por mais importante que fosse para os grandes líderes agir sobre pressentimentos e demonstrar resolução, era igualmente importante prestar atenção a essas restrições e limites (pelo menos para não atolar em uma série de crises de energia, recursos e exaustão de vontade que desviam de objetivos maiores). Isso, acima de tudo, foi o que direcionou tanto os intelectuais quanto os ativistas da loucura da Nova Direita, e o motivo pelo qual a história de Zumwalt repercutiu tão profundamente nos conservadores do movimento. Kissinger, depois de ter perdido o Vietnã e revertido o curso no Sul da África, lembrou-os da mortalidade e da vulnerabilidade, que a vontade de infinidade que eles tinham era constrangida pela realidade social – sem mencionar o que Kissinger chamou de elemento trágico das relações humanas. O secretário de Estado tinha uma "predileção" – como um colunista conservador que escrevia para jornais de cidades pequenas do interior resumiu o motivo pelo qual a direita não gostava de Kissinger – por "caminhar com a tragédia". "Subconscientemente, ele pensa que os Estados Unidos estão destinados a perder."[24]

Depois, há o hábito de Kissinger – que em 1975 se tornara uma marca em seus pronunciamentos públicos – de se referir ao "fato" ou à "realidade" da "interdependência" – uma palavra que irritava os conservadores quase tanto quanto *détente*. Nós vivemos, disse Kissinger, em "um ambiente internacional novo – um mundo de múltiplos centros de poder, de diferenças ideológicas velhas e novas, enevoado pelo perigo nuclear e marcado pelos novos imperativos de interdependência". "A política americana" se baseia não no "confronto", mas na "consciência da interdependência global como a base da realização final dos objetivos nacionais". "Um mundo de interdependência." "A estrutura da interdependência global." "O grande problema é reunir as nações do mundo no reconhecimento do fato da interdependência." "A consciência de nossa interdependência." "O mundo interdependente de hoje." "A crescente interdependência." "A interdependência impele a cooperação internacional." "A interdependência impõe", disse Kissinger, obrigações.

Repórter: "Sr. Secretário, o senhor falou um bocado sobre interdependência em seu discurso." Secretário Kissinger: "Sim."[25]

Em um livro recente, *The Age of Fracture*, Daniel Rodgers, historiador de Princeton, repercute a sensação de Kissinger de que a Casa Branca de Reagan representou um novo tipo de Presidência, um salto qualitativo para um reino diferente do simbolismo público. "Nenhum presidente antes de Reagan havia investido a crença por si mesma com tanto poder extravagante e possibilidades. Nos discursos cheios de urgência de Reagan nos anos 1960 e início dos anos 1970, os inimigos eram institucional e sociologicamente palpáveis: o Kremlin e seu 'formigueiro de totalitarismo', os planejadores e os defensores do Estado de bem-estar social, as forças da 'anarquia e insurreição' no campus de Berkeley."[26] Eu acrescentaria Henry Kissinger a essa lista de inimigos tangíveis a serem vencidos.

Mas, por mais que não gostasse dele e do que ele defendia, a Nova Direita não podia descartar Kissinger tão facilmente. Sua defesa intelectual da guerra num momento – fim dos anos 1960 e início dos anos 1970 – em que a ideia de guerra estava mais vulnerável era importante demais. No decorrer de sua longa carreira, ele articulou um forte conjunto de suposições e argumentos que continuaria a justificar ações ousadas no mundo até a invasão do Iraque em 2003, e depois.

O que Reagan e seus seguidores fizeram, então, foi manter o kissingerismo dividindo-o em dois. Eles alegaram ser deles próprios a metade que enfatizava que a condição humana era a liberdade radical, que o declínio não era inevitável, que o curso da história podia ser modificado pela vontade de homens decididos. Rodgers escreve que "na época em que Reagan chegou à Casa Branca, a nêmesis da liberdade havia migrado para a psique. O mais profundo inimigo da liberdade era o pessimismo: a contracorrente mental da dúvida, o espectro paralisante dos limites, o 'cínico que está tentando nos dizer que não vamos melhorar nem um pouco mais'". Nos discursos de Reagan, insinuou-se um "senso de liberdade encantado, desencravado, psiquicamente intrincado" celebrando as "possibilidades ilimitadas do eu e de mudança".[27]

Quanto ao resto do kissingerismo – a parte que dizia que a história era tragédia, que a vida era sofrimento, que o nascimento era morte, que a existência era, no fim das contas, sem sentido e que os indivíduos chegam ao mundo presos em uma teia de vontades, necessidades, demandas e obrigações – essa metade era para os outros povos do mundo, aqueles que seriam sacrificados em uma Guerra Fria ressuscitada. Para esses povos, em Angola, Moçambique, Chile, Nicarágua, El Salvador, Guatemala, Iraque, Afeganistão, Irã e outros Estados limítrofes, os partidários de Reagan recomendariam um grau cada vez maior de violência para eles poderem ter liberdade, como nós. "América não é apenas uma palavra", disse Ronald Reagan em seu discurso de 2 de julho de 1984, "é uma esperança, uma tocha irradiando luz para todos os desesperançados do mundo. (...) Vocês sabem, no mundo inteiro, os perseguidos ouvem a palavra 'América' e nesse som eles ouvem o nascer do sol, ouvem a força dos rios, ouvem o ar frio e ligeiro no alto do pico. Sim, vocês podem ouvir a liberdade."[28]

9

CAUSA E EFEITO

Valores são, na melhor das hipóteses, um modo de causalidade. O mistério da vida é limitado por dados classificáveis; esgota-se em si mesmo no enigma da primeira causa. (...) A resignação quanto aos propósitos do universo serve como o primeiro passo para a atividade ética, e a compreensão resultante diz que o sentido da história não está confinado a suas meras manifestações e de que nenhuma análise causal pode eximir o Homem de dar seu próprio conteúdo a sua própria existência.

– Henry Kissinger

Em 15 de abril de 1998, Pol Pot, o ex-líder do Khmer Vermelho, morreu no Camboja, um homem velho sem nenhum remorso. Alguns meses antes, um jornalista lhe perguntara se ele se arrependia dos crimes cometidos contra o povo cambojano – mais de um milhão de pessoas morreram depois que ele tomou o poder, em 1975. Não, respondeu ele. "Minha consciência está limpa." "Nós tivemos que nos defender", disse Pol Pot, referindo-se aos inimigos da revolução.[1]

Henry Kissinger enfrentou perguntas semelhantes sobre seu papel no Camboja. Ele tinha "alguma dor de consciência", perguntou-lhe a *Die Zeit*, em 1976, aproximadamente um ano após a queda de Phnom Penh nas mãos dos rebeldes de Pol Pot. Não, disse Kissinger. As tropas norte-vietnamitas haviam invadido primeiro e estavam usando santuários cambojanos para matar soldados americanos. "Pode me faltar imaginação", disse Kissinger à revista alemã, "mas não consigo ver a questão moral envolvida." Os Estados Unidos, disse Kissinger em outras ocasiões, tinham que "se defender".²

Em 1979, não muito tempo depois de Kissinger deixar o poder, um jornalista britânico, William Shawcross, publicou um best-seller chamado *Sideshow: Kissinger, Nixon, and the Destruction of Cambodia*, que o convocava a prestar contas não apenas por sua guerra ilegal, mas pelos efeitos subsequentes desta: ao polarizar o Camboja com uma campanha de bombardeios maciça, argumentou Shawcross, Kissinger criou as condições para o triunfo do Khmer Vermelho. "O Khmer Vermelho nasceu do inferno que a política americana fez muito para criar."³ A acusação atormentou Kissinger. Ele dedicou um número considerável de páginas em cada uma de suas três memórias e, em quase todos os outros livros que escreveu, a se defender da acusação de que era culpado pela ascensão de Pol Pot. Por fim, em 1998, com a Guerra Fria encerrada e Kissinger acomodado em seu papel de estadista emérito dos Estados Unidos, ele parecia ter deixado o assunto para trás.

Mas, então, Pol Pot morreu e Kissinger mais uma vez se viu repetindo os argumentos que começara a apresentar em 1969: o Vietnã do Norte violara a soberania do Camboja primeiro; o país neutro se tornara um refúgio de inimigos dos Estados Unidos; e os Estados Unidos tomaram o cuidado de não atingir civis, apenas os vietcongues e os norte-vietnamitas. Entrevistado pela BBC sobre o legado de Pol Pot, Kissinger usou a expressão "o chamado bombardeio do Camboja". O *Guardian* ironizou-o no dia seguinte, afirmando que se presumia que isso "era bem diferente de um bombardeio apropriado que destruiria a infraestrutura cambojana inteira e traumatizaria o povo cambojano inteiro – e não apenas uma grande proporção de ambos".⁴

O entrevistador da BBC também perguntou a Kissinger: "Você se sente responsável?" "Com certeza", respondeu Kissinger. "Eu me sinto tão responsável quanto você deveria se sentir pelo Holocausto por ter bombardeado Hamburgo."

É uma resposta insensata. Os nazistas, é claro, haviam chegado ao poder *antes* do ataque aéreo britânico a Hamburgo, em 1943, e iniciado o Holocausto *antes* de os Aliados atingirem a cidade alemã. O Khmer Vermelho chegou ao poder *depois* do bombardeio de saturação do Camboja. Lançou sua campanha de terror em massa *depois* da campanha de bombardeios de Kissinger.

A fragilidade da comparação de Kissinger é instrutiva. Formuladores de política externa muitas vezes invocam analogias – geralmente envolvendo nazistas, Hitler ou Munique – por duas razões. A primeira delas é oferecer um mecanismo de suporte simples para justificar a ação no presente. Saddam é Hitler – três palavras que transmitem concisamente um mundo de sentido moral e histórico. A segunda é se desviar de métodos de investigação histórica, como a análise de causa e efeito, que poderiam pôr a responsabilidade por crises atuais sobre políticas passadas. Kissinger disse, repetidamente, que uma das piores situações que podem acontecer com um líder político é tornar-se "prisioneiro do passado", ficar excessivamente preocupado em repetir erros.[5] Os estadistas devem se recusar, como ele se recusou, a aceitar a proposição de que as consequências de qualquer ação prévia, não importa quão horrível tenha sido, devem restringir seu espaço de manobra no futuro. A analogia de Kissinger é, porém, tão inconvincente que na verdade alcança o oposto de sua intenção, forçando-nos a olhar para a relação da causa com o efeito, da ação com a reação e para a responsabilidade moral ligada a essa relação.

O bombardeio do Camboja é diferente de outras transgressões de Kissinger, não apenas por causa da magnitude de sua crueldade ou de seu número de mortos. A maioria das políticas de Kissinger que suscitam censura pode ser justificada pela razão de Estado. Leia Maquiavel – com seu conselho aos estadistas para agir de acordo com o modo como o mundo realmente funciona, em oposição ao modo como idealmente deveria funcionar – e você terá sua defesa para o apoio de Kissinger a Pinochet e ao xá, para sua aprovação à invasão do Timor Leste por Suharto e até para sua ajuda militar ao Paquistão enquanto este perpetuava o genocídio em Bangladesh.* Pode-se apoiar ou condenar qualquer uma dessas ações, mas os termos do debate teriam a ver com questões de interesse nacional, eficácia política e se a ordem tem um valor mais elevado do que a justiça ou vice-versa. O efeito da maioria dessas políticas – as consequências não intencionais – está a dois ou três passos de distância de Kissinger: pode-se argumentar, como ele e seus defensores argumentaram em diferentes ocasiões, que apoiar líderes fortes aliados não é a mesma coisa que sancionar os atos deles. Tal como no massacre armado pelos Estados Unidos de centenas de milhares no Timor Leste e em Bangladesh que, disse Kissinger, teria acontecido independentemente do que ele fizesse.

No Camboja, porém, a relação de causa e efeito é muito mais direta – ainda que apenas porque foram os Estados Unidos, e não um representante armado pelos Estados Unidos, que executaram a causa ou pelo menos uma das causas (o ataque aéreo de quatro anos) que levou ao efeito (o genocídio de Pol Pot). E não se pode justificar o bombardeio pela razão de Estado porque este foi impulsionado por motivos que eram o oposto do realismo maquiavélico: foi executado para tentar produzir um mundo no qual Nixon e Kissinger acreditavam que *deveriam* viver – em que eles poderiam, por força de seu poder material, curvar países de camponeses pobres como o Camboja (e o Laos e o Vietnã do Norte) à sua vontade – em vez de refletir o mundo real onde eles viviam, no qual, por mais que tentassem, haviam sido incapazes de aterrorizar nações mais fracas e levá-las à submissão.[6]

~

---

* Maquiavel: "Há grande diferença entre como se vive e como se deveria viver, que aquele que abandona o que faz pelo que deveria fazer encontra antes a sua ruína em vez de sua salvação."

Que Kissinger, juntamente com Nixon, comandou o bombardeio do Camboja, e fez isso desde março de 1969, sabe-se hoje muito bem. Menos se sabe que os piores bombardeios começaram em fevereiro de 1973, um mês depois de Washington, Hanói e Saigon assinarem os Acordos de Paz de Paris. Em 1972, os Estados Unidos lançaram, no total, 53 mil toneladas de bombas sobre o Camboja. Entre 8 de fevereiro e 15 de agosto de 1973, esse número aumentou quase cinco vezes e teve como alvo não apenas os "santuários" vietnamitas no Leste do país, mas a maior parte do país.

Em outras palavras, nesses seis meses Washington lançou sobre o Camboja quase a mesma quantidade de explosivos que lançara nos quatro anos anteriores inteiros. Pense nisso com o clímax do *accelerando* da ópera de bombardeio épica de Nixon e Kissinger. "Era melhor errarmos por fazermos demais" do que por fazermos muito pouco, disse Kissinger a seu enviado no Camboja um dia após o início da escalada, referindo-se ao bombardeio.[7] "Não vejo nenhuma razão para não batermos neles com força no Camboja", disse Nixon a Kissinger alguns dias depois.[8]

A razão nominal para esse bombardeio intensificado era a mesma que sempre fora: salvar a cara. O bombardeio secreto inicial – a Operação Menu – ajudou a criar uma situação insustentável no Camboja, que, em 1970, levou a um golpe que ampliou a base social da insurgência para incluir não apenas o Khmer Vermelho, mas os monarquistas "sihanoukistas" (defensores do príncipe Sihanouk, deposto) e outros não comunistas. A solução de Nixon e Kissinger para essa crise agravada por seus bombardeios foi mais bombardeios, incluindo explosivos fosforosos e bombas de fragmentação, cada uma das quais liberava milhares de esferas ou dardos. O bombardeio redobrado de 1973 visou a forçar a insurgência do Khmer Vermelho a ir à mesa de negociação, ou pelo menos a forçar o Vietnã do Norte (que estava se retirando do Camboja) ou a China (que não tinha nenhuma presença ali) a forçar os insurgentes cambojanos a ir à mesa.

E, como sempre, havia os cálculos internos: o bombardeio do Camboja poderia desviar a atenção do escândalo de Watergate (a escalada começou uma semana após o julgamento pelo arrombamento no Watergate terminar com as condenações de Gordon Liddy e James W. McCord).

Não desviou. O Congresso ordenou que o ataque terminasse em 15 de agosto. Chega, disse. A guerra no Sudeste Asiático estava encerrada.

∽

O historiador Ben Kiernan chama a fase de bombardeios intensificados de "divisor de águas" na história cambojana.[9] Kiernan é hoje professor de história na Universidade de Yale e seu diretor-fundador do Programa de Estudos de Genocídio. Nos anos 1970, ele aprendeu a língua khmer e entrevistou centenas de refugiados cambojanos, incluindo vítimas e ex-membros do Khmer Vermelho. Kiernan acredita, conforme ele me disse, que a "causa do genocífio foi a decisão da liderança de Pol Pot de conduzi-lo". Como historiador, porém, ele situa essa decisão dentro de um contexto mais amplo, um conjunto de condições necessárias que tornou possível a execução da decisão. O bombardeio do Camboja pelos Estados Unidos foi uma causa importante (entre outras), se não diretamente do genocídio, do crescimento maciço do movimento do Khmer Vermelho, que, quando no poder, conduziu o genocídio. No período do bombardeamento de Nixon e Kissinger, as forças do Khmer Vermelho aumentaram de cerca de 5 mil soldados e milicianos, em 1969, para mais de 200 mil, em 1973. Houve, com certeza, outras razões para esse recrutamento rápido, incluindo o apoio recebido de Sihanouk (resultado do golpe contra ele apoiado pelos Estados Unidos) e dos comunistas vietnamitas. Mas é difícil negar que um importante efeito político do bombardeio de 1969-73 foi a rápida disseminação da insurgência do Khmer Vermelho e o controle maior dessa insurgência por sua facção mais radical, paranoica e sanguinária.

Com base em suas entrevistas, bem como em extensa pesquisa documental, incluindo relatórios da CIA liberados e dados da Força Aérea sobre o bombardeio, Kiernan chegou às seguintes conclusões:

Primeiro: O bombardeio causou "perdas enormes" de "vidas e propriedades" cambojanas em uma escala quase inimaginável, em todo o país. A campanha foi indiscriminada, sendo os civis rurais as principais vítimas. Além dos mais de 100 mil cambojanos mortos, nada menos que 2 milhões de pessoas foram forçadas a deixar suas casas durante a guerra, um quarto da população do país. É impossível ler os testemunhos tomados por Kiernan e outros e não ficar impressionado: vinte pessoas morreram em um ataque, trinta em outro, famílias inteiras eliminadas, centenas de hectares de plantações queimados, vilas inteiras destruídas. "Eles atingiram casas em Samrong", recorda um sobrevivente, "e trinta pessoas foram mortas." Outro disse que "o bombardeio foi maciço e devastador, e continuaram bombardeando cada vez mais maciçamente, tão maciçamente que você não acreditaria, tanto que engoliu florestas com bombas, com devastação".[10]

Segundo: O bombardeio foi uma ferramenta de recrutamento eficiente para o Khmer Vermelho. Propaganda não parece ser bem a palavra certa, já que implica alguma forma de fraude ou manipulação. Lição prática pode ser uma descrição melhor do serviço que Kissinger prestou a Pol Pot. Eis um ex-dirigente do Khmer Vermelho descrevendo o efeito do bombardeio:

> As pessoas comuns... às vezes, literalmente, cagavam nas calças quando as grandes bombas e projéteis caíam. (...) Suas mentes simplesmente congelavam e elas vagavam mudas durante três ou quatro dias. Apavoradas e meio loucas, as pessoas se dispunham a acreditar no que lhes diziam. (...) Foi por causa da insatisfação com o bombardeio que elas continuaram a cooperar com o Khmer Vermelho, a ingressar no Khmer Vermelho, a enviar seus filhos para ir com eles. (...)

Às vezes, as bombas caíam e atingiam crianças pequenas, e seus pais iam todos para o Khmer Vermelho.

Outro disse a um jornalista que sua vila havia sido destruída por bombas dos Estados Unidos, conforme Kiernan relata, "matando 200 de seus 350 habitantes e os impelindo para uma carreira de violência e lealdade absoluta" ao Khmer Vermelho. Uma mulher idosa disse que nunca encontrara um membro do Khmer Vermelho até sua vila ser destruída. A propaganda era estratégica, mas a fúria e a confusão eram reais: "As pessoas estavam iradas com os Estados Unidos e foi por isso que muitas delas se juntaram aos comunistas do Khmer", relatou uma testemunha. Outra disse que depois de bombas destruírem vários mosteiros, "as pessoas em nossa vila ficaram furiosas com os americanos; elas não sabiam por que os americanos haviam bombardeado".[11]

Terceiro: O bombardeio que aconteceu entre fevereiro e agosto de 1973 teve duas consequências: adiar a vitória comunista e ao mesmo tempo transformar radicalmente a natureza dessa vitória quando ela aconteceu, dois anos depois. Se Lon Nol tivesse caído no início ou meados de 1973, os insurgentes vitoriosos teriam composto diversas facções, incluindo moderados e partidários de Sihanouk. Quando Lon Nol caiu, no início de 1975, não apenas o Khmer Vermelho havia passado a dominar a insurgência como a facção mais radical passara a dominar o Khmer Vermelho.

A intensificação do bombardeio de Nixon e Kissinger matou ou dispersou grande parte da oposição anti-Lon Nol, levando a insurgência a uma forma de sítio e dando o controle a uma unidade de extremistas empedernidos que se reuniu em torno de Pol Pot. O bombardeio sancionou o extremismo deles: quando dirigentes político-educacionais apontaram para corpos carbonizados e crianças mutiladas e disseram que aquilo era uma "manifestação do simples barbarismo americano", quem poderia discordar? E o bombardeio provocou um extremismo ainda maior: nas vilas, "as pessoas ficaram iradas com o bombardeio e foram se juntar à revolução" e, então, aqueles que não se juntaram à revolução foram acusados de serem "agentes da CIA" e se tornaram alvos de represália. A destruição da área rural também levou a um "renascimento do chauvinismo nacional", que incluía raiva dos vietnamitas por abandonarem a luta mesmo quando o Camboja estava sendo devastado. Defensores de Sihanouk, comunistas treinados por vietnamitas e outros moderados foram expurgados de forças da oposição.

Ao mesmo tempo, a tensão de viver sob constante bombardeamento forçou essas áreas dominadas pelo Khmer Vermelho a sofrer a imposição, pelo Khmer Vermelho, de um programa acelerado de coletivização dos camponeses, justificado pela necessidade de sobreviver em tempo de guerra. Da carnificina emergiu uma fúria direcionada não apenas contra o imperialismo dos Estados Unidos, mas contra a capital, Phnom Penh, cidade que era símbolo de uma modernidade decadente, urbana e industrial.

Em 17 de abril de 1975, o Khmer Vermelho tomou Phnom Penh.* A unidade vitoriosa de Pol Pot começou imediatamente a esvaziar a capital e outras cidades, deportando milhões de habitantes urbanos, a maioria para o noroeste do país. Os novos governantes do Camboja passaram a perseguir monges budistas, minorias étnicas, ex-partidários do governo, intelectuais, comunistas moderados e qualquer pessoa que se pusesse no caminho para o estabelecimento de sua utopia agrária. Quase toda a população do Camboja foi forçada a ir para campos de trabalho rurais. Quando o agora unificado Vietnã invadiu o país, em 1979, expulsou o Khmer Vermelho e pôs fim à loucura do genocídio, nada menos que 2 milhões de pessoas

---

* O Departamento de Estado de Kissinger conseguiu trânsito seguro para Lon Nol sair do país e lhe deu meio milhão de dólares em compensação: "Nós ajudamos a conseguir a transferência de US$ 500 mil", disse um funcionário do Estado, embora "Nol quisesse um milhão". (Ver entrevista a Robert Keeley em *Cambodia: Country Reader*, compilação da Foreign Affairs Oral History Collection, da Association for Diplomatic Studies and Training; disponível em http://www.adst.org/Readers/Cambodia.pdf.)

haviam sido assassinadas ou morrido – de fome, exaustão, doença e negação de assistência médica.

∽

Kissinger não acredita que os britânicos, ao bombardearem Hamburgo, foram responsáveis pelo Holocausto. Mas implícitas em sua comparação dos nazistas com o Khmer Vermelho estão três suposições que vale a pena considerar.

A primeira delas é a de que a intenção de genocídio era inerente à ideologia do Khmer Vermelho desde sua concepção, assim como o antissemitismo eliminacionista era inerente ao movimento nazista desde sua fundação. Ao longo dos anos, Kissinger ofereceu variações dessa posição, incluindo em um livro de 1994 intitulado *Diplomacy*: "Todas as evidências mostram que o Khmer Vermelho eram ideólogos fanáticos desde seus tempos de estudantes em Paris, nos anos 1950. Eles estavam determinados a extirpar e destruir a sociedade cambojana existente e impor uma espécie de utopia louca exterminando todos que tivessem a mínima educação 'burguesa'. Alegar que eles foram transformados em assassinos pelas ações americanas tem a mesma estrutura moral do argumento de que o Holocausto foi causado pelo bombardeio estratégico americano da Alemanha."[12]

Eu perguntei a Ben Kiernan sobre esse argumento, e sua resposta foi sucinta e convincente: "Isso é irrelevante. O impacto do bombardeio dos Estados Unidos no Camboja rural não foi criar uma ideologia genocida ou uma facção política, mas facilitar seu recrutamento em massa e sua ascensão ao poder acima das alternativas." Kiernan continua: "Um resultado semelhante não aconteceu no Vietnã, apesar do bombardeio muito intenso ali, porque nenhum extremista ou facção genocida comparável existia no Vietnã. Existia no Camboja, mas não teria chegado ao poder sem o bombardeio dos Estados Unidos."

A segunda suposição de Kissinger é a de que o Khmer Vermelho chegaria ao poder mesmo sem o bombardeio dos Estados Unidos.

Para apresentar esse argumento, Kissinger geralmente culpa os norte-vietnamitas por intervirem em assuntos cambojanos e fornecerem ajuda ao Khmer Vermelho. Ele escreve em suas memórias *The White House Years*: "Foi Hanói – animada por um desejo insaciável de dominar a Indochina – que organizou o Khmer Vermelho muito antes de *qualquer* bomba americana cair sobre o solo cambojano; eram as tropas norte-vietnamitas que estavam tentando estrangular o Camboja nos meses anteriores ao nosso ataque limitado. (...) Se não tivéssemos invadido os santuários, o Camboja teria sido engolido em 1970 em vez de 1975." Em seguida, ele claramente transfere a culpa de Hanói para as "pombas" dos Estados Unidos: "Se alguma coisa foi a perdição dos cambojanos livres, foi o desgaste da guerra nos Estados Unidos" que impediu Kissinger de continuar o bombardeio depois de agosto de 1973.[13] "O efeito das restrições congressionais foi impor uma limitação insuportável, quase vingativa", escreveu ele em outro livro, sobre "a escala da assistência americana ao Camboja empobrecido". Com as mãos atadas pelo Congresso, não "restou nada" para Kissinger "fazer a não ser assistir com angústia" ao Camboja acabando por cair nas mãos do Khmer Vermelho.[14]

Existem vários problemas nessas afirmações. Para começar, Kissinger sabia que o Khmer Vermelho não era controlado por Hanói (nem por Pequim, aliás). Na verdade, documentos liberados revelam que Kissinger passara os meses da escalada do bombardeio procurando encontrar uma maneira de tirar proveito das tensões e da animosidade que existiam entre a China, o Vietnã do Norte e o Khmer Vermelho para forçar um acordo para, nas palavras de seu embaixador no Camboja, pôr os adversários de Washington uns contra os outros.[15]

Da mesma forma, Kissinger, em meados de 1973, não estava travando uma guerra heroica churchiliana para impedir o Khmer Vermelho, semelhante aos nazistas, de tomar o poder e implementar seu genocídio. Foi exatamente o oposto. Seu objetivo ao intensificar o bombardeio não era, especificamente, manter o Khmer Vermelho *fora* do poder, mas sim ajudá-lo a trazê-lo para *dentro* do poder – como parte de um governo de coalizão aceitável. "Nós estaríamos preparados", disse Kissinger ao ministro do Exterior soviético, Andrei Gromyko, em 8 de maio, "para uma solução análoga à do Laos".[16] Com isso, Kissinger estava se referindo ao governo laociano que incluía a insurgência comunista laociana, o Pathet Lao (que antes do genocídio cambojano de 1975-79 era visto mais ou menos como um equivalente do Khmer Vermelho). Kissinger disse que, se um cessar-fogo pudesse ser alcançado, ele se disporia a aceitar "alguma estrutura de coalizão em Phnom Penh em que todas as facções sejam incluídas", inclusive o Khmer Vermelho.*

Se aceitarmos a analogia de Kissinger – associando o Khmer Vermelho aos nazistas –, então ele não foi Churchill nos anos 1940, mas sim Neville Chamberlain, em 1938.[17]

Kissinger não achava, em 1970 ou 1973, que o Khmer Vermelho era nazista. E a ideia de que, se não fosse o Congresso, ele teria bombardeado infinitamente para salvar o Camboja é um mito que evocou retroativamente. O fato de Kissinger não querer que o Congresso o impedisse de bombardear tem mais a ver com sua relação com o Congresso do que com qualquer coisa que ele esperava alcançar no Camboja. Esse era o ponto principal, a necessidade de ser capaz de fazer uma diplomacia sem impedimentos à sua capacidade de fazer ameaças e oferecer incentivos. O Camboja, escreveu Shawcross, foi apenas um show secundário em sua luta; Kissinger planejava continuar o bombardeio por tempo suficiente para conseguir um acordo, inclusive com o Khmer Vermelho, e sair.**

---

* Oito meses depois da tomada de Phnom Penh, já em novembro de 1975, época em que já estava plenamente informado sobre a extensão das atrocidades do Khmer Vermelho, Kissinger pediu ao ministro do Exterior da Tailândia que transmitisse ao grupo uma mensagem: "Você deve dizer aos cambojanos [isto é, ao regime do Khmer Vermelho] que seremos amigos deles. Eles são bandidos sanguinários, mas não vamos deixar que isso fique no caminho. Estamos preparados para melhorar nossas relações com eles."

** Sobre esse ponto, Kissinger é impenitente: ele argumenta que "o Camboja foi tomado por uma facção homicida principalmente porque os americanos subordinaram a sobrevivência do país a seu pró-

Mas é a terceira suposição da comparação de Kissinger ao nazismo que chega ao cerne da questão, revelando a utilidade das analogias históricas para sancionar ações militares: não importa que os Estados Unidos, com suas bombas, tenham criado as condições causais para a radicalização e a vitória do Khmer Vermelho. Mesmo que isso seja verdade, de acordo com seu raciocínio, esse fato não deveria ter nenhuma influência sobre a política dos Estados Unidos. Pense nisso da seguinte maneira: digamos, para fins de argumento, que a política britânica foi de algum modo responsável pelo Holocausto nazista; será que daí se depreenderia que Londres não teria justificativa para travar a guerra contra os nazistas depois que a natureza da ameaça deles se tornou evidente? É claro que não.

Kissinger, na verdade, está dizendo: deixe jornalistas investigativos como William Shawcross e historiadores como Ben Kiernan estabelecerem a relação de causa e efeito entre suas bombas e o genocídio de Pol Pot. Os Estados Unidos têm uma responsabilidade moral de agir, de se recusarem a ficar paralisados seja pelo fato ou pelo temor de consequências não intencionais.

∽

Kissinger extraiu a maior parte de sua crítica à história de "causa e efeito" de Oswald Spengler, um "historiador" pelo menos no sentido mais duvidoso da palavra. Spengler lidava de maneira descuidada com os fatos, inventando alguns deles e distorcendo outros. O historiador britânico Hugh Trevor-Roper o acusou de fabricar uma "civilização" – a Maga – a partir do tecido de sua imaginação. Ela foi "inteiramente inventada por ele", disse Trevor-Roper, embasbacado.[18] Ao longo dos anos, críticos gastaram uma quantidade conside-

---

prio drama interno". Com esse termo, *americanos*, ele quer dizer a pressão política interna para encerrar o bombardeio – e não sua instrumentalização do terror para demonstrar sua lealdade a Nixon e sua dureza a Haig.

rável de tempo apontando passagens em que Spengler está errado em relação aos fatos.

Por que Spengler deveria se importar? Afinal de contas, ele rejeitou toda a ideia da análise lógica, dizendo que sua metafísica representava uma verdade mais profunda do que as realidades materiais do mundo. "Depois que entendemos essa distinção", diz Stuart Hughes, seu biógrafo intelectual, podemos parar de desperdiçar nossos esforços tentando provar que ele está errado ou certo. "Ele não está escrevendo o tipo de história que a maioria de nós foi treinada a pensar como sendo a única possível. Consequentemente, três quartos de nossas objeções simplesmente vão por água abaixo, errando o alvo.[19] "Empolgados com a descoberta de algum erro factual, eles correram para encontrá-lo em um campo de batalha onde ele nunca teve a menor intenção de dar as caras."*

Kissinger aprendeu bem com Spengler. Confrontado com críticas de sentido literal sustentando fatos, ele respondeu com analogias emocionais. É claro que, a essa altura, Kissinger não precisa responder às perguntas de ninguém. Ninguém o forçará a prestar contas por seus muitos erros e incoerências, pela imperfeição de seus fatos e sua lógica, pela maneira como ele deduz justificativas para suas ações com base em suas próprias teorias e legitima a mais dura resposta com base na mais fragmentada evidência.

Mas, às vezes, ele chega aos primeiros princípios. Como quando usou sua experiência bombardeando o Camboja para defender a tese, em 1998, do motivo pelo qual precisamos bombardear o Iraque.

---

* Kissinger concordou, escrevendo, em 1950, que "a crítica puramente analítica de Spengler nunca descobrirá, porém, os níveis mais profundos de sua filosofia. Estes residem na evocação daqueles elementos da vida que um dia serão objeto de uma experiência interna, em sua intuição de uma relação mística com o infinito que expressa personalidade. A visão de Spengler compreendia uma abordagem da história que – qualquer que seja a nossa opinião sobre suas conclusões – transcendia a mera análise causal de dados e os dogmatismos rasos de muitas teorias sobre o progresso". A "poesia na vida" de Spengler está imune, insistiu Kissinger, à crítica baseada na razão.

10

AVANTE PARA O GOLFO

Porque se a corneta emite um som incerto, quem deve se preparar para a batalha?

– Henry Kissinger na Convenção Nacional
do Partido Republicano de 1980

Assim como fez com Nixon em 1968, Kissinger, em 1980, rapidamente ficou confortável com o inconcebível. Em abril, com as primárias republicanas a caminho, Kissinger estava ativamente fazendo lobby para ter um lugar junto a qualquer um dos principais candidatos republicanos que disputavam entre si para desafiar Carter. E, quando Reagan começou a assumir a liderança, ele afinou seus comentários públicos com as declarações sobre política externa do candidato que estava à frente. Durante as primárias, porém, a campanha de Reagan não retornaria seus telefonemas. "Muitas pessoas me perguntaram se eu iria querer passar por tudo isso novamente", disse ele a um grupo de editores de jornais, referindo-se a seus tempos de secretário de Estado. "O problema é que ninguém realmente me convidou." "Não estou totalmente desencorajado", brincou ele. "Ainda há alguma esperança."[1]

Quando Reagan assegurou sua escolha como candidato, Kissinger foi solicitado a discursar na Convenção Nacional do Partido Republicano. "Todos nós agora nos voltamos para Ronald Reagan como o depositário de nossas esperanças", disse ele à multidão de delegados que se reunira em Detroit e que o desprezou apenas um pouco menos do que a Jimmy Carter.² Sob a liderança de Reagan, disse Kissinger, "nós superaremos as tempestades à frente; ergueremos a cabeça e construiremos aquele mundo melhor de paz que representa os sonhos da humanidade e os ideais elevados de nosso povo".*

∽

Isso dá uma ideia de como os nossos padrões mudaram tanto que aquilo que Thomas Schelling e seus colegas de Harvard consideraram um erro de bom senso quase cinquenta anos atrás – que os Estados Unidos não tinham nenhum direito de usar uma ameaça de terrorismo potencial para justificar uma ação militar contra um país soberano com o qual não estavam em guerra – tornava-se agora um direito moral óbvio. Hoje, exatamente esse raciocínio é usado para sancionar o envolvimento das Forças Armadas dos Estados Unidos em, segundo algumas estimativas, 74 conflitos globais. O jornalista Nick Turse dobra esse número, relatando que forças americanas de

---

* Todos os discursos políticos, em especial aqueles apresentados em convenções para a candidatura à Presidência, são partidários, mas os comentários de Kissinger na Convenção do Partido Republicano, de 1980, são notáveis por duas razões. Primeira, eles imitam quase à perfeição os ataques de Reagan a ele quatro anos antes. Kissinger soa como um crítico de Kissinger do movimento conservador, condenando políticas que tornaram os Estados Unidos "impotentes", dizendo que não se pode confiar nos soviéticos e denunciando uma "filosofia de abdicação". Mais uma vez, Kissinger, como fizera nos anos 1950 (e como Reagan e o Time B haviam feito, em 1976), invocou uma disparidade de mísseis não existente. "Estamos ficando para trás", disse ele, endossando a proposta de Reagan para aumentar radicalmente os gastos com defesa. Em segundo lugar, a ladainha de reclamações de Kissinger contra o governo Carter parecia uma lista das consequências de *suas* políticas: a revolução no Irã, as tropas cubanas na África, o preço alto do petróleo, a "dependência" dos Estados Unidos em relação aos produtores do Golfo e a invasão soviética do Afeganistão eram todos problemas que, se não foram criados, pelo menos foram piorados por iniciativas dele. Assim como nos anos 1950, Kissinger exortou Washington a não hesitar em lutar pequenas guerras nas áreas cinza do mundo, ali estava ele de novo dizendo aos Estados Unidos para se "prepararem para a batalha" no que chamou de "mundo em desenvolvimento". Desta vez, ele foi mais franco em relação ao motivo. Talvez por querer manter alguma distinção entre sua visão do mundo e o moralismo pesado exibido na convenção, ele disse: "Garantir nosso acesso a minerais e matérias brutas vitais".

elite estão atuando em 134 países (um aumento de mais de 123% desde que Obama se tornou presidente).[3]

Kissinger desempenhou um papel-chave na mudança desses padrões. A maneira como ele contornou a burocracia, neutralizando especialistas da área excessivamente cautelosos e evitando a supervisão do Congresso – por exemplo, travando guerras secretas, recorrendo a nações aliadas como Irã, África do Sul, Brasil e Israel para realizar operações secretas, e fazendo acordos com ditadores como Suharto, na Indonésia, e Pinochet, no Chile –, seria reproduzida por seus sucessores nos governos de Reagan (e mais tarde nos de George W. Bush).* Sabemos parte do que Kissinger fez no Camboja, no Chi-

---

* O escândalo Irã-Contras, que se tornou público em 1986 e quase derrubou o governo Reagan, foi uma etapa importante da reforma do Estado de segurança nacional. O escândalo foi sobre muitas coisas, centralizando-se no comércio triangular ilegal por meio do qual os Estados Unidos vendiam mísseis de alta tecnologia aos aiatolás do Irã e depois usavam o dinheiro para financiar os rebeldes Contras anticomunistas na Nicarágua. Mas sua motivação maior foi descobrir como reagir ao cinismo e antimilitarismo que haviam infectado as instituições políticas dos Estados Unidos. Instalado no Conselho de Segurança Nacional, Oliver North dirigia uma política externa paralela, estabelecendo incontáveis fontes de financiamento, contornando o Departamento de Estado, esquivando-se do Congresso e fazendo operações psicológicas para neutralizar a imprensa e a opinião pública cética. Mas, antes de haver Oliver North, havia Henry Kissinger. Sua reorganização do CSN, em 1969, envolveu transformá-lo, de um escritório cuja responsabilidade era principalmente aconselhar o presidente, em um órgão que tomava e executava decisões. Jimmy Carter reverteu grande parte disso, devolvendo autoridade ao Departamento de Estado. Mas, como argumentou Harold Kohargues, o precedente de Kissinger foi crucial. Koh, professor de direito da Universidade de Yale e ex-funcionário do Departamento de Estado, escreve que o CSN de Kissinger forneceu a planta para os militaristas de Reagan: o Irã-Contras, argumenta ele, "apenas deu um giro completo em uma inversão de responsabilidade institucional" que Kissinger orquestrou no fim dos anos 1960. E a guerra secreta de Kissinger, em Angola, treinou muitas táticas que seriam empregadas no Irã-Contras, incluindo o uso de países aliados e a realização de campanhas de propaganda dentro dos Estados Unidos para neutralizar a "cultura adversária" pós-Vietnã. Como sugere o comentário de Koh, é importante não isolar o Irã-Contras em sua própria conspiração isolada. Fazer isso seria deixar de fora dois de seus elementos-chave. O primeiro deles é o modo como foi realmente apenas uma fase da evolução do Estado de segurança nacional. O segundo é como o Irã-Contras foi parte de um esforço maior de Reagan para reiniciar a Guerra Fria no Terceiro Mundo. Em 1993, por exemplo, um inquérito do Senado que durava um ano revelou o que um investigador chamou de "precursora do Irã-Contras: uma operação ilegal, de fácil execução, envolvendo o CSN e fundos privados, exatamente como o Irã-Contras" – um plano secreto, traçado já em março de 1981, para "repelir o comunismo no mundo ajudando forças de resistência no Afeganistão, Cuba, Granada, Irã, Líbia, Nicarágua, Camboja e Laos". O Laos, em particular, foi um foco inicial; ali, um "funcionário da administração Reagan usou secretamente doações de grupos POW-MIA (dedicados a prisioneiros de guerra desaparecidos ou não devolvidos) para armar e abastecer

le e em Angola.[4] Mas temos apenas os contornos imprecisos de outras operações que aconteceram quando ele estava no poder, da extensão de seu apoio à Operação Condor ou de seu envolvimento no golpe de 1975, em Bangladesh, por exemplo, ou do que ele estava fazendo com o Paquistão, conduzindo jihadistas para o Afeganistão. Este último teve consequências com as quais ainda convivemos.

Da mesma forma, enquanto a política interna se tornava cada vez mais polarizada, o uso por Kissinger (e Nixon) da política externa para dobrar a dissidência e mobilizar aliados continuou em governos subsequentes. Kissinger era especialmente bom em agradar à ascendente Nova Direita jogando-lhe carne vermelha em forma de tonelagem de bombas lançadas e habitantes do Sudeste Asiático mortos. "Precisamos intensificar ou então P está perdido", aconselhou ele em 1970 – sendo P o presidente Nixon. Kissinger estava preocupado com as eleições que se aproximavam. E quando até mesmo Nixon começou a duvidar da eficácia dos bombardeios, Kissinger continuou insistindo que uma boa "sacudida" poderia, se não arrebatar Hanói, pôr fim ao impasse político interno em favor dele.

~

Mas operações secretas e oportunismo político não foram a principal contribuição de Kissinger para o militarismo americano. Sua filosofia da história é que foi crucial para a restauração da Presidência imperialista no momento de sua maior vulnerabilidade. Conforme vimos antes, o "realismo" pelo qual ele é famoso é profundamente elástico, antecipando o subjetivismo extremo dos neoconservadores. Kissinger ensinou que não existia essa coisa de estase nas relações

---

rebeldes laocianos no início dos anos 1980. Isso "soa como um ensaio" para o Irã-Contras, disse Jack Blum, um ex-investigador da Comissão de Relações Exteriores do Senado ("Report Says Reagan Aide Sent POW Funds to Rebels", *Washington Post*, 14 de janeiro de 1993; "Probe Links 'Reagan Doctrine' to Covert Aid to Laos Rebels", *Los Angeles Times*, 23 de janeiro de 1993). O relatório está publicado como United States Senate, *Select Committee on POW/MIA Affairs*. POW/MIA's. Special Report 103-1 (1993).

internacionais: os grandes Estados estão sempre ou ganhando ou perdendo influência, o que significa que o equilíbrio de poder tem que ser constantemente testado por meio de gestos e feitos. Ele aconselhou os formuladores de políticas e os intelectuais da guerra a tomar cuidado com o "princípio causal". Deixem os antiquários se preocuparem com o motivo pelo qual a crise atual aconteceu. Os estadistas precisam responder à crise e não ficar obcecados com o que a causou. A responsabilidade deles é com o futuro, não com o passado.

O neoconservadorismo é, porém, apenas o cerne altamente autoconsciente de um consenso mais amplo que vai bem além do Partido Republicano para capturar igualmente ideólogos e pragmáticos, praticamente qualquer político com alguma chance de conquistar um cargo mais alto. E a contribuição de Kissinger para essa visão do mundo maior pode ser encontrada nos argumentos usados por sucessivos governos para legitimar intervencionismos contínuos. Da América Central a Granada, do Panamá à Guerra do Golfo e, depois, pode-se traçar o crescendo, o modo como cada ação militar representou um pouco mais – mais comprometimento, mais confiança recuperada, mais tropas destacadas, mais exibições espetaculares de poder de fogo, mais vidas perdidas.

Nos estúdios de transmissão da ABC, CBS, NBC e PBS, nas páginas de opinião dos principais jornais e, sem dúvida, nos conselhos privados que deu a seus aliados no poder, Kissinger apoiou cada uma dessas operações militares, com argumentações extraídas de sua própria experiência no poder e retrabalhadas para se adequarem aos novos tempos.

AMÉRICA CENTRAL E GRANADA

Henry Kissinger começou como um alvo de críticas de ativistas de direita. Phyllis Schlafly forçou Reagan a prometer que nunca "renomearia Henry Kissinger ou lhe daria qualquer papel na formulação de nossa política para a União Soviética".[5] Mas, em 1983, Kissinger havia aos poucos se aproximado mais do governo, levando Reagan a quebrar parte de sua promessa. O presidente o manteve longe da União Soviética, mas o nomeou chefe da Comissão Bipartidária Nacional para a América Central.

Nessa época, a América Central estava em espasmos de guerras. O *status quo* repressivo que os Estados Unidos durante muito tempo haviam imposto à região assolada pela pobreza – ajuda militar cada vez maior a governos cada vez mais sanguinários – tinha desmoronado. Os sandinistas, de esquerda, haviam triunfado na Nicarágua em 1979, e insurgências semelhantes ascendiam na Guatemala e em El Salvador. Os falcões de Reagan já estavam reunindo e armando os Contras na Nicarágua e reforçando Estados de esquadrões da morte em El Salvador e na Guatemala. Mas formar uma comissão bipartidária para investigar a "crise" foi uma atitude esperta, uma vez que isso ajudaria a estabelecer uma legitimidade de base mais ampla para uma linha dura já instalada. Mais importante, pelo menos para Kissinger, é que isso lhe dava uma chance de provar seu valor à Casa Branca.

A comissão de Kissinger divulgou suas descobertas no início de 1984. A base conservadora pode ter querido que Reagan mantivesse o ex-secretário de Estado tão longe da Rússia quanto possível. Isso, porém, era difícil, já que os conservadores de Reagan acreditavam que a mão de Moscou estava em toda parte, inclusive na América Central. Essa era uma crença que Kissinger estava mais do que disposto a sustentar. Sua comissão advertiu para uma situação grave, invocando a ameaça de corredores de navegação interditados pelos russos, navios petroleiros torpedeados e bases de mísseis soviéticas. Aplicando a teoria do dominó do Sudeste Asiático, a comissão disse que a Nicarágua poderia derrubar El Salvador; El Salvador, a Guatemala; e a Guatemala, o México. O relatório da comissão enfatizava a necessidade de Washington manter sua "credibilidade em todo o mundo". No caso da Nicarágua, "o triunfo de forças hostis no que os soviéticos chamam de 'retaguarda estratégica' dos Estados Unidos seria interpretado como um sinal de impotência dos EUA".[6]

Até o senador de Nova York Daniel Patrick Moynihan, um falcão quando se tratava de radicalismo no Terceiro Mundo, chamou as descobertas da comissão de Kissinger de "posição doutrinal". "Fatos, por favor", implorou Moynihan.[7]

Fatos não eram o objetivo. As guerras na América Central continuaram, custando centenas e centenas de milhares de vidas, a grande maioria nas mãos de aliados apoiados pelos Estados Unidos. Mas a comissão havia servido a seu propósito, tanto para a Casa Branca quanto para Kissinger. Ao governo Reagan, proporcionou uma cobertura.[8] A Kissinger, deu uma chance de estabelecer sua credibilidade e se reconciliar com a direita. Kissinger usou a comissão não apenas para satisfazer aqueles que, como Schlafly, viam Moscou por trás de cada acontecimento no mundo, mas para repetir um argumento importante para justificar intervenções.

"Pode haver um argumento para não fazer nada para ajudar o governo de El Salvador", concluiu o relatório final da comissão. "Pode haver um argumento para fazer muito mais. Não há, porém, nenhum argumento lógico para dar alguma ajuda, mas não suficiente. A pior política possível para El Salvador é fornecer ajuda suficiente para continuar com a guerra, mas pouca demais para travá-la com êxito."[9] Este é um truque retórico eficiente. Sob o disfarce da escolha – fazer alguma coisa ou não fazer nada, mas, se fizermos alguma coisa, fazermos para alcançar nossos objetivos –, isso tornou explícita uma suposição que com frequência permanecia implícita: depois que alguma coisa é definida como um problema, justifica-se fazer o que for necessário para resolver esse problema.*

Kissinger usava há muito tempo alguma versão desse argumento para enquadrar crises.[10] Apenas alguns meses antes de apresentar as

---

* O secretário de Estado George Shultz se indignou com o enquadramento por Kissinger da política para a América Central nesses termos, principalmente com a sugestão de Kissinger de que, se o governo sandinista na Nicarágua fosse identificado como um problema, não deveria haver nenhum limite ao apoio que a Casa Branca poderia dar aos Contras: "Henry Kissinger, eu suponho, argumenta que temos ou que desistir da guerra nuclear ou declará-la."

descobertas de sua comissão, ele usara a premissa para criticar Reagan pela direita. Kissinger havia marcado de aparecer em um programa de notícias das manhãs de domingo, *This Week*, de David Brinkley, quando dois caminhões-bomba explodiram em Beirute, Líbano, matando 299 soldados americanos e franceses posicionados ali como parte de uma "força multinacional" para conter a guerra civil libanesa. Kissinger não hesitou. Ele disse a Brinkley que "ou temos que fazer mais ou fazer menos".[11] Sua escolha estava clara. "Eu não sou a favor da retirada das forças americanas", disse ele, exortando Reagan a realizar um ataque conjunto de Israel e Estados Unidos para punir a Síria (que, juntamente com o Irã, estava apoiando as forças anti-Israel no Líbano).

Apenas uma década depois do Vietnã, os Estados Unidos ainda não estavam querendo assumir um compromisso militar sério no Oriente Médio. Mas havia um lugar onde poderiam assumir uma daquelas "posições mais firmes para fazer os outros acreditarem em nós novamente", como Kissinger aconselhara como sendo necessário logo após o Vietnã. Dois dias depois das explosões em Beirute, Reagan ordenou que tropas americanas invadissem Granada, uma pequena ilha caribenha perto da costa da Venezuela. Isso foi anunciado como uma missão de resgate, a exemplo da incursão ao *Mayaguez* oito anos antes, desta vez para salvar algumas centenas de cidadãos americanos, em sua maioria estudantes de medicina, de uma luta entre facções políticas que estourara na ilha (embora o reitor do St. George Medical tenha dito que os estudantes nunca estiveram em nenhum perigo).

A reação à invasão, da imprensa e dos políticos, foi esquizofrênica. Por um lado, houve uma sensação de que aquilo não passava de um espetáculo coreografado (a invasão, disse um colunista, deu à "televisão americana" uma de suas "melhores semanas") com o objetivo de desviar a atenção da carnificina em Beirute, uma guerra, comentou um senador democrata, que os Estados Unidos "podiam vencer".[12] Havia algo de ridículo na operação, chamada de "Fúria Urgente", que resultou na concessão de "8.612 medalhas a indivíduos americanos", embora nunca tenha havido mais do que "7 mil oficiais e soldados recrutados na ilha".[13] Por outro lado, a liderança democrata na Câmara e no Senado, após algumas críticas iniciais, uniu-se em torno do presidente. O presidente da Câmara, Tip O'Neill, chamou a invasão de "justificada", assim como o deputado Thomas Foley. "Anos de frustração foram descarregados pela invasão de Granada", disse o democrata de Nova Jersey Robert Torricelli, que sugeriu que o triunfo ajudou a superar não apenas o Vietnã, mas a humilhação da prolongada crise dos reféns no Irã, em 1979-81.[14]

"Nossos dias de fraqueza acabaram", disse Reagan sobre a capacidade dos Estados Unidos de desapropriarem essa pequena ilha caribenha de 336 quilômetros quadrados e 100 mil pessoas. De acordo com a contagem oficial dos Estados Unidos, 45 granadinos, 24 cubanos e 19 americanos morreram no ataque. "Nossas forças militares estão novamente de pé e orgulhosas", disse Reagan.*

---

* Em 14 de abril de 1986, o governo Reagan lançou um ataque aéreo à Líbia em resposta ao envolvimento desta em um atentado a bomba numa boate, em Berlim, em 5 de abril, que matou dois soldados americanos e um civil turco. O secretário de Estado, George Shult, disse que o ataque dos Estados Unidos foi "calculado" e "proporcional" ao crime da Líbia (aviões americanos atingiram vários prédios residenciais, matando quinze civis de acordo com estimativas. Uma filha de Muammar Kadafi também foi morta segundo consta). Para justificar a represália, Shultz citou o artigo 51 da Carta das Nações Unidas, que dá às nações o direito de "autodefesa". Uma nação, disse Shultz, "atacada por terroristas tem permissão para usar a força para impedir ou prevenir futuros ataques". Foi uma interpretação generosa da doutrina da autodefesa (os Estados Unidos não foram atacados pela Líbia; em vez disso, dois de seus soldados foram mortos na Alemanha) da qual a maioria dos estudiosos de direito, na época, discordou. Ex-conselheiro de Jimmy Carter na Casa Branca, Lloyd Cutler tentou entender a lógica do governo: "Como superpotência com responsabilidades globais, se nossas forças são atacadas em outro país, podemos interpretar isso como um ataque em nosso território." Um dia depois do ataque dos Estados Unidos, Kissinger apareceu no *Good Morning America*, da ABC, para manifestar seu "total apoio" à incursão. Atacar a Líbia, disse ele, foi "correto" e "necessário". Quando lhe perguntaram se estava preocupado com uma reação – uma radicalização maior, represálias ou um estímulo à estatura de Kadafi –, ele respondeu: "A questão é de quem é a resistência maior. Eu acredito que é a nossa." O bombardeio, disse Kissinger, iria "reduzir os incidentes de terrorismo". Também lhe perguntaram o que ele achava da retórica de Reagan. O presidente havia chamado Kadafi de "cachorro louco". "O presidente Reagan", disse Kissinger, "tem seu próprio modo exuberante de se comunicar com o público americano." "Sessenta por cento do público concordam com ele", observou Kissinger (*Good Morning America*, 15 de abril de 1986, vídeo disponível em Vanderbilt University Television News Archive; *Washington Post*, 15 de abril de 1986). Pode-se argumentar que a invocação do artigo 51 por

PANAMÁ

Seis anos depois, Kissinger endossou a invasão do Panamá por George H. W. Bush, em 1989. A Operação Causa Justa – o nome dado à invasão do Panamá e à captura e remoção, pelos Estados Unidos, de seu líder, Manuel Noriega – foi uma guerra rápida, hoje quase esquecida, ocorrida entre a impactante queda do Muro de Berlim e a importante Guerra do Golfo. Mas foi extremamente significativa por ter sido a primeira operação militar pós-Guerra Fria executada com o objetivo de restaurar a democracia de outro país e, portanto, representou uma expansão substancial do que constituía uma desculpa legítima para ir à guerra.

A campanha não começou com essas ambições. Durante anos, Noriega havia sido valioso para a CIA e um aliado de Washington. Isso começou a mudar nos últimos anos do governo Reagan, depois de Seymour Hersh publicar no *New York Times*, em 1986, uma investigação ligando Noriega ao tráfico de drogas. Ainda demoraria meses para a imprensa estourar o Irã-Contras, mas Noriega estava profundamente emaranhado nas redes envolvidas nessa conspiração, em lavagem de dinheiro, contrabando de armas, tráfico de drogas e compartilhamento de informações secretas. Ele trabalhava para os dois lados. Era o "nosso homem", como explicou um diplomata americano, oferecendo um apoio crucial aos Contras. Mas tinha ligações estreitas com Cuba também. O Panamá também era um foco particular para a direita por causa do canal. "Nós o construímos! Pagamos por ele! É nosso e vamos mantê-lo!", repetiu Reagan em seu discurso político, nas primárias, em 1976, acusando *Messrs* Kissinger e Ford de quererem entregar o canal ao Panamá.

Shultz foi tanto uma defesa da lógica do bombardeio secreto de Kissinger no Camboja – muitas vezes justificado por Kissinger como autodefesa – quanto uma prévia da Autorização para Uso de Força Militar, aprovada com maioria esmagadora pela Câmara e pelo Senado em 14 de setembro de 2001, o que sancionou não apenas as invasões do Afeganistão e do Iraque, mas a ilimitada Guerra Global ao Terrorismo. Não existe hoje nenhuma parte do planeta que não possa ser considerada "nosso território".

Brent Scowcroft, assessor de segurança nacional de George H. W. Bush, disse que Bush tinha uma aversão especial por Noriega, tendo trabalhado diretamente com o panamenho em seus tempos de diretor da CIA. Mas o Panamá, disse Scowcroft, não estava no alto da agenda do governo quando este tomou posse no início de 1989. Fora emitida uma "ordem" de prisão contra Noriega, e os Estados Unidos vinham incentivando os opositores de Noriega a derrubá-la. Esta parecia ser a extensão do interesse da Casa Branca no país. "Eu realmente não posso descrever o curso de eventos que nos levou a esse caminho", disse Scowcroft, referindo-se à invasão. "Noriega estava contrabandeando drogas e material? Claro, mas muitas outras pessoas também estavam. Ele estava empinando o nariz para os Estados Unidos? Sim, sim."[15]

Os eventos chegaram a um ponto crítico no fim de 1989, quando o golpe que Washington vinha pedindo há meses parecia estar acontecendo. A resposta da Casa Branca, porém, foi uma "desordem". As informações secretas que chegavam eram contraditórias e não confiáveis. "Todos nós concordávamos a essa altura que simplesmente tínhamos muito pouco para prosseguir", relatou mais tarde Dick Cheney, secretário da Defesa de Bush. Os Estados Unidos tinham perdido a comunicação com seus pretensos aliados rebeldes. "Houve muita confusão na época porque havia muita confusão no Panamá", disse Cheney.[16] "Nós estávamos como os Keystone Kops"*, disse Scowcroft, sem saber o que fazer ou quem apoiar. Noriega recuperou o controle.

O ponto crucial para a ação militar foi a política interna, já que a Casa Branca se viu sob intensa crítica de políticos e especialistas por aparentemente deixar passar uma oportunidade de retirar Noriega do poder. Scowcroft recorda o impulso que levou à invasão. "Talvez estivéssemos procurando uma oportunidade de mostrar que não estávamos tão atrapalhados quanto o Congresso ficava dizendo que

---

* Policiais trapalhões de comédias-pastelão do cinema mudo nos anos 1910. (N. do T.)

estávamos ou que não éramos tão tímidos quanto várias pessoas diziam." O governo tinha que encontrar uma maneira de responder, disse Scowcroft, a "todo o fator *banana*".*

No meio da confusão, foi Kissinger quem acalmou as águas e exortou uma resposta firme. Anos depois de estabelecer sua empresa de consultoria com sede em Nova York, a Kissinger Associates, ele estava quase totalmente reabilitado. "The Unsinkable Kissinger Bobs Back" ["O incapaz de afundar Kissinger volta à tona] foi um título de reportagem do *New York Times*.** Ele havia se reconciliado com Dick Cheney, e vários de seus protegidos ocupavam cargos proeminentes na Casa Branca, inclusive Scowcroft, assessor de segurança nacional de Bush. Isso foi na época do massacre da praça da Paz Celestial, em Pequim, e Kissinger desempenhou um papel-chave orientando a resposta indulgente da Casa Branca.

Enquanto o governo Bush se atrapalhava, Kissinger, de acordo com um relato, ofereceu dois conselhos familiares. O primeiro deles foi que informações "escassas" "eram uma norma em uma crise". O segundo foi que informações escassas não deveriam ser "uma desculpa para a inação".[17] E, quando o impulso para a ação aumentava, a pressão para encontrar uma justificativa para a ação também aumentava. Logo depois do golpe fracassado, Dick Cheney alegou no *NewsHour*, da PBS, que os únicos objetivos que os Estados Unidos tinham no

---

* Em inglês, *wimp factor*. Popularizado nos EUA, o termo foi usado pela primeira vez em 1989, na capa da revista *Newsweek*, em título questionado se o então candidato à Presidência George H. W. Bush era um *banana*. (N. do T.)

** Eis um cálculo sobre as diversas atividades de Kissinger no fim dos anos 1980: "Ele faz aproximadamente vinte palestras por ano e cobra US$ 20 mil cada uma. Shearson Lehman lhe paga mais de US$ 500 mil por ano por quatro palestras em almoços e conselhos *ad hoc*. Sua empresa, a Kissinger Associates – faturamento alto, discreta, contendo apenas um punhado de especialistas –, traz uma receita estimada em US$ 5 milhões com consultoria. Ex-associados de Kissinger, dos quais ele é mentor, infestam o governo Bush. O subsecretário de Estado, Sr. Lawrence Eagleburger, assumiu o cargo logo depois de trabalhar para a Kissinger Associates. Eagleburger, o guru Oriente-Ocidente do governo, declarou uma renda de US$ 916.989 no ano passado, somente por seu trabalho com Kissinger. O general Brent Scowcroft, assessor de segurança nacional de Bush, foi vice de Kissinger na administração Nixon, um leal seguidor e fundador da Kissinger Associates" ("Resurrected and Visible", *Australian Financial Review*, 13 de outubro de 1989).

Panamá eram "salvaguardar vidas americanas" e "proteger interesses americanos" defendendo o corredor do oceano Atlântico para o Pacífico, o Canal do Panamá. "Não estamos lá", enfatizou ele, "para refazer o governo panamenho." Ele também observou que a Casa Branca não tinha nenhum plano de agir unilateralmente contra a vontade da Organização dos Estados Americanos para tirar Noriega do país. O "clamor público e a indignação que ouviríamos de uma ponta à outra do hemisfério", disse ele, "levantam sérias dúvidas sobre o curso dessa ação".

Isso foi em meados de outubro. Quanta diferença dois meses fariam. Em 20 de dezembro, a campanha contra Noriega deixara de ser acidental – Keystone Kops tropeçando no escuro – e passara a ser transformadora: o governo Bush acabaria refazendo o governo panamenho e, no processo, a lei internacional.

Cheney não estava errado sobre o "clamor público". Todos os outros países da Organização dos Estados Americanos se opuseram à invasão do Panamá. Bush agiu mesmo assim. O que mudou tudo foi a queda do Muro de Berlim, pouco mais de um mês antes da invasão. Quando a União Soviética perdeu influência em seu quintal (o Leste Europeu), Washington ficou com mais espaço de manobra em seu próprio quintal (a América Latina). O colapso do comunismo de estilo soviético também deu à Casa Branca uma oportunidade de prosseguir com a ofensa ideológica e moral.

Como acontece na maioria das ações militares, os invasores tinham várias justificativas para oferecer, mas naquele momento o objetivo de instalar um regime "democrático" no poder foi alçado de repente ao topo da lista. Ao adotar essa argumentação para fazer a guerra, Washington estava, na verdade, modificando radicalmente os termos da diplomacia internacional. No cerne de seu argumento estava a ideia de que a democracia estava à frente do princípio da soberania nacional. Nações latino-americanas, há muito tempo alvos de "mudanças de regime" feitas por Washington, reconheceram imediatamente a ameaça e procuraram condenar a invasão na Organização dos Estados Americanos. Sua resistência só deu ao embaixador de Bush, na OEA, Luigi Einaudi, uma chance de aumentar a aposta ética. Rápida e explicitamente, ele associou o ataque ao Panamá à onda de movimentos democráticos que varria o Leste Europeu. "Hoje estamos (...) vivendo tempos históricos", palestrou ele para seus colegas delegados da OEA dois dias depois da invasão, "um tempo em que um grande princípio está se espalhando pelo mundo como fogo. Esse princípio, como todos nós sabemos, é a ideia revolucionária de que os povos, e não os governos, são soberanos."[18]

Para ser claro, não é a intervenção militar que é importante no caso do Panamá; Washington vem violando a soberania na América Latina e fazendo isso unilateralmente há mais de um século. Em vez disso, é a velocidade com que, *imediatamente* após o fim da Guerra Fria, Washington passou a defender legal e abertamente sua ação unilateral invocando o ideal de democracia – na verdade, a difundir esse ideal nos tribunais do mundo, como a Organização dos Estados Americanos. Os comentários de Einaldi tocaram em todos os pontos que se tornariam muito familiares no início do século seguinte na "Agenda da Liberdade", de George W. Bush: as ideias de que a democracia, conforme definida por Washington, era um valor universal, de que a "história" representava um movimento para a consumação desse valor e de que qualquer nação ou pessoa que se pusesse no caminho dessa consumação seria varrida para longe.

Com a queda do Muro de Berlim, disse Einaudi, a democracia adquirira a "força da necessidade histórica". Não era preciso dizer que os Estados Unidos, um ano depois da vitória oficial na Guerra Fria, seriam o executor dessa necessidade. O embaixador de Bush lembrou a seus colegas delegados que a "grande maré democrática que está agora varrendo o planeta" começara na verdade na América Latina, com os movimentos de direitos humanos trabalhando para pôr fim aos abusos de juntas militares e ditadores. O fato de que os combatentes da liberdade da América Latina vinham basicamente lutando contra Estados de esquadrões da morte de direita, anticomunistas, apoiados pelos Estados Unidos (em sua maioria instalados e apoiados durante o mandato de Henry Kissinger), não foi observado pelo embaixador.

No caso do Panamá, a "democracia" rapidamente foi para o alto da curta lista de causas da guerra. Em seu pronunciamento de 20 de dezembro à nação, quando anunciou a invasão, o presidente Bush citou a "democracia" como seu segundo motivo para ir à guerra, atrás apenas da salvaguarda de vidas americanas, mas à frente do combate ao tráfico de drogas ou da proteção do Canal do Panamá. No dia seguinte, em uma entrevista coletiva, a democracia saltara para o topo da lista. O presidente começou seus comentários iniciais da seguinte maneira: "Nossos esforços para apoiar os processos democráticos no Panamá e assegurar a contínua segurança dos cidadãos americanos estão agora entrando em seu segundo dia."[19]

George Will, especialista conservador, rapidamente percebeu o significado daquela nova argumentação pós-Guerra Fria para uma ação militar.[20] Em uma coluna publicada em vários jornais (com o título "Drugs and Canal Are Secondary: Restoring Democracy Was Reason Enough to Act") ["Drogas e canal são secundários: restaurar a democracia foi motivo suficiente para agir"], ele elogiou a invasão por "enfatizar (...) a restauração da democracia", acrescentando que, ao fazer isso, "o presidente se pôs perfeitamente em uma tradição de linhagem distinta. Esta sustenta que o interesse nacional fundamental dos Estados Unidos é ser Estados Unidos, e a identidade da nação (seu senso de si mesma, sua determinação peculiar) é inseparável de um compromisso com a disseminação – não a universalização agressiva, mas o avanço civilizado – da proposição a que nós, únicos entre nações, estamos, como disse o maior americano, dedicados". A liberdade.

Isso foi rápido. Dos Keystone Kops a Thomas Paine em apenas dois meses, enquanto a Casa Branca aproveitava o momento para mudar os termos pelos quais os Estados Unidos envolviam o mundo. Ao fazer isso, ela derrubou tanto Manuel Noriega quanto aquilo que, por meio século, havia sido a base fundamental da ordem multilateral liberal: o ideal de soberania nacional.

Na mitologia do militarismo americano estabelecida desde as guerras desastrosas de George W. Bush no Afeganistão e no Iraque, as ações de seu pai, George H. W. Bush, muitas vezes são tidas como um modelo de prudência – especialmente quando comparadas à imprudência posterior do vice-presidente Dick Cheney, do secretário da Defesa Donald Rumsfeld e do subsecretário da Defesa Paul Wolfowitz. Afinal de contas, a agenda deles sustentava que o dever dos Estados Unidos era livrar o mundo não apenas dos malfeitores, mas do mal em si. Em contraste, o Bush mais velho, dizem-nos, reconhecia os limites do poder americano. Era um realista aconselhado por outros realistas, protegidos de Kissinger, incluindo Lawrence Eagleburger e Scowcroft. Sua Guerra do Golfo circunscrita foi uma "guerra de necessidade", diz-se, enquanto a invasão do Iraque por seu filho, em 2003, foi uma "guerra de escolha" catastrófica.[21]

Mas a estrada para Bagdá passou pela Cidade do Panamá com a invasão de 1989 inaugurando a era da intervenção unilateral pós-Guerra Fria. "Depois de usar a força no Panamá", disse recentemente o embaixador de Bush nas Nações Unidas, Thomas Pickering, "houve uma propensão em Washington a pensar que a força poderia proporcionar um resultado mais rapidamente, mais efetivamente, mais cirurgicamente do que a diplomacia."[22] A captura fácil de Noriega significou que "a noção de que a comunidade internacional tinha que estar envolvida (...) foi ignorada".* "O Iraque, em 2003, foi toda

---

* As forças dos Estados Unidos entraram e saíram (com seu prisioneiro Noriega) com relativa rapidez, tornando a Operação Causa Justa uma das mais bem-sucedidas ações militares da história dos Estados Unidos. Pelo menos em termos táticos. Houve baixas. Mais de vinte soldados americanos foram mortos e de trezentos a quinhentos combatentes panamenhos morreram também. Discordâncias existem sobre quantos civis pereceram. "Poucas centenas", disse o Comando Sul do Pentágono. Mas outros acusaram as autoridades americanas de não se importarem em contar os mortos em El Chorrillo, um bairro pobre da Cidade do Panamá, que aviões dos Estados Unidos bombardearam indiscriminadamente porque se pensava que era um bastião de apoio a Noriega. Organizações de direitos humanos da sociedade civil alegaram que milhares de civis foram mortos e dezenas de milhares deslocados. Conforme a Human Rights Watch escreveu, mesmo estimativas conservadoras de baixas de

aquela miopia em quantidade", disse Pickering. "Nós faríamos tudo sozinhos." E faríamos em nome não da segurança nacional, mas do "avanço civilizado" da democracia. Mais tarde, depois do 11 de Setembro, quando George W. Bush insistiu que o ideal de soberania nacional era uma coisa do passado, quando ele disse que nada – nem a opinião da comunidade internacional – poderia se pôr no caminho da "grande missão" dos Estados Unidos de "estender os benefícios da liberdade pelo planeta", tudo o que ele estava fazendo era jogar mais lenha na fogueira acesa por seu pai.

∽

Como autoridade pública, Kissinger repetidamente zombou do princípio da soberania. "Eu não vejo por que precisamos ficar parados assistindo a um país se tornar comunista devido à irresponsabilidade de seu povo", disse ele certa vez sobre a eleição de Salvador Allende, em 1970.[23] Mas essa desconsideração foi sempre justificada pelo direito dos Estados Unidos de se defenderem (sendo a "defesa" interpretada em linhas gerais como ações preventivas secretas contra ameaças previstas). Com o Panamá também, Kissinger, apesar do que Bush estava dizendo à imprensa, evitou cuidadosamente fazer menção à democracia (ele acabara de defender a China no caso da praça da Paz Celestial). Em vez disso, ele invocou vagamente as velhas argumentações, prerrogativa de um presidente e de equivalentes deste.

Mas a história estava avançando à sua frente.[24]

---

civis sugeriram "que a regra da proporcionalidade e o dever de minimizar os danos a civis não foram fielmente observados pelas forças invasoras dos Estados Unidos". Isso pode ter sido colocado de maneira suave em se tratando do bombardeio indiscriminado de uma população civil. Os civis não foram avisados previamente. Os helicópteros Cobra e Apache que voaram sobre a cadeia montanhosa não anunciaram sua chegada iminente tocando alto *A cavalgada das valquírias*, de Wagner. O sismógrafo da Universidade do Panamá marcou 442 grandes explosões nas primeiras doze horas da invasão, aproximadamente uma grande bomba a cada dois minutos. Incêndios engoliram as casas, em sua maioria de madeira, destruindo cerca de 4 mil construções. Alguns moradores começaram a chamar El Chorrillo de "Guernica" ou "pequena Hiroshima". Logo após o fim das hostilidades, máquinas escavadeiras cavaram covas coletivas e arrastaram corpos para dentro destas. "Enterrados como cachorros", disse a mãe de um dos civis mortos.

11

DA ESCURIDÃO À LUZ

O cósmico tem ritmo, tato, a grande harmonia que une amantes ou multidões em momentos de absoluto entendimento sem palavras, o pulso que une uma sequência de gerações em um todo significativo. Isso é Destino, o símbolo do sangue, do sexo, da duração. Isso responde à pergunta sobre quando e para onde, e representa o único método de abordar o problema do tempo. É sentido pelo grande artista em seu momento de contemplação, é corporificado pelo estadista em ação e é vivido pelo homem da cultura da primavera. Constitui a essência da tragédia, o problema do "tarde demais", quando um momento do presente é irrevogavelmente consignado ao passado. O microcosmo contém tensão e polaridade, a solidão do indivíduo em um mundo de significados estranhos, em que o sentido interno total dos outros permanece sendo um enigma eterno. Ritmo e tensão, saudade e medo caracterizam a relação do microcosmo com o macrocosmo.

– Henry Kissinger, 1950

Depois de perdoar, autorizar ou planejar tantas invasões – do Timor Leste pela Indonésia, de Bangladesh pelo Paquistão, do Camboja pelos Estados Unidos, do Laos pelo Vietnã do Sul, de Angola pela África do Sul, bem como o ataque da Turquia a Chipre e a anexação do Saara Ocidental pelo Marrocos –, Henry Kissinger assumiu a liderança da condenação ao ataque do Iraque ao Kuwait, em 1990. Quando no poder, ele tentou afastar o Iraque dos soviéticos estimulando as ambições regionais de Bagdá. Como consultor privado e especialista, promoveu a ideia de que os iraquianos poderiam servir como contrapesos disponíveis para os iranianos revolucionários, com a guerra civil resultante se arrastando por anos e custando milhões de vidas. "É uma pena que os dois não possam perder", teria dito.* Mas agora, nos dias que se seguiram ao ataque surpresa de Saddam Hussein, em 2 de agosto, Kissinger insistia que a anexação de Saddam tinha que ser revertida.¹

A GUERRA DO GOLFO

George H. W. Bush lançara a Operação Escudo do Deserto imediatamente após a invasão de Saddam, enviando centenas de milhares de soldados para a Arábia Saudita. Ocorridas menos de um ano depois da rápida vitória no Panamá, as ações de Bush ajudaram a afastar a atenção de uma economia interna cada vez pior e do crescente escândalo de poupança e empréstimos, em que seu filho, Neil, estava envolvido. Mas, uma vez na Arábia Saudita, o que as forças americanas fariam? Conter o Iraque? Atacar e libertar o Kuwait? Ou ir até Bagdá e depor Saddam? Não havia um consenso claro entre assessores ou analistas de política externa.

Conservadores proeminentes que fizeram seus nomes lutando a Guerra Fria davam opiniões conflitantes.² Jeane Kirkpatrick, por exemplo, opunha-se a qualquer ação contra o Iraque. Como embaixadora de Reagan na ONU, Kirkpatrick fez muito para lhe fornecer uma base intelectual para suas iniciativas no Terceiro Mundo. Mas não achava que Washington tinha "um interesse distinto pelo Golfo" agora que a União Soviética acabara. "Não temos nenhuma relação especial com o Kuwait. Ele [o Kuwait] não compartilha nossos valores ou

---

* Esta citação pode ser apócrifa. Mas Raymond Tanter, que serviu ao Conselho de Segurança Nacional, escreve que, em uma reunião para informes ao candidato presidencial republicano Ronald Reagan sobre política externa, em outubro de 1980, da qual Kissinger participou, Kissinger comentou que "a continuidade da luta entre o Irã e o Iraque era do interesse americano".

interesses", disse ela. "Saddam não é diretamente perigoso para os Estados Unidos ou para nossos aliados do tratado. Ele é um perigo para a independência de outros Estados do Golfo."* Outros conservadores observaram que, com o fim da Guerra Fria, pouco importava se os baathistas iraquianos ou os xeiques sauditas bombeavam petróleo.³

Kissinger assumiu a posição de ponta ao se opor ao que chamou de "novos isolacionistas" dos Estados Unidos, ou seja, aqueles conservadores que eram contra assumir uma postura firme no Golfo. O que Bush fizesse em seguida no Kuwait, anunciou ele na primeira frase de sua coluna de 19 de agosto, publicada em vários dos principais jornais do país, seria o sucesso ou o fracasso de seu governo. Qualquer coisa que não fosse a libertação do Kuwait transformaria a "exibição de força" de Bush – seu rápido envio de tropas à Arábia Saudita – em um "desastre". O presidente enfrentava três escolhas: endossar passivamente qualquer que fosse o consenso tépido saído da ONU, agir em associação com outras democracias industriais dependentes de petróleo ou "assumir a liderança na oposição a Hussein", num "esforço em que os Estados Unidos carregariam o principal fardo".⁴

Kissinger sentiu a urgência da história. Se Bush não agisse, o amplo apoio que ele tinha evaporaria rapidamente. Acima de tudo, ele precisava evitar um cerco demorado, o que solaparia a vontade americana e abalaria sua credibilidade. Kissinger, que durante seu mandato na Casa Branca e no Estado fez mais do que qualquer outra

---

* Em um ensaio escrito antes da invasão do Iraque (mas publicado subsequentemente na *National Interest*), Kirkpatrick sugeriu até que os Estados Unidos, com o fim da Guerra Fria, poderiam "novamente se tornar uma nação normal e cuidar de problemas prementes de educação, família, indústria e tecnologia". Peter Beinart, em *The Icarus Syndrome: A History of American Hubris*, detalha os ataques de um grupo mais jovem e mais belicoso de neoconservadores, liderado por figuras como Charles Krauthammer e Paul Wolfowitz (aquelas que conduziriam os Estados Unidos ao Iraque, em 2003), à restrição no estilo de Kirkpatrick. O pedido de Kissinger de uma resposta agressiva na Guerra do Golfo ajudou a inclinar a discussão intelectual em favor desses "wilsonianos" mais jovens. E quando o número de soldados americanos aumentou na Arábia Saudita, até Kirkpatrick começou a assumir uma linha dura.

pessoa para associar os Estados Unidos aos altos preços de petróleo e ao regime saudita (contanto que os sauditas continuassem comprando armas dos Estados Unidos, contratando firmas de construção dos Estados Unidos e depositando o que sobrava em bancos dos Estados Unidos), estava argumentando contra conservadores como Kirkpatrick, que estavam apresentando o argumento "da moda" de que não importava quem produzia o petróleo. Importunando-os em termos que eles reconheceriam, ele disse que esse conselho não passava de uma "abdicação". Existem "consequências", disse Kissinger, por "não conseguir resistir".

Kissinger foi um dos primeiros, possivelmente o primeiro, a fazer a analogia entre Saddam e Hitler.[5] Ele argumentou que, se fosse permitida a manutenção da anexação do Kuwait pelo Iraque, o resultado "absolutamente inevitável" seria uma série de guerras que ameaçariam a existência de Israel (Saddam, depois de pegar o Kuwait, sugeriu que todas as ocupações da região deveriam ser abjudicadas simultaneamente, inclusive o controle de Israel sobre os territórios ocupados).[6] Em artigos de opinião, aparições na TV e testemunhos diante do Congresso, Kissinger argumentou vigorosamente em favor da intervenção, incluindo a "destruição cirúrgica e progressiva dos bens militares do Iraque" e a remoção de Saddam do poder.[7] Desprezando as preocupações de falcões cautelosos como Kirkpatrick, Kissinger insistiu que não havia como voltar atrás: "Os Estados Unidos atravessaram seu Rubicão", disse ele.

~

Outra maneira de avaliar até que ponto nossas expectativas mudaram a partir de 1970 – como aquilo que parecia ser o colapso do Estado de segurança nacional era realmente o início de sua reorganização sobre bases diferentes, mais espetaculares, mais secretas e, com o passar do tempo, mais intervencionistas – é comparar o sigilo com que o bombardeio do Camboja foi executado com a proximidade visual da Guerra do Golfo, realizada para capturar e manter a atenção do público.

Na verdade, antes de fazer essa comparação, vale a pena parar um momento para considerar o modo como o Panamá ofereceu uma prévia do que estava por vir. De acordo com um brigadeiro-general dos Estados Unidos, a Operação Causa Justa foi "extraordinariamente complexa, envolvendo o destacamento de milhares de pessoas e equipamentos de instalações militares distantes e atacando quase duas dúzias de objetivos dentro de um período de 24 horas. (...) A Causa Justa representou uma nova era ousada na projeção da força militar americana: velocidade, massa e precisão, combinadas com uma visibilidade pública imediata".[8]

Um ano e um mês depois dessa exibição de "visibilidade pública imediata", em 17 de janeiro de 1991, a Operação Tempestade no Deserto foi lançada. De certo modo, essa guerra representou o pleno florescimento da lógica por trás da campanha aérea secreta de Kissinger e Nixon no Camboja: de que os Estados Unidos deveriam ser livres para usar qualquer força militar necessária para compelir o resultado político almejado. Se Kissinger trabalhou para manter aquela operação escondida por tanto tempo quanto possível (porque temia a reação do público), a Tempestade no Deserto foi precedida de quatro meses de discussão no ar entre políticos e especialistas (incluindo Kissinger). Se aqueles que executaram o bombardeio do Camboja queimaram registros e fabricaram documentos falsos para cobrir seus rastros, Bush liderou um ataque para o mundo inteiro ver. "Bombas inteligentes" iluminaram o céu de Bagdá e da cidade do Kuwait, enquanto câmeras de TV rodavam. Foram exibidos novos equipamentos de visão noturna, comunicações por satélite em tempo real e a TV a cabo – bem como ex-comandantes dos Estados Unidos prontos para narrar a guerra no estilo de locutores de futebol, bem em cima do replay do instante. "Na linguagem da página de esportes", disse Dan Rather, âncora da CBS News, na primeira noite do ataque, "isso... isso não é um esporte. É uma guerra. Mas até agora é uma vitória fácil."[9]

E o próprio Kissinger estava em toda parte – ABC, NBC, CBS, PBS, em rádios e jornais – dando sua opinião. "Eu acho que foi bem", disse ele a Dan Rather na primeira noite do bombardeio.[10] Tão bem que Walter Cronkite achou que tinha de advertir os americanos a não ficarem "otimistas demais" ou "eufóricos".

No dia seguinte, 18 de janeiro, no estúdio da CBS, Cronkite e Rather tiveram uma conversa prolongada que os fez parecer menos locutores de esportes descrevendo a ação ao vivo do que comentaristas no intervalo da partida comparando o jogo de hoje ao modo como se costumava jogar.[11] Os dois homens concluíram que os velhos e barrigudos B-52 que haviam sido usados intensamente no Vietnã, no Laos e no Camboja, e que agora estavam sendo enviados para bombardear Bagdá, eram mais eficientes para semear o terror e gerar pânico do que os esbeltos mísseis de "alta tecnologia" pelos quais a mídia estava fascinada:

WALTER CRONKITE: Você viu os B-52 em operação no Vietnã? Eu vi, e eles são quase uma arma de terror, são muito potentes. Eles estão lançando todas aquelas bombas. Meu Deus, 14 toneladas de bombas saindo de um único avião – eles podem muito bem deixar em pânico o exército do Iraque... Uma coisa interessante nisso, Dan, essas bombas chegam a uma velocidade muito baixa, comparativamente... comparadas a foguetes e outras coisas assim e, como resultado, a explosão da bomba é muito espalhada. Ela pode causar uma quantidade terrível de danos superficiais sem danos sérios a um único alvo, exceto bem onde ela cai... explodir muitas janelas, explodir muitas paredes, coisas desse tipo, em contraste com os mísseis de alta velocidade, que tendem a se enterrar e explodir...

DAN RATHER: Eu quero voltar ao que você estava falando sobre os B-52. Isso com certeza é verdade, qualquer pessoa que viu ou esteve em uma incursão de B-52 é uma experiência absolutamente inesquecível, marcante.

CRONKITE: Quando você não está diretamente embaixo dele.

RATHER: Exatamente. E é aí que você consegue observá-lo. É uma arma de bombardeio físico devastadoramente eficiente, mas também psicologicamente. Esta é uma das razões de ir bem no coração das melhores tropas de Saddam Hussein, é [causar] pânico e... quebrar a espinha do moral.

Comentários assim, juntamente com as reportagens em tempo real, os equipamentos de visão noturna e as bombas inteligentes que carregavam câmeras, permitiram o consumo público de uma exibição tecnológica de aparente onipotência que, pelo menos por pouco tempo, ajudou a consolidar uma aprovação maciça. O ataque visava a dar uma lição e fazer uma advertência ao resto do mundo. E com o replay do instante veio a gratificação instantânea, a confirmação de que o presidente tinha o apoio do público. À meia-noite de 18 de janeiro, com um dia de ataque, a TV CBS anunciou que uma nova pesquisa de opinião indicava um "apoio extremamente forte à ofensiva do Sr. Bush no Golfo". "Por Deus", disse Bush em triunfo, "nós demos um pontapé na síndrome do Vietnã de uma vez por todas."[12]

A escuridão se converteu em luz, o inerente se fez manifesto, auxiliado pelos conselhos de Kissinger, "uma voz ancestral profetizando a guerra", como escreveu um repórter.[13] E assim, em curtos oito anos desde os atentados a bomba contra quartéis em Beirute, quando Reagan optou por não responder ao pedido de Henrry Kissinger para se comprometer totalmente com o Oriente Médio, os Estados Unidos fizeram uma exibição impressionante de "choque e pavor" (antes de essa expressão ser inventada). Por um momento, então, entre a invasão do Panamá e a libertação do Kuwait, parecia que a realidade na qual Kissinger acreditava que *deveria* viver (em que bombardeios maciços iriam, nas palavras de Dan Rather, "quebrar a espinha" de seus alvos), e não a realidade em que ele *vinha* vivendo (em que bombardeios causavam mais problemas do que o problema que os justificava, incluindo a radicalização em massa), passara a existir. Saddam foi facilmente expulso do Kuwait.

CLINTON E O IRAQUE

Mas ele continuou no poder em Bagdá, criando um problema de enormes proporções para o sucessor de Bush, Bill Clinton. Foi a ONU quem primeiro impôs sanções ao Iraque, que continuava com força mesmo depois de seu exército ser expulso do Kuwait. Mas cabia aos Estados Unidos impor essas sanções, que incluíam a exigência de que Bagdá permitisse a entrada de inspetores para procurar armas de destruição em massa. Sabemos hoje que Saddam Hussein não tinha tais armas, mas, ainda assim, ele se recusou a cooperar totalmente com os inspetores. Seguiu-se um cerco de doze anos, com as sanções prejudicando imensamente a economia do Iraque e causando dificuldades inimagináveis. Essas dificuldades foram captadas em uma agora infame resposta que a secretária de Estado de Clinton, Madeleine Albright, deu a uma pergunta que lhe foi feita, em 1996, pela jornalista Lesley Stahl, no *60 Minutes*. Stahl perguntou a Albright sobre o meio milhão de crianças iraquianas que, segundo estimativas, haviam morrido como resultado das sanções. "Quer dizer", disse Stahl, "são mais crianças do que aquelas que morreram em Hiroshima." "Nós achamos que valeu o preço", respondeu Albright.[14]

Nessa época, Clinton estava enviando mísseis de cruzeiro ao Iraque a intervalos regulares, por vários motivos: punir o país por uma tentativa de assassinato contra George H. W. Bush apoiada por Bagdá (23 mísseis lançados, incluindo três que atingiram uma área residencial e matou civis), proteger os curdos (46 mísseis), forçar o Iraque a cooperar com os inspetores de armas da ONU. Esse último ataque aconteceu em 1998, na véspera da votação na Câmara do impeachment relacionado ao caso Monica Lewinsky, e foi descrito pelo *New York Times* como "uma forte série prolongada de ataques aéreos". "Mais de duzentos mísseis choveram sobre o Iraque", reportou o *Times*, "sem nenhuma diplomacia ou aviso".[15]

Kissinger assistiu a tudo isso como um divertimento. De certo modo, Clinton estava seguindo sua orientação: estava bombardeando um país com o qual não estávamos em guerra sem aprovação do Congresso, e um dos motivos pelos quais estava fazendo isso era aplacar a direita militarista. Por exemplo, em 1997, Clinton tentou nomear Anthony Lake – um ex-funcionário do CSN que, em 1970, renunciou por causa de sua oposição à invasão do Camboja – para a direção da CIA. No Senado, Lake enfrentou resistência de muitos republicanos e de mais do que alguns democratas porque vinha da ala (moderadamente) dissidente da comunidade da política externa. Ele não apenas se demitiu do CSN, como, em um livro de 1989 chamado *Somoza Falling*, descreveu as atividades da CIA na Nicarágua como "ações secretas enlouquecidas". Para conter a oposição a Lake, o governo Clinton, na prática, repudiou o espírito questionador dos anos 1970, dando a Kissinger o que deve ter sido uma defesa gratificante. De acordo com o *New York Times*, a Casa Branca tentou vender Lake ao Congresso "como um homem tão frio e calculista que não perdeu o sono quando um míssil dos Estados Unidos dirigido contra a sede do serviço secreto iraquiano se desviou e matou civis em 1994".[16] Isso não ajudou.* Durante três dias de audiência para res-

---

* O ataque do míssil de cruzeiro errante de Clinton aconteceu em 1993, e não em 1994. Dos 24 mísseis Tomahawk lançados contra o serviço secreto iraquiano, porque este supostamente tramara o assassinato de George H. W. Bush, três se extraviaram e atingiram casas particulares, matando oito civis que dormiam em suas camas, incluindo Layla al-Attar, uma das artistas mais famosas do Iraque. Outro deles matou o marido e o filho de 18 meses de Zahraa Yhaya, que tinha 29 anos na época. "Por favor, digam ao povo dos Estados Unidos, às mães dos Estados Unidos, que quando um míssil comete erros mata pessoas. Mata bebês. Mata famílias dormindo à noite, sem nenhuma guerra e nenhum aviso", disse ela ao *Los Angeles Times* (26 de julho de 1993).

ponder questionamentos no Senado, Lake foi duramente interrogado sobre tudo, desde sua opinião sobre a Guerra do Vietnã até se escutava música de protesto nos anos 1970, com sua renúncia ao CSN de Kissinger por causa do Camboja sendo pintada como "impatriótica". Lake retirou sua indicação.[17]

∼

Kissinger manifestou plenamente sua opinião sobre o bombardeio do Iraque por Clinton pouco depois da morte de Pol Pot, em 1998. Numa conferência em comemoração ao aniversário de 25 anos dos acordos que puseram fim à Guerra do Vietnã,[18] ele começou, apropriadamente, com o Camboja, defendendo suas ações ali, antes de conduzir a discussão para Clinton e o Iraque:

> Eu conversei com uma pessoa da administração Clinton recentemente, quando o bombardeio do Iraque estava sendo considerado. Eu disse que, na minha opinião, devemos ir atrás das divisões da Guarda Republicana. "Ah, meu Deus", ela disse. "Divisões da Guarda Republicana? Você não pode ir atrás das divisões da Guarda Republicana. Nós estamos acusando o Iraque de esconder armas biológicas. Podemos ir atrás de cada depósito de armas biológicas. Mas não podemos ir atrás de coisas que estão fora de nossa estrutura legal."

Washington, prosseguiu Kissinger, tem que "ser capaz de trazer" seus "objetivos político e militar para alguma relação um com o outro". As armas de destruição em massa não são realmente o que está em jogo no Iraque, disse ele. O verdadeiro "problema" é nossa motivação, nossa vontade. "A questão é: temos uma estratégia para quebrar a espinha de alguém com quem não queremos negociar? E se não somos capazes de fazer isso, como podemos evitar negociar com ele? Se não somos capazes de destruir e não somos capazes de isolá-lo, só vamos demonstrar nossa impotência."

Foi esse "conceito estratégico" – a necessidade de estar *disposto* a quebrar a espinha de alguém com quem você se recusa a negociar – que governou o que ele e Nixon estavam tentando fazer no Sudeste Asiático. "Se entendemos direito ou não", disse Kissinger, "isso é realmente secundário."

"Se entendemos direito ou não, isso é realmente secundário." Esta não é uma declaração notável, pelo menos quando se considera a longa insistência de Kissinger de que os efeitos demonstrativos produzidos por um ato de vontade são mais importantes do que as consequências desse ato. De qualquer modo, Kissinger, na época, fez uma transição fácil da defesa de seu bombardeio no Camboja para o conselho a Clinton de bombardear o Iraque ainda mais. "Essa atitude", disse ele, referindo-se à necessidade de alinhar as ações militares com os objetivos políticos, "é aquela da qual ainda precisamos."

E se Clinton intensificou as ações, o que importaria seria o efeito que mais bombardeios teriam não sobre o Iraque, mas sobre os Estados Unidos. A escalada, disse Kissinger, nos forçaria a responder a essa pergunta: "Estamos dispostos a pagar esse preço? E se não estamos dispostos a pagar o preço, estamos de volta à síndrome do Vietnã de não sermos capazes de ordenar nossos objetivos." Se estivéssemos dispostos a pagar o preço, a projetar a força militar necessária para alcançar nossos objetivos e terminar o que começamos, seríamos capazes de superar nossa impotência.

Nesse momento, em 1998, as opiniões de Kissinger são quase indistinguíveis das de Paul Wolfowitz, William Kristol, Robert Kagan e outros neoconservadores que na época estavam estabelecendo a base ideológica para a ação de 2003 no Iraque. Eis Wolfowitz, em 2000, elogiando Clinton por bombardear o Iraque sem sanção do Congresso, mas criticando-o por fazer isso sem um senso de propósito claro: "As forças americanas sob o comando do presidente Clinton vêm bombardeando o Iraque com alguma regularidade há meses", escreveu Wolfowitz, sem "um gemido de oposição no Congresso e mal uma menção na imprensa".[19] E não apenas o Iraque. "Todo mundo se tornou um 'falcão'", escreveu ele, aplaudindo o uso, por Clinton, de "forças armadas em operações envolvendo dezenas de milhares de soldados no Haiti, Bósnia, Kosovo e Iraque – e para realizar ataques militares contra o Afeganistão e o Sudão".*

Mas, disse Wolfowitz, o problema desse novo militarismo é que nasceu da suavidade, e não da dureza, da "complacência produzida

---

* Kissinger expressou desprezo por essas intervenções por vários motivos: elas eram *ad hoc*, eram justificadas em nome do "humanitarismo" e lhes faltava foco, em termos tanto de objetivo imediato quanto de visão de longo prazo. Em 1992, ele considerou o destacamento de tropas para a Somália, nos últimos meses do mandato de George H. W. Bush, um erro. ("Não podemos parecer estar reivindicando para nós mesmos uma doutrina de intervenção unilateral universal", escreveu ele ["Somalia: Reservations", *Washington Post*, 13 de dezembro de 1992].) Mas, depois do incidente da derrubada de dois Black Hawk, no início do governo Clinton, ele defendeu uma rápida retaliação. Em 1994, ele criticou Clinton por enviar soldados ao Haiti para reinstalar o presidente eleito Jean-Bertrand Aristide: "Não sou a favor de uma invasão militar porque não posso descrever a ameaça que o Haiti representa para os Estados Unidos" ("Kissinger Speaks at Nixon Library", *Los Angeles Times*, 21 de julho de 1994). E o conflito na Bósnia pareceu confundi-lo. A dissolução da Iugoslávia começou durante o governo de George H. W. Bush, e o subsecretário de Estado de Bush, Lawrence Eagleburger, aliado de Kissinger, foi intensamente criticado por executar mal a resposta de Washington à crise. Quando era membro da Kissinger Associates, Eagleburger tinha profundas ligações de negócios com os sérvios e alguns sugeriram que um conflito de interesse o tornou suave demais com Slobodan Milosevic ("Eagleburger Anguishes over Yugoslav Upheaval", *New York Times*, 19 de junho de 1992). Em 1995, Kissinger disse que se opunha à guerra, argumentando que os sérvios não eram agressores e que uma solução poderia ser juntar os muçulmanos em um Estado deles próprios (*ver* participação no programa *Charlie Rose*, 14 de setembro de 1995). Então, depois que a guerra começou, ele disse que esta tinha que ser vencida. Ele se opôs à intervenção em Kosovo, divergindo de alguns neoconservadores proeminentes fortemente favoráveis à guerra. Mas, depois que a luta começou, ele concordou com William Kristol que "a guerra precisa ser vencida", conforme escreve John Podhoretz, que "a vitória significa Milosevic ser forçado a se curvar à vontade da Otan – ou afastado do poder", que a "condução" da guerra por Clinton "tem sido vergonhosa" e está "enfraquecendo perigosamente a determinação da Otan e que, se o presidente não endurecer sua determinação e a força de vontade coletiva da Otan no próximo mês, o compromisso da aliança começará a desmoronar" ("This War's Strange Bedfellows", *New York Post*, 26 de maio de 1999). Mesmo enquanto fazia essas críticas a Clinton e mesmo enquanto se aproximava cada vez mais dos neoconservadores em relação ao Iraque, Kissinger, de vez em quando, ainda tinha disputas ideológicas com os "wilsonianos" partidários de Reagan, em especial por causa de sua defesa da China. Sua última escaramuça séria pré-11 de Setembro com os neoconservadores aconteceu com a publicação, em 1999, do terceiro volume de suas memórias, *Years of Renewal*. Nesse livro, Kissinger tentou atribuir à *détente* o fim da Guerra Fria. Robert Kagan apresentou uma crítica extremamente negativa do livro na *New Republic* ("The Revolutionist: How Henry Kissinger Won the Cold War, or So He Thinks", 21 de junho de 1999). Kagan ficou especialmente incomodado com a tentativa de Kissinger de atribuir a si próprio o mérito pelos acordos de direitos humanos de Helsinki em 1975 (que neoconservadores viram como um repúdio à *realpolitik* amoral).

por nossa predominância atual". Ele chegou fácil demais e não teve nenhum custo real. Não houve, escreveu ele, no que soou quase como uma reclamação, "praticamente nenhuma baixa americana" nas guerras de Clinton. Clinton bombardeou, sim. Mas seus bombardeios foram "fáceis e complacentes", faltou-lhes foco. Sem uma ameaça que pudesse eletrizar os Estados Unidos, tirando-os de seu convencimento induzido pela prosperidade, jamais seríamos capazes, para retornar à frase de Kissinger, de "ordenar nossos objetivos".

A opinião de Wolfowitz de que os Estados Unidos pós-Guerra Fria eram complacentes demais foi compartilhada por William Kristol e Robert Kagan, que, em um influente ensaio anterior, publicado na *Foreign Affairs*, escreveram:

> De algum modo, a maioria dos americanos deixou de notar que eles nunca estiveram tão bem. Eles nunca viveram em um mundo mais propício aos seus interesses fundamentais, em uma ordem internacional liberal... E esse é o problema... Hoje, a falta de uma ameaça visível aos interesses vitais dos Estados Unidos ou à paz mundial tem induzido os americanos a desmantelar distraidamente as bases material e espiritual sobre as quais seu bem-estar nacional foi estabelecido. (...) A ubíqua questão pós-Guerra Fria – onde está a ameaça? – é, portanto, mal concebida. Em um mundo onde a paz e a segurança americana dependem do poder americano e da vontade de usá-lo, a principal ameaça que os Estados Unidos enfrentam agora e no futuro é sua própria fraqueza.[20]

O eco de Kissinger é claro: poder é fraqueza, a não ser que se queira usá-lo. Existe, porém, uma diferença sutil que vale a pena destacar. No passado, Kissinger tendia a focar em *nossas* ações como sendo o agente galvanizador: *nós* tínhamos que ter uma postura firme; *nós* tínhamos que agir furiosamente; *nós* precisávamos evitar a inação para provar que a ação era possível. Sua discussão sobre os perigos que os Estados Unidos enfrentavam tendia a ser abstrata, representada como desordem ou instabilidade. Ele nunca excitou o perigo para torná-lo uma ameaça primordial à existência da nação. Os militaristas pós-Guerra Fria, em contraste, enfatizaram a ameaça externa como o animador, um mal existencial que está à espreita além de nossa fronteira e cuja função parece ser nos lembrar de que o mal existencial está à espreita além de nossa fronteira. Foi o 11 de Setembro que conciliou essas duas posições.

A GUERRA DO IRAQUE E DEPOIS

Entre 1998 e o outono de 2001, a luta contra o Islã radical não estava no alto da lista de motivos pelos quais os neoconservadores diziam que precisávamos realizar uma mudança de regime no Iraque. Alguns invocavam a segurança nacional, insistindo que Saddam estava escondendo armas de destruição em massa. Outros diziam que o arranjo deixado ali pela Guerra do Golfo se tornara insustentável. Uma década lançando mísseis no Iraque, matando inocentes e impondo sanções punitivas havia desestabilizado a região, criado uma situação insustentável captada no comentário insensível da secretária de Estado Albright de que meio milhão de crianças iraquianas morrendo de fome era um preço que valera a pena pagar para conter Saddam.*
A política dos Estados Unidos para toda a região tinha que mudar,

---

* Em julho de 2003, o secretário da Defesa assistente, Paul Wolfowitz, um arquiteto da invasão do Iraque, explicou a Tim Russert, no *Meet the Press*, que a insustentabilidade da "contenção" foi o principal motivo da guerra – e não supostas ligações do Iraque com a al-Qaeda ou armas de destruição em massa: "Deixe-me dizer algumas coisas, Tim. As pessoas agem como se o custo de conter o Iraque fosse trivial. O custo de conter o Iraque foi enorme, 55 vidas americanas perdidas, pelo menos, em incidentes como o *Cole* e as Torres Kobar, que foram parte do esforço de contenção, bilhões de dólares do dinheiro americano gastos... E o pior de tudo, se você voltar e ler a notória fátua de Osama bin Laden, de 1998, em que ele defende matar americanos, as duas principais queixas eram a presença daquelas forças na Arábia Saudita e nossos ataques contínuos ao Iraque, doze anos de contenção foram um preço terrível para nós e para o povo iraquiano foram um preço inacreditável, Tim... E eu acho que uma das coisas que teriam vindo de esperar [para depor Saddam], francamente, seria mais instabilidade para os países-chave de nossa coalizão, incluindo países árabes."

mas, para isso acontecer, a região tinha primeiro que mudar. E para a região mudar, Saddam Hussein tinha que ir embora. A solução para o problema criado pela Guerra do Golfo seria uma segunda Guerra do Golfo.

Então, aconteceu o 11 de Setembro, produzindo, entre formuladores de política e formadores de opinião, um casamento perfeito de estratégia (o que fazer com o Oriente Médio) com sentimento (o estimulante que vem de confrontar uma ameaça existencial).*

Kissinger foi um defensor precoce de uma resposta militar ousada ao 11 de Setembro. Em 9 de agosto de 2002, ele endossou abertamente a política de "mudança de regime" no Iraque em sua coluna nos jornais, reconhecendo que uma política assim era "revolucionária". "A noção de prevenção justificada", escreveu ele, "vai contra a moderna lei internacional". Essa revolução é necessária, argumentou ele, por causa da novidade da "ameaça terrorista", que "transcende o Estado-nação". Mas, disse Kissinger, "há outro motivo, geralmente não declarado, para levar as questões com o Iraque a um ponto crítico": "demonstrar que um desafio terrorista ou um ataque sistêmico à ordem internacional também produz consequências catastróficas para os perpetradores, bem como para seus defensores".²¹ Os fatos de que os baathistas seculares eram os inimigos dos jihadistas islâmicos e de que o Iraque nem perpetrou o 11 de Setembro nem apoiou os perpetradores do 11 de Setembro não entraram na equação. Afinal de contas, estar "certo ou não é realmente secundário" à questão principal: estar disposto a fazer alguma coisa.

Menos de três semanas depois, em 26 de agosto de 2002, o vice-presidente Dick Cheney, que durante a Presidência de Ford deixara

---

* Não foram apenas os neoconservadores que acharam que o 11 de Setembro podia dar sentido aos Estados Unidos pós-Guerra Fria, como observa o teórico político Corey Robin. Para George Packer, a resposta patriótica dos Estados Unidos aos ataques despertou nele "prontidão, tristeza, determinação, até amor". Para David Brooks, o 11 de Setembro foi "um purificador, removendo um bocado da autoindulgência da década passada" (Corey Robin, *Fear: The History of a Political Idea* [2004], pp. 157-58).

Kissinger de fora repetidamente, expôs toda a sua defesa de porque os Estados Unidos tinham que invadir o Iraque, falando na Convenção Nacional dos Veteranos de Guerras no Exterior. "Como afirmou recentemente o ex-secretário de Estado Kissinger", disse Cheney, citando diretamente a coluna de Kissinger, há "um imperativo para a ação preventiva".[22]

A julgar por seus textos, os ataques ao World Trade Center e ao Pentágono revigoraram Kissinger, aproximando-o da posição dos neoconservadores de que uma ameaça externa poderia remover o principal obstáculo a uma política externa eficiente: uma opinião interna sem força de vontade. Ele se preocupava, porém, que a janela de oportunidade não permanecesse aberta por muito tempo. Aconselhou Bush a agir rápido "enquanto a lembrança do ataque aos Estados Unidos ainda está viva e as forças americanas destacadas estão disponíveis para apoiar a diplomacia".[23]

Kissinger anunciou que "o tempo é essencial", como sempre é nesses casos. Especificamente, em setembro de 2002, ele exortou a Casa Branca a dar seguimento a seu "sucesso" no Afeganistão, lançando o que chamou de "fase dois" de uma campanha antiterrorista global. A remoção de Saddam Hussein do poder seria apenas o início dessa fase. "A questão não é se o Iraque estava envolvido no ataque terrorista aos Estados Unidos", escreveu ele, removendo distrações. Em vez disso, disse ele, os Estados Unidos precisavam "devolver ao Iraque um papel responsável na região". Feito isso, os Estados Unidos precisavam partir para "a destruição da rede terrorista global". Kissinger identificou a Somália e o Iêmen como possíveis alvos.[24]

Kissinger, assim como fez ao defender as ações no Panamá e no Kuwait, evitou produzir argumentos morais ou idealistas para justificar o que estava agora antevendo como uma guerra global. Mas não havia maneira de lançar o tipo de resposta expansiva e sem fim que ele estava promovendo que não resultasse em uma inflação de justificativas. Relembre os "Keystone Kops" de George H. W. Bush tropeçando na promoção da democracia para validar a rápida invasão do Panamá, um país menor e relativamente irrelevante. O que começou como a execução de uma ordem de prisão contra Manuel Noriega evoluiu, em poucos meses, para o avanço como fogo de um "grande princípio", uma "ideia revolucionária". A mesma inflação ocorreu no Iraque em maior escala, especialmente depois que se descobriu que Saddam não estava de fato escondendo armas de destruição em massa.

∽

Em 2005, aproximadamente dois anos e meio após os Estados Unidos atacarem o Iraque, Michael Gerson, escritor de discursos de Bush, foi visitar Kissinger em Nova York.[25] Isso aconteceu depois de Fallujah e Abu Ghraib, depois dos massacres e torturas da Blackwater, depois de ficar claro que o verdadeiro beneficiário da invasão do Iraque pelos Estados Unidos seria o Irã revolucionário, depois das revelações sobre a adulteração de informações secretas e da manipulação da imprensa para neutralizar a oposição à invasão. Foi aquele momento estranho, surreal, em que o apoio público à guerra estava despencando e as justificativas de Bush para travar a guerra estavam se expandindo. A "responsabilidade" dos Estados Unidos, anunciara Bush mais cedo, naquele ano, em seu segundo discurso de posse, era "livrar o mundo do mal".

Gerson ajudara a escrever o discurso e perguntou a Kissinger o que ele achava deste. "De início eu fiquei horrorizado", disse Kissinger, mas depois ele passou a apreciá-lo por motivos instrumentais. "Depois de refletir", conforme Bob Woodward contou a conversa em *State of Denial*, Kissinger "agora achava que o discurso serviu a um propósito e foi uma manobra muito inteligente, pondo a guerra ao terror e a política externa dos Estados Unidos em geral no contexto dos valores americanos. Meios e fins. Fins e meios. Realismo para idealismo e de volta outra vez.

Kissinger, nesse encontro, deu a Gerson uma cópia de um memorando infame que ele escrevera para Nixon, em 1969, e lhe pediu para encaminhá-lo a Bush. "A retirada das tropas dos Estados Unidos se tornará [algo] como amendoim salgado para a opinião pública", advertira Kissinger a Nixon. "Quanto mais tropas dos Estados Unidos vierem para casa, mais serão exigidas." Não seja apanhado nessa armadilha, disse Kissinger a Gerson, porque depois de iniciada a retirada será "cada vez mais difícil manter o moral daqueles que permanecerem, sem falar em suas mães".

Kissinger em seguida rememorou o Vietnã, lembrando a Gerson que incentivos oferecidos por meio de negociações precisavam ser apoiados por ameaças verossímeis e que para as negociações serem eficientes as ameaças precisavam ser irrestritas. Ele contou sobre um dos muitos "grandes" ultimatos que deu aos norte-vietnamitas, advertindo sobre as "consequências terríveis" que eles enfrentariam se não fizessem as concessões necessárias para os Estados Unidos se retirarem do Vietnã com honra. Eles não fizeram.

"Eu não tive poder suficiente", disse Kissinger.

EPÍLOGO

KISSINGERISMO SEM KISSINGER

Homens se tornam mitos.
— Henry Kissinger, 1954

Henry Kissinger encerrou seu último livro, *Ordem mundial*, publicado em 2014, com uma nota de humildade. "Há muito tempo, quando eu era jovem", diz seu último parágrafo, "eu era arrogante o bastante para me julgar capaz de um dia emitir um juízo sobre 'O Significado da História'. Hoje sei que o significado da história é algo a ser descoberto, não declarado. É uma pergunta que devemos tentar responder da melhor maneira possível, reconhecendo o fato de que a questão permanecerá aberta ao debate." Elegíaca e vagamente arrependida, é uma coda evocativa para este livro – e para sua carreira. Kissinger está com 93 anos.

Mas Kissinger aqui está fingindo uma retratação de algo que, na verdade, está afirmando. Alguns leitores teriam reconhecido a alusão a sua tese de graduação; menos ainda saberiam da imersão do autor na metafísica alemã. Então, eles não teriam reconhecido que Kissinger estava descrevendo a si mesmo como tendo humildemente desenvolvido um agnosticismo, quando, na verdade, ele tem sido agnóstico em relação ao sentido da história pelo menos desde seus vinte e poucos anos. O argumento norteador de sua tese era exatamente insistir que o sentido da história não era para ser "declarado", mas para ser "descoberto", e que nossa liberdade como seres conscientes depende do reconhecimento de que a história não tem nenhum sentido predeterminado, um reconhecimento que, por sua vez, nos permite cavar mais espaço de manobra, só um pouquinho mais de liberdade. "O enigma do tempo se abre para o Homem não para ser classificado como uma categoria da Razão, como Kant tentou", escreveu ele na juventude e parece ainda acreditar na velhice. "O tempo representa uma denotação de algo inconcebível. Expressa-se no eterno tornar-se." "A história revela um desdobramento majestoso", e o único sentido que ela mantém é o sentido "inerente à natureza de nosso questionamento", as perguntas que nós, em nossa solidão, fazemos ao passado.

Kissinger aqui, apesar de sua nota final lastimosa, não está oferecendo uma apologia outonal. O livro não admite nenhum erro e não reivindica nenhuma responsabilidade de sua parte por incentivar o país a invadir o Iraque. Ele minimiza seu papel como consultor informal de George W. Bush e da equipe de política externa de Bush, omitindo que se encontrava regularmente com Dick Cheney e que, em 2005, escreveu que a "vitória sobre a insurgência é a única estratégia de saída que faz sentido".[1] Não há nenhuma discussão sobre os efeitos de longo prazo de suas políticas para o Oriente Médio: unir Washington a Riad; seu estímulo ao serviço secreto paquistanês, que por sua vez cultivou a jihad; seu jogo com o Iraque e os curdos; e depois, como cidadão privado, após a queda do xá, sua animação de torcida enquanto iranianos e iraquianos massacravam uns aos outros.

Kissinger é persistente no fato de que não se deve olhar a história para encontrar as causas dos problemas presentes ou as origens das consequências não intencionais. Informações demais sobre o passado tendem a resultar em paralisia. Como disse recentemente o embaixador linha-dura de Bush na ONU, John Bolton, decisões do passado são "irrelevantes para as circunstâncias que enfrentamos agora". O que é relevante é como agimos para conter a ameaça atual. "Se gastarmos nosso tempo debatendo o que aconteceu onze ou doze anos atrás", insiste Dick Cheney, "deixaremos de ver a ameaça que está crescendo e que temos de enfrentar". "Eu não falarei sobre o passado", disse Jeb Bush quando lhe perguntaram se abordaria a política externa de seu irmão caso disputasse a Presidência. "Falarei sobre o futuro." Nunca deixe que as catástrofes de ontem se ponham no caminho das ações de amanhã. Em vez de aprender com o passado para entender o presente, Kissinger ainda vê a principal função da história como um caminho para imaginar o futuro: talvez alguma combinação da Paz de Vestfália, em 1648, com o Congresso de Viena, em 1815, sugere ele, fosse um bom modelo de fusão para conter o Islã e equilibrar o poder entre aliados competitivos. "Palavras de sabedoria", disse Nicholas Burns, ex-diplomata, ex-funcionário de Bush e hoje professor em Harvard.

A reputação de Kissinger, desde que ele deixou o poder, em 1977, tem tido seus altos e baixos. O início dos anos 1990 foi bom, quando Bill Clinton, um democrata, adotou-o. Os dois tinham suas diferenças em política militar, mas concordavam em economia, em particular, na necessidade de obter a aprovação do Acordo Norte-Americano de Livre Comércio que Kissinger, extraoficialmente, ajudou a negociar.[2] O ex-estadista, escreve o economista Jeff Faux, foi "o perfeito tutor para um novo presidente democrata tentando convencer os republicanos e seus aliados em negócios de que eles podiam contar com ele para defender a visão de Reagan".[3] Porém, mais tarde naquela década, a morte de Pol Pot e a prisão de Pinochet, em Londres, remexeram velhos fantasmas, lembrando ao público as ações de Kissinger no Camboja e no Chile. Pouco depois, Christopher Hitchens publicou um best-seller acusando Kissinger e pedindo que ele fosse processado como criminoso de guerra.

O 11 de Setembro aproximou Kissinger do governo de George W. Bush. Ele chegou a ser indicado por Bush para presidir a investigação oficial dos ataques. Mas várias viúvas do 11 de Setembro suspeitavam dos negócios da Kissinger Associates com o reino do Golfo, acreditando que a Arábia Saudita fosse uma patrocinadora da al-Qaeda. Kissinger se reuniu com uma delegação de viúvas por cortesia, mas ficou "espantado" quando elas insistiram para que ele revelasse os nomes de seus clientes, de acordo com uma das viúvas presentes ao encontro. "Ele pareceu abalado e ficou titubeante", derramando café, o que atribuiu a um olho deficiente.[4] (A "lista de clientes" de Kissinger se tornou um dos documentos mais procurados em Washington a partir de 1989, quando o senador Jesse Helms exigiu, sem êxito, vê-la antes de considerar as confirmações de Brent Scowcroft como presidente do CSN e Lawrence Eagleburger como subsecretário de Estado. "Nós podemos dar uma olhada [na lista] na sala de segurança no quarto andar do Capitólio", disse Helms, em vão.)[5] Um dia depois de se encontrar com as viúvas, Kissinger renunciou à comissão.

Em 2004, um juiz federal rejeitou, por motivos jurisdicionais, uma ação aberta contra ele pela família de um oficial militar chileno morto em uma tentativa de sequestro que Kissinger ajudou a organizar. A reputação pública de Kissinger, mais uma vez, foi abalada.[6] Ainda há rumores de que ele não pode viajar para esse ou aquele país pelo temor de ser preso, mas com a morte de Hitchens, em 2011, Kissinger sobreviveu a um de seus críticos mais implacáveis.

Mais recentemente, uma análise de *Ordem mundial* por Hillary Clinton, no *Washington Post*, deve tê-lo deixado satisfeito. Quando era estudante de direito em Yale, no semestre de primavera de 1970 (um ano antes de conhecer Bill Clinton), Hillary Rodham esteve no centro do que ela chamou de "a loucura Yale-Camboja", uma série de protestos iniciada por causa do julgamento dos "Nove de New Haven", dos Panteras Negras, mas intensificada quando Nixon, em 30 de abril, anunciou a invasão do Camboja. Em 1º de maio, um dia após o discurso de Nixon, relembra um artigo de 2006 na *Yale Alumni Magazine*, "bandeiras dos vietcongues encheram o ar; máscaras de gás foram distribuídas. Faixas estendidas e palavras de ordem improvisadas abundavam: 'Aja agora!', 'Acabe com o imperialismo dos Estados Unidos no mundo!'"[7]

O que quer que possa ter sentido em relação à guerra de Kissinger no Camboja, Hillary Clinton fez as pazes com isso. Em sua análise, ela admitiu que "Kissinger é um amigo", que ela "contou com seus conselhos" e que ele "fazia contato comigo regularmente, compartilhando observações astutas sobre líderes estrangeiros e me enviando relatos por escrito sobre suas viagens". O "famoso realista", disse ela, "soa surpreendentemente idealista". A visão de Kissinger é a visão dela: "justa e liberal."[8]

~

Nenhum ex-assessor de segurança nacional ou ex-secretário de Estado anterior exerceu tanta influência após deixar o poder quanto Kissinger e não apenas com defesas em prol de exibições de força militar cada vez mais espetaculares. Em especial, depois de os partidários de Reagan abrirem mão da Casa Branca para George H. W. Bush, que nomeou muitos aliados próximos de Kissinger para cargos altos na política externa, Kissinger, por meio da Kissinger Associates, tornou-se um agente intermediário de poder global. Ao longo dos anos 1980 e 1990, ele atuou como emissário oculto à China, almoçou com o presidente do México para conseguir que o Nafta avançasse, pôs "isolacionistas" como Jeane Kirkpatrick contra a parede para obter apoio ao internacionalismo neoconservador e prestou consultoria a governos latino-americanos sobre a melhor maneira de privatizarem suas indústrias.

Detratores criticaram Kissinger por ter usado, como consultor privado, os contatos que fez como funcionário do governo. Outros disseram que seu trabalho de consultoria é um conflito de interesse com sua influência como formador de opinião (Kissinger não apenas aparecia regularmente em programas de TV até recentemente, como participava de conselhos de grandes corporações de notícias).[9] Outra crítica é que a Kissinger Associates lucrou com as consequências das políticas externas de Kissinger. Em 1975, por exemplo, Kissinger, como secretário de Estado, trabalhou com a Union Carbide para montar uma fábrica de produtos químicos em Bhopal, Índia, trabalhando com o governo indiano e ajudando a assegurar um empréstimo do Export-Import Bank of the United States para cobrir grande parte da construção da fábrica.[10] Mais tarde, após o desastre de vazamento químico na fábrica, em 1989, a Kissinger Associates representou a Union Carbide, ajudando a intermediar, em 1989, um acordo extrajudicial de US$ 470 milhões para as vítimas do vazamento. O pagamento foi amplamente condenado como irrisório diante da dimensão do desastre.[11] O vazamento causou quase 4 mil mortes imediatas e expôs outro meio meio milhão de pessoas a gases tóxicos. Na América Latina e no Leste Europeu, a Kissinger Associates também lucrou com o que um de seus consultores chamou de "venda maciça" de serviços públicos e indústrias, uma liquidação que em muitos países foi iniciada por ditadores e regimes militares apoiados por Kissinger.[12]

E, depois, há o estranho papel que Kissinger continua a exercer no debate sobre a política externa deste país, com intelectuais da guerra e jornalistas regularmente escrevendo ensaios reconsiderando seu legado e receitando um tônico neokissingeriano para os problemas de hoje, embora eles tenham dificuldade de definir como exatamente seria uma política assim. Com frequência, o kissingerismo é definido em termos negativos. Não é o aventureirismo imprudente dos neoconservadores (embora, como tentei mostrar, na verdade seja). E não é a hipercorreção pragmática de Barack Obama, uma política externa que confunde poder com propósito (embora, de novo, Kissinger tenha feito exatamente isso). O fato de ser tão difícil definir com precisão o kissingerismo é, penso eu, um efeito do kissingerismo, da reabilitação, por Kissinger, do Estado de segurança nacional e do militarismo implacável que o acompanha. Guerras constantes e intermináveis – sejam elas lutadas com o fanatismo dos neoconservadores ou a eficiência do tipo drone de Obama – têm feito mais do que tornar grosseiros o pensamento e a moralidade. Têm causado um "colapso semântico", uma dissociação de palavras e coisas, crença e ação, em que éticas são desamarradas de suas bases e abstrações são transmutadas em seus opostos: na análise de Hillary sobre o último livro de Kissinger, "idealistas" são "realistas" e todo mundo é "liberal" – e Henry Kissinger é o nosso avatar.

Nesse momento de sua vida, porém, Kissinger é tanto pura influência quanto um intermediador de poder. Os gestos que Hillary mencionou em sua análise – eu conto com seus conselhos; ele faz contato comigo e me dá relatos de suas viagens – são cerimoniais, visam a dar peso.* Kissinger se tornou o efeito demonstrativo, qualquer que tenha sido a substância erodida pela constante confusão de fins e meios, a dinâmica de poder para criar propósito e o propósito definido como a capacidade de projetar poder. Continuam a se acumular evidências de que sua diplomacia foi, em seus próprios termos, um fracasso; continuam a ser divulgados telegramas que mostram sua frieza diante de – e com frequência sua cumplicidade com – atrocidades em massa. "Atiçados pela descoberta de algum erro factual", escreveu o historiador Stuart Hugues sobre os críticos de Oswald Spengler, "eles correram para encontrá-lo em um campo de batalha

---

* Hoje é um ritual na nossa classe política procurar Kissinger e se envolver em algum tipo de gozação pública com ele, como fez recentemente Samantha Power, embaixadora de Barack Obama nas Nações Unidas, quando os dois diplomatas foram a um jogo dos Yankees juntos. Power, autora de um livro ganhador do prêmio Pulitzer, *A Problem from Hell*, que lhe deu uma reputação de feroz opositora do genocídio, perguntou, brincando, a Kissinger por que ele se tornou um torcedor dos Yankees. "Foi para manter uma perspectiva realista do mundo? Era ali que as vitórias eram prováveis?" Power continuou, referindo-se a si mesma: "O defensor de direitos humanos se apaixona, é claro, pelo Red Sox, pelos oprimidos, as pessoas que não conseguem vencer a World Series". "Agora nós somos os oprimidos", respondeu Kissinger, um homem envolvido em três dos genocídios – Camboja, Bangladesh e Timor Leste – sobre os quais Power escreveu.

onde ele nunca teve a menor intenção de dar as caras." Kissinger também goza de uma espécie de imunidade spengleriana. Nem fato, nem razão, nem todos aqueles documentos liberados revelando atos sórdidos de um tipo ou de outro podem tocá-lo. Apenas quatro dias depois de escrever sua coluna de agosto de 2002, exortando Bush a realizar rapidamente uma "ação preventiva" para produzir uma "mudança de regime" no Iraque, o *Times* o citou como um realista impertinente para os sonhos dos neoconservadores de derrubar Saddam, em um artigo intitulado "Top Republicans Break with Bush on War Strategy" [Principais republicanos rompem com Bush em estratégia de guerra].[13] Kissinger, ao que parece, pode simultaneamente ser ele próprio e sua negação. Fala de unidade de opostos.

Nem tudo é espetáculo, porém. Há alguns repórteres céticos que, de vez em quando, furam a fachada, geralmente trazendo à baila o Chile ou o Camboja. Um deles é Todd Zwillich, que, em 2014, fez uma entrevista de uma hora com Kissinger para *The Takeaway*, da NPR. Kissinger estava basicamente no piloto automático durante a primeira metade da discussão, dando suas opiniões sobre as áreas de conflito no mundo. Mas foi apanhado desprevenido quando Zwillich se referiu ao golpe no Chile, em 1973. O ex-secretário de Estado tentou se desviar: "Deixe-me dizer uma coisa a você aqui – este é um assunto sobre o qual nossa audiência possivelmente não sabe muito. Isso aconteceu há mais de quarenta anos." "Com todo o respeito a você", disse Kissinger a Zwillich, "não é um assunto apropriado." Mas o anfitrião continuou insistindo na pergunta, levando Kissinger a citar os esforços de Obama para derrubar Assad na Síria e sua expulsão de Kadafi na Líbia para validar suas ações no Chile.

Então Zwillich mencionou o Camboja.

"Camboja!", gritou Kissinger, mais desesperado do que bravo.[14] Ele prosseguiu repetindo os mesmos argumentos – as áreas bombardeadas eram em sua maioria inabitadas; foi o Vietnã do Norte quem violou primeiro a soberania do Camboja; os Estados Unidos tinham o direito de se defender – que apresentava há anos. Mas, dessa vez, acrescentou algo novo. Ele justificou o Camboja mencionando os ataques de drones de Obama. "A atual administração", disse ele, "está fazendo isso no Paquistão, na Somália."

Aqui, então, está uma expressão perfeita do círculo ininterrupto do militarismo americano. Kissinger está invocando as guerras intermináveis, ilimitadas, de hoje para justificar o que ele fez no Camboja e no Chile (e em outros lugares) há quase meio século. Mas o que ele fez há quase meio século criou as condições para as guerras intermináveis de hoje.*

Não é tanto que a justificativa de Kissinger para bombardear o Camboja tenha aberto precedentes jurídicos usados por advogados do governo para sancionar a campanha de contrainsurgência global de hoje e os ataques de drones. Antes, assim como agora, as argumentações legais são com frequência fixadas depois do fato. É mais porque, ao realizar um ataque assim e sair impune, Kissinger forneceu um amplo conjunto de argumentos *políticos* eficazes para justificar guerras: quando chamado pelo Congresso ou pelo público a responder por suas ações, ele invocou o direito de autodefesa, a eficiência de suas políticas ("exceto" por ser ilegal, perguntou ele à Comissão Pike em 1975, "não há nada de errado com minha operação?") e a necessidade de destacar uma força militar suficiente para estabelecer credibilidade e alcançar nossos objetivos políticos.

---

* Tecnicamente, de acordo com Chase Madar, advogado e especialista em direito internacional, os ataques de drones no Paquistão, no Iêmen e na Somália (bem como todas as muitas batalhas da contrainsurgência global sem limite determinado) são amplamente justificadas pela Autorização para Uso de Força Militar (AUMF), aprovada pela Câmara e pelo Senado em 14 de setembro de 2001. Os ataques de drones no Afeganistão têm uma argumentação legal levemente diferente, encontrada tanto na AUMF quanto no artigo 51 da Carta da ONU, que dá às nações o direito de "autodefesa". Notadamente, este é um artigo da ONU cuja invocação pelo secretário de Estado George Shultz para justificar o bombardeio da Líbia, em 1986, em retaliação ao atentado na boate em Berlim, definiu o mundo inteiro como território dos Estados Unidos. Mais recentemente, Barack Obama pediu ao Congresso uma nova autorização para o uso de força militar para combater o Estado Islâmico, um pedido que deixaria em vigor, sem alteração, a AUMF de 2001.

Talvez o argumento mais influente que Kissinger produziu para validar sua guerra no Camboja tenha sido a necessidade de destruir "santuários" do inimigo. Repetidamente, estivesse ele no poder ou não, Kissinger insistiu que os bombardeios e as incursões além da fronteira eram necessários para proteger vidas americanas (muitas vezes, ao fazer isso, exagerando muito o número de soldados americanos mortos: "Quinhentos americanos por semana", disse ele em 1991).[15] Esse argumento estava fora do sistema do direito internacional, em 1970, tanto que levou ao rompimento público de Thomas Schelling com Kissinger. Hoje, não é questionado. O objetivo de negar um "porto seguro" aos terroristas, escrevem Micah Zenko e Amelia Mae Wolf em *Foreign Policy*, "é a premissa para a guerra no Afeganistão e para a expansão das operações de drones no Paquistão, no Iêmen e na Somália. Mais recentemente, sublinhou a argumentação para iniciar uma guerra sem fim determinado para degradar e destruir o Estado Islâmico".[16] Assim como fez no Sudeste Asiático, a premissa mais mistifica do que esclarece, desviando a atenção do fato de que um militarismo agressivo assim com frequência piora o problema – enquanto transforma o mundo inteiro em um campo de batalha. Quatorze anos, e aumentando, a um custo de quatro trilhões de dólares, e crescendo, a guerra global ao terror tem agido como um acelerador, deixando para trás uma série de Estados fracassados ou fracassando (entre os quais o Iraque e a Líbia) e pegando uma organização, a al-Qaeda, que em sua maior parte estava restrita ao Afeganistão e transformando sua causa em um perigo no mundo inteiro.

Não importa. "Se você ameaçar os Estados Unidos, não encontrará nenhum porto seguro", disse Barack Obama, concedendo a Kissinger sua absolvição retroativa: Obama faz isso.

~

Há um comentário de Hannah Arendt em *Origens do totalitarismo* em que ela descreve os administradores do Império Britânico como "monstros de presunção no sucesso e monstros de modéstia no fracasso". Arendt está se referindo especialmente aos oficiais mais altos do império, a um novo tipo de imperialista que veio a surgir com o sistema imperial. Diferentemente de formas mais antigas de conquista, a expansão europeia a partir do fim do século XIX "não era motivada pelo apetite específico por um país específico, mas sim concebida como processo infindável no qual cada país serviria de degrau para expansões futuras". Os vícios e virtudes particulares desses administradores pouco importavam, porque "uma vez mergulhado no turbilhão de um processo expansionista sem limites, [o homem] cessa, por assim dizer, de ser o que era e obedece às leis do processo, identifica-se com forças anônimas a que deve servir para manter o processo em andamento, concebe a si próprio como mera função e chega a ver nessa função, nessa encarnação da tendência dinâmica, a sua mais alta realização".[17]

De certo modo, Kissinger alcançou uma fusão assim entre o eu e o sistema; sua ascendência pessoal se tornou indistinguível da restauração da Presidência imperialista; seu sucesso pessoal tão excepcional quanto a nação a que serviu. A combinação é tão completa que Kissinger não consegue imaginar as críticas às suas políticas como outra coisa além de críticas ao que ele pensa que os Estados Unidos devem ser. "Se quisermos unir os Estados Unidos na crise que enfrentamos", disse ele recentemente, "devemos parar de conduzir essas discussões como uma guerra civil", ou seja, parar de tentar considerar as autoridades públicas responsáveis pelas atitudes que elas tomam em nome da defesa nacional.

Arendt disse que os agentes imperiais que alcançaram essa hiper-identificação do eu com o sistema "tinham que estar perfeitamente dispostos a desaparecer no completo esquecimento em caso de fracasso, se por algum motivo deixassem de ser 'instrumentos de incomparável valor'", como o cônsul-geral de Londres no Cairo chamou os burocratas que executam uma "política do imperialismo". Raramente, porém, Kissinger precisou considerar esse destino. Durante um tempo, em 1970, depois da invasão do Camboja, Kissinger, brincando com as críticas que enfrentava de ex-colegas de Harvard, falou em deixar a Casa Branca e ingressar no corpo docente da Arizona State. Ele parecia resignado, disse um repórter, "a terminar sua carreira no magistério nos confins acadêmicos".[18] Mas Kissinger evoluiu e se adaptou, sobrevivendo às inquisições sobre o Camboja, a Watergate e à investigação da Comissão Church, sem jamais perder seu valor incomparável, especialmente quando se tratava de justificar guerras.

Longe de desaparecer no esquecimento, ele resiste. E depois que Kissinger se for, imagina-se que o kissingerismo resistirá também.

NOTAS

PRELÚDIO: SOBRE NÃO VER O MONSTRO

1. Fred Kaplan, *The Wizards of Armageddon* (1991), descreve a influência de Schelling sobre a estratégia no Vietnã.
2. Para a delegação de Harvard, ver "Friends Said 'No' to Kissinger", *Boston Globe*, 10 de maio de 1970; Michael Kinsley, "Eating Lunch at Henry's" em Charles Peters e Nicholas Lehman (orgs.), *Inside the System* (1979), p. 197; David Warsh, "Game Theory Suggests Quick Action on Green house Effect Is Remote", *Washington Post*, 13 de junho de 1990; "Cambodia Act Called 'Sickening'", *Hartford Courant*, 10 de maio de 1970; "Harvard Visit to Kissinger 'Painful'", *Boston Globe*, 9 de maio de 1970.

INTRODUÇÃO: UM OBITUÁRIO PREVISTO

1. A. J. Langguth, *Vietnam: The War, 1954–1975* (2000), p. 564.
2. Walter Isaacson, *Kissinger* (1992), p. 31; Robert Dallek, *Nixon and Kissinger: Partners in Power* (2007), p. 33.
3. Henry Kissinger, "The Meaning of History (Reflections on Spengler, Toynbee, and Kant)", tese avançada AB, Universidade de Harvard, 1950 (pertencente à Widener Library, Harvard; doravante citada como MH), p. 23.
4. O trabalho de conclusão de graduação de Kissinger foi escrito sob a orientação de William Yandell Elliott, que aplicava o pensamento kantiano à história diplomática. Mas, na época em que chegou a Harvard, Kissinger teve um envolvimento anterior com a filosofia continental, sob a tutela de Fritz Kraemer, um prussiano conservador e antinazista que ele conheceu quando era

um soldado da infantaria baseado em Camp Claiborne, Louisiana. Kraemer tinha vários diplomas acadêmicos, incluindo um da Universidade de Frankfurt datado de 1931, época em que Max Horkheimer, Theodor Adorno e outros teóricos sociais formaram o que é hoje conhecido como a Escola de Frankfurt. Leitores astutos reconhecerão claramente temas e argumentos com frequência associados à Escola de Frankfurt nos textos de Kissinger, e Kraemer pode ter sido uma ligação. "Nas décadas seguintes", disse Kissinger no funeral de seu orientador, em 2003, "Kraemer moldou minha leitura e meu pensamento, influenciou minha escolha de faculdade, despertou meu interesse por filosofia política e história, inspirou tanto minha tese de graduação quanto a de pós-graduação." Bruce Kuklick, em *Blind Oracles: Intellectuals and War from Kennan to Kissinger* (2006), observa que havia vários acadêmicos críticos do positivismo em Harvard na época em que Kissinger era universitário, incluindo Henry Sheffer e W. V. O. Quine.
5. Citado em Hanes Walton Jr., James Bernard Rosser Sr. e Robert Louis Stevenson, *The African Policy of Secretary of State Henry Kissinger* (2007), p. 16.
6. MH, pp. 326-327.
7. MH, p. 348.
8. MH, p. 9.
9. Para o uso de "tragédia", ver minha introdução à recente edição de William Appleman Williams, *The Contours of American History* (2011).
10. Frank Costigliola, *The Kennan Diaries* (2014), p. 541.
11. Henry Kissinger, "Peace, Legitimacy, and the Equilibrium (A Study of the Statesmanship of Castlereagh and Metternich)", tese de doutorado, Department of Government, Universidade de Harvard, 1954, publicado em 1957 como *A World Restored: Metternich, Castlereagh and the Problem of Peace, 1812-1822*. A citação encontra-se na p. 213.
12. Oriana Fallaci, *Interview with History* (1976), p. 44.
13. "The New Establishment", *Vanity Fair*, outubro de 1994.
14. Michael Glennon, *National Security and Double Government* (2014); Scott Horton, *Lords of Secrecy* (2005). Ver também Matthew Dickinson, *Bitter Harvest: FDR, Presidential Power and the Growth of the Presidential Branch* (1999); Douglas Stuart, *Creating the National Security State: A History of the Law that Transformed America* (2009); Garry Wills, *Bomb Power: The Modern Presidency and the National Security State* (2011); Harold Koh, *The National Security Constitution* (1990).
15. Morton Kondracke, "Leaning on the Left", *New York Times*, 15 de março de 1992.

16. Daniel Patrick Moynihan, num discurso ao Conselho Americano de Educação em 8 de outubro de 1970, parece ser o primeiro a usar a expressão "cultura adversária". Segundo ele, era algo "entranhado no ensino superior". Ele prosseguiu: "A propensão dos intelectuais a condenar nos anos 1960 o que eles ajudaram a formular nos anos 1950 só ajudou a aumentar a ruptura entre o público e a universidade." As precoces tentativas neoconservadoras de formular o conceito tenderam a enfatizar explicações psicológicas relacionadas à suavidade e à prosperidade da sociedade burguesa, em que jovens buscam "sentido" por meio de protestos. Ver Norman Podhoretz, "The Adversary Culture and the New Class", em B. Bruce-Biggs (org.), *The New Class?* (1979); Irving Kristol, "The Adversary Culture of Intellectuals", *Encounter*, outubro de 1979. Mais recentemente, Paul Hollander ressuscitou o conceito após o 11 de Setembro e ampliou a sua perspectiva: "Adeptos da cultura adversária podem ser encontrados em uma ampla variedade de contextos, organizações e grupos de interesse. Eles incluem acadêmicos pós-modernistas, feministas radicais, negros afrocentristas, ambientalistas radicais, ativistas de direitos dos animais, maoístas, trotskistas, teóricos legais críticos e outros. Eles costumam ter agendas políticas diferentes, mas compartilham certas convicções centrais e suposições-chave: todos são reflexiva e intensamente críticos dos Estados Unidos ou da sociedade americana e, cada vez mais, de todas as tradições e valores da cultura ocidental também. A sua crença mais importante é a de que a sociedade americana é profundamente defeituosa e peculiarmente repulsiva – injusta, corrupta, destrutiva, desumana, inautêntica e incapaz de satisfazer necessidades humanas básicas, evidentes. O sistema social americano deixou de cumprir sua promessa histórica original e, insistem eles, é inerente e inextirpavelmente sexista, racista e imperialista" ("The Resilience of the Adversary Culture", *National Interest* [2002]).
17. Kissinger, *For the Record* (1981), p. 124.
18. Entrevista à ABC News, 22 de junho de 2014. Disponível em http://www.realclearpolitics.com/video/2014/06/22/cheney_pay_attention_to_current_threat_cant_debate_what_happened_12_years_ago.html.
19. Camboja: Kissinger, *Ending the Vietnam War* (2003), p. 470; Chile: *Kissinger, Years of Upheaval* (1982), p. 383; os curdos: *Kissinger, Years of Renewal* (1999), pp. 576–596; Timor: transcrição do confronto de agosto de 1995 entre Kissinger e os jornalistas Amy Goodman e Allan Nairn; disponível em http://etan.org/news/kissinger/ask.htm.
20. "Faith, Certainty and the Presidency of George W. Bush," *New York Times*, 17 de outubro de 2004.
21. "Strains on the Alliance", *Foreign Affairs*, janeiro de 1963.

1: UMA PULSAÇÃO CÓSMICA

1. "The Salad Days of Henry Kissinger", *Harvard Crimson*, 21 de maio de 1971.
2. James Mann, *The Rise of the Vulcans* (2004), p. 77.
3. Todas as citações de Spengler são extraídas da tradução de 1926, por Charles Francis Atkinson, de *The Decline of the West*, doravante citado como DW. Esta frase é da p. 425.
4. DW, p. 17.
5. MH, p. 15.
6. MH, p. 17. Uma boa maneira de entender a influência que a crítica de Spengler ao positivismo teve sobre Kissinger é considerar um pequeno livro que o liberal Arthur Schlesinger publicou, em 1967, *The Bitter Heritage: Vietnam and American Democracy, 1941-1966* [No Brasil, *Vietnã: Herança trágica*], que explica o que desde então ficou conhecido como a "tese do atoleiro". Os Estados Unidos, disse Schlesinger, caíram no Vietnã por acidente; a guerra foi um "triunfo da política de inadvertência". "Nosso embaraço atual", argumentou ele, deriva não de uma "consideração deliberada", mas de "uma série de pequenas decisões", um passo errado após o outro, "até nos vermos presos hoje nesse pesadelo". Schlesinger não ofereceu nenhuma teoria de história que pudesse explicar essa distração, nenhuma forma de entender como, exatamente, a nação mais poderosa e próspera da história mundial, no auge de suas realizações e criatividade, pôde tropeçar como bêbada em um beco sem saída e acordar perdida nos campos de arroz do Sudeste Asiático, falindo a si própria em uma guerra invencível. Kissinger, diferentemente de Schlesinger, tinha uma teoria e a recebeu de Spengler: a guerra sem propósito é um sintoma de declínio da civilização, e a decadência começa de maneira imperceptível. Estados podem continuar a acumular e projetar poder, mas em algum momento de sua evolução, no auge de seu sucesso e complexidade, e em grande parte por causa desse sucesso e dessa complexidade, eles perdem um senso de autocompreensão.
7. A citação sobre as leis objetivas provém do trabalho clássico de Morgenthau, publicado em 1947, *Politics among Nations* [No Brasil, *A política entre as nações*]. O livro oferece uma definição simplificada daquilo em que os realistas políticos acreditam e que Morgenthau imediatamente qualifica.
8. H. Stuart Hughes, *Oswald Spengler* (1991), p. 70. John Farrenkopf, em seu livro sobre Spengler, *Prophet of Decline: Spengler on World History and Politics* (2001), p. 41, escreve: "Spengler critica a análise histórica de causa e efeito porque ela simplesmente nega que as culturas tenham a capacidade de

irromper como focos de criatividade cultural e de vitalidade intocadas e não derivadas. De acordo com a abordagem mecanicista, causal, 'tudo segue, nada é original.'"
9. Isaacson, *Kissinger*, p. 68, sugere equivocadamente que Kissinger evitou essa crítica à causalidade. Ele não a evitou, expressando variações dela ao longo de sua carreira, conforme veremos.
10. Henry Kissinger, *White House Years* (2011), p. 56.
11. MH, pp. 13-14; p. 75; p. 102; p. 105; p. 194; para as citações sobre causalidade e militarismo.
12. Para esses dois memorandos, ver os William Y. Elliott Papers nos Arquivos da Hoover Institution, caixa 28.
13. Sigmund Diamond, *Compromised Campus: The Collaboration of Universities with the Intelligence Community, 1945-1955* (1992), p. 140. A maioria dos biógrafos de Kissinger, quando discute seu mentor em Harvard, William Elliott, foca seu "exibicionismo", dando pouca importância a suas ligações estreitas com agências de inteligência internas e nacionais e sua defesa obstinada em prol da vigilância interna. O capítulo "Kissinger and Elliot" de Diamond faz um bom trabalho (baseado em documentos liberados do governo dos Estados Unidos) ao investigar o complicado vínculo entre Harvard Yard e Langley, no centro do qual estava Elliot, um empenhado combatente da Guerra Fria que sugeriu (num artigo de 1958 dedicado a J. Edgar Hoover) que uma "Mesa Redonda Atlântica pela Liberdade", baseada na "Mesa Redonda da lenda arturiana" que apoiava "o Ocidente contra os hunos e muçulmanos", fosse estabelecida, composta por "dez Companheiros de destaque" ou "Cavaleiros" modernos.
14. Entre os mais interessantes desses artigos iniciais estão: "American Policy and Preventive War", *Yale Review* (1955); "Military Policy and Defense of the 'Grey Areas'", *Foreign Affairs* (1955); "Force and Diplomacy in the Nuclear Age", *Foreign Affairs* (1956); "Reflections on American Diplomacy", *Foreign Affairs* (1956); "Controls, Inspection and Limited War", *Reporter* (1957); "Missiles and the Western Alliance", *Foreign Affairs* (1958); "The Policymaker and the Intellectual", *Reporter* (1959); "As Urgent as the Moscow Threat", *New York Times Magazine* (1959); e "The Search for Stability", *Foreign Affairs* (1959).
15. Kissinger, "Military Policy and Defense of the 'Grey Areas'".
16. Henry Kissinger, *Nuclear Weapons and Foreign Policy* (1957), p. 190.
17. A expressão "áreas cinza" como referência às nações fora da Europa foi usada pela primeira vez pelo secretário da Força Aérea Thomas Finletter, em fevereiro de 1951. A expressão foi expandida mais tarde no seu livro *Power and*

Policy, de 1954. Curiosamente, nos memorandos de 1951 citados acima, Kissinger criticou o conceito, associando-o à tendência de Washington, evidenciada na Coreia, de permitir que os soviéticos ditassem onde e quando lutariam. Mas a evolução de Kissinger para se tornar um estrategista nuclear e sua defesa da guerra nuclear limitada e tática permitiu-lhe adotar a ideia de lutar em "áreas cinza": se Washington apoiasse suas forças convencionais com uma ameaça convincente de poder nuclear quando lutassem, digamos, na Indochina, então eles não estariam necessariamente cedendo a vantagem para Moscou.

18. Kissinger, "Force and Diplomacy in the Nuclear Age".
19. Kissinger, *Nuclear Weapons and Foreign Policy*, p. 7.
20. Kissinger, "Peace, Legitimacy, and the Equilibrium", p. 7.
21. Kissinger, *Nuclear Weapons and Foreign Policy*, p. 236; p. 249.
22. Henry Kissinger, *Necessity for Choice* (1961), p. 15.
23. James e Diane Dornan, "The Works of Henry A. Kissinger", *Political Science Reviewer* (outono de 1975), p. 99.
24. Arthur Schlesinger Jr., Journals: 1952–2000 (2007), p. 84.
25. "Reflections on Cuba", *Reporter*, 22 de novembro de 1962, p. 21.
26. "Strains on the Alliance", *Foreign Affairs*.
27. Ellsberg, *Secrets: A Memoir of Vietnam and the Pentagon Papers* (2003), p. 229.
28. De acordo com Ellsberg, Kissinger, em 1967, estava expressando, em conferências acadêmicas e conversas particulares, "um ponto de vista que estava bem à frente dos de outras figuras políticas importantes naquele momento". O "único objetivo" de Washington seria assegurar um "intervalo decente" entre a retirada dos Estados Unidos do Vietnã do Sul e a completa ocupação do país por tropas do Norte (*Secrets*, p. 229). Ver William Safire, *Before the Fall* (1975), p. 160, para a citação.
29. "Educators Back Vietnam Policy" *New York Times*, 10 de dezembro de 1965.
30. "Harvard Debates Oxford on Vietnam", *New York Times*, 22 de dezembro de 1965.
31. Robert Shrum, *No Excuses* (2007), p. 15.

2: FINS E MEIOS

1. MH, p. 321.
2. Isaacson, *Kissinger*, p. 76.
3. Para a transcrição, ver os documentos de William Y. Elliott nos Arquivos da Hoover Institution, caixa 55.

4. Halberstam, "The New Establishment". Para a citação na nota de rodapé, ver MH, pp. 13-14.
5. A história foi contada em detalhes pela primeira vez por Hersh, em *The Price of Power*, tendo sido conferida por Richard Allen e confirmada, de passagem, pelo próprio Kissinger (ver citações mais adiante no capítulo). A biografia de Walter Isaacson, *Kissinger*, sustenta cada detalhe de Hersh, mas sugere que "o que Kissinger forneceu não foi espionagem séria", mas uma "disposição para passar adiante histórias e fofocas". Essa afirmação de maneira nenhuma contradiz a descrição de eventos feita por Hersh. Ver também Ken Hughes, *Chasing Shadows: The Nixon Tapes, the Chennault Affair, and the Origins of Watergate* (2014), em especial n. 7, pp. 175-177, que oferece evidências adicionais e confirma o envolvimento de Kissinger.
6. Marvin Kalb e Bernard Kalb, *Kissinger* (1973), pp. 15-16.
7. Kalb e Kalb, *Kissinger*, p. 18.
8. Isaacson, *Kissinger*, p. 127.
9. Hersh, *Price of Power*, p. 14.
10. "The American Experience in Southeast Asia: Historical Conference", 29 de setembro de 2010; transcrição disponível em: http://www.state.gov/p/eap/rls/rm/2010/09/148410.htm.
11. Isaacson, *Kissinger*, p. 133.
12. Isaacson, *Kissinger*, p. 131.
13. Ibid.
14. Entrevista com Richard Allen, Ronald Reagan Oral History Project, Miller Center, Universidade da Virgínia, 28 de maio de 2002; disponível em http://millercenter.org/president/reagan/oralhistory/richard-allen.
15. Hersh, *Price of Power*, p. 21.
16. Hughes, *Chasing Shadows*, p. 46.
17. Hughes, *Chasing Shadows*, p. 47.
18. http://whitehousetapes.net/transcript/nixon/525-001; Ken Hughes, "LBJ Thought Nixon Committed Treason", History News Network, 15 de junho de 2012; e Robert Parry, "The Dark Continuum of Watergate", 12 de junho de 2012; http://consortiumnews.com/2012/06/12/the-dark-continuum-of-watergate/.
19. *FRUS: Soviet Union*, outubro de 1971–maio de 1972, v. 14, doc.126, p. 446.
20. "Henry Kissinger & the Nixon-Chennault-Thieu Cabal of 1968", H-Diplo Discussion, 19 de abril de 2011; http://h-net.msu.edu/cgi-bin/logbrowse.pl?trx=vx&list=h-diplo&month=1104&week=c&msg=v18g74TLByTCI2MqcwPN%2bQ&user=&pw=.
21. Kissinger, *A World Restored*, p. 326.

22. Kissinger, "Reflections on American Diplomacy", p. 39.
23. Kissinger, *A World Restored*, p. 327.
24. In Isaacson, *Kissinger*, p. 132.
25. *Nixon: The Triumph of a Politician, 1962-1972* (1989), p. 231.

3: KISSINGER SORRIU

1. H. R. Haldeman, *The Ends of Power* (1978), p. 83.
2. *Foreign Relations of the United States*, 1969-1976, v. 6, Vietnã, janeiro de 1969-julho de 1970 (2006), p. 96.
3. Citado em Barbara Zanchetta, *The Transformation of American International Power in the 1970s* (2013), p. 32.
4. Kalb e Kalb, *Kissinger*, em especial o capítulo 5, "Henry's Wonderful Machine", ainda é uma das melhores discussões sobre a transformação do CSN sob o comando de Kissinger e Nixon. Ver p. 80 para a citação. Também Hersh, no capítulo 2 de *Price of Power*, "A New NSC System", descreve a transformação. Os Kalb e Hersh também estão entre as fontes mais úteis para a briga interna burocrática e os conflitos de personalidade envolvidos na transformação.
5. Safire, *Before the Fall*, p. 190.
6. Kalb e Kalb, *Kissinger*, p. 91.
7. Hersh, *Price of Power*, p. 87.
8. William Shawcross, *Sideshow: Kissinger, Nixon, and the Destruction of Cambodia* (1979), p. 271.
9. "Kissinger Tapes Describe Crises, War and Stark Photos of Abuse", *New York Times*, 27 de maio de 2004.
10. Hersh, *Price of Power*, p. 63.
11. H. R. Haldeman, *The Haldeman Diaries* (1994), p. 51.
12. Hersh, *Price of Power*, p. 121.
13. Bob Woodward e Carl Bernstein, *The Final Days* (1976), p. 191.
14. Shawcross, *Sideshow*, p. 29.
15. Joan Hoff, *Nixon Reconsidered* (1995), p. 219.
16. Kalb e Kalb, *Kissinger*, p. 156.
17. *Diplomacy* (1994), p. 704.
18. Isaacson, *Kissinger*, p. 275.
19. Schlesinger, *Journals*, p. 322.
20. Melvin Small, *The Presidency of Richard Nixon* (1999), p. 28.
21. *Cluster Munitions Monitor 2010*, p. 13.

22. http://www.japanfocus.org/-Ben-Kiernan/3380.
23. Ver "Bombs over Cambodia", *Walrus* (Toronto), outubro de 2006, pp. 62–69, e n. 38 de "Roots of U.S. Troubles in Afghanistan: Civilian Bombing Casualties and the Cambodian Precedent", Kiernan e Owen, *Asia-Pacific Journal*; disponível em http://www.japanfocus.org/-Ben-Kiernan/3380. Ver também os mapas encontrados na página da internet do Programa Genocídio Cambojano, da Universidade de Yale: http://www.yale.edu/cgp/us.html.
24. http://www.voanews.com/content/a-13-2009-02-02-voa34-68796482/411754.html.
25. Inspetores do Departamento de Estado determinaram que a desfoliação foi "causada pelo sobrevoo deliberado e direto de plantações de seringueira". Investigadores independentes, em consulta com autoridades dos Estados Unidos, incluindo o senador Frank Church, sugeriram que a CIA mirou nas plantações para desestabilizar o governo de Sihanouk. Ver Wells-Dang, "Agent Orange in Laos and Cambodia: The Documentary Evidence", em *Indochina News* (verão de 2002), disponível em http://www.ffrd.org/indochina/summer02news.html#ao. Ver também A. H. Westing, E. W. Pfeiffer, J. Lavorel e L. Matarasso, "Report on Herbicidal Damage by the United States in Southern Cambodia", 31 de dezembro de 1969, em Thomas Whiteside, *Defoliation* (1970), pp. 117–132; e Arthur H. Westing, "Herbicidal Damage to Cambodia", em J. B. Neilands et al., *Harvest of Death: Chemical Warfare in Vietnam and Cambodia* (1972), pp. 177–205.
26. Comunicação por e-mail, mas ver seu "The US Bombardment of Cambodia, 1969–1973", *Vietnam Generation 1* (inverno de 1989): 4–41, para os números.
27. Citado em Ellsberg, *Secrets*, p. 418.
28. http://legaciesofwar.org/resources/cluster-bomb-fact-sheet/; http://www.trust.org/item/20130829191627-4qtnw/?source=search; Jerry Redfern e Karen Coates, *Eternal Harvest: The Legacy of American Bombs in Laos* (2013).
29. Kissinger, "Peace, Legitimacy, and the Equilibrium", pp. 539–543, para as citações neste capítulo.
30. Ver Rick Perlstein, *The Invisible Bridge: The Fall of Nixon and the Rise of Reagan* (2014), p. 331; pp. 523–524.
31. "The American Experience in Southeast Asia: Historical Conference."
32. TelCon, Conversation between Henry Kissinger and Nick Thimmesch, 9 de abril de 1973.

4: ESTILO DE NIXON

1. "Conversation among President Nixon, the President's Assistant for National Security Affairs (Kissinger), and the Assistant to the President (Haldeman)", 17 de abril de 1971, *Foreign Relations of the United States, 1969-1976*, v. 32: SALT I, 1969-1972 (2010), p. 447.
2. Dale Van Atta, *With Honor: Melvin Laird in War, Peace, and Politics* (2008), p. 157.
3. Gerald S. Strober e Deborah Hart Strober, *Nixon: An Oral History of His Presidency* (1994), p. 172.
4. Strober and Strober, *Nixon*, p. 173.
5. Robert Dallek, *Nixon and Kissinger: Partners in Power* (2007), p. 262.
6. Miller Center, Universidade da Virgínia, Presidential Recordings Program, Conversation between Nixon, Kissinger, and Haldeman on Wednesday, 17 de novembro de 1971; disponível em http://whitehousetapes.net/transcript/nixon/620-008.
7. Miller Center, Universidade da Virgínia, Presidential Recordings Program, conversa entre Nixon e Goldwater, 10 de novembro de 1971; disponível em http://whitehousetapes.net/transcript/nixon/014-017.
8. Colin Dueck, *Hard Line: The Repubican Party and U.S. Foreign Policy since World War II* (2010), p. 160.
9. Haldeman, *The Ends of Power*, p. 94.
10. Derek Shearer, "An Evening With Henry Kissinger", *Nation*, 8 de março de 1971.
11. Schlesinger, *Journals*, p. 325.
12. Kalb e Kalb, *Kissinger*, p. 97.
13. MH, p. 102.
14. Douglas Brinkley e Luke A. Nichter, "Nixon Unbound", *Vanity Fair*, agosto de 2014.
15. Shearer, "An Evening With Henry Kissinger".
16. Jonathan Schell, *The Time of Illusion* (1976), p. 115.
17. Isaacson, *Kissinger*, p. 279.
18. *Haldeman Diaries*, p. 244.
19. Dallek, *Nixon and Kissinger*, p. 261.
20. Fredrik Logevall e Andrew Preston (orgs.), *Nixon in the World* (2008), p. 11.
21. John Day Tully, Matthew Masur e Brad Austin, *Understanding and Teaching the Vietnam War* (2013), p. 89.
22. *Haldeman Diaries*, p. 500.
23. Larry Berman, *No Peace, No Honor: Nixon, Kissinger, and Betrayal in Vietnam* (2001), p. 123.

24. *Haldeman Diaries*, p. 435.
25. Kissinger, *Ending the Vietnam War*, p. 254.
26. Berman, *No Peace*, p. 129.
27. "The American Experience in Southeast Asia: Historical Conference."
28. Berman, *No Peace*, p. 127.
29. Van Loi Lưu, Anh Vu Nguyen, *Le Duc Tho-Kissinger Negotiations in Paris* (1996), p. 230.
30. David Halberstam, "Letter to the Editor", *New York Magazine*, 17 de fevereiro de 1975.
31. Schlesinger, *Journals*, p. 362.
32. Ken Hughes, "The Paris 'Peace' Accords Were a Deadly Deception", 31 de janeiro de 2013, *History News Network*; disponível em http://historynewsnetwork.org/article/150424.
33. "The Cambodian Issue: President or King", *Washington Post*, 30 de março de 1973.
34. Berman, *No Peace*, pp. 8, 9 e 258, para esta citação e as seguintes.

5: ANTI-KISSINGER

1. Hersh, *Price of Power*, p. 127.
2. Para a "revolução de McNamara", ver James E. Hewes Jr., *From Root to McNamara: Army Organization and Administration*, Washington: Center of Military History (1975). Stephen Talbot, "The Day Henry Kissinger Cried", *Salon*, 5 de dezembro de 2002, conta sobre seu encontro com Kissinger e a reação de desdém de Kissinger a McNamara discutida na nota de rodapé; disponível em http://www.salon.com/2002/12/05/kissinger_3.
3. Para as opiniões de Sinton sobre o sistema de McNamara, ver sua história oral, citada acima.
4. Para as citações de Wheeler, Knight e Abrams, ver U.S. Congress, Senate Committee on Armed Services, *Bombing in Cambodia: Hearings, Ninety-Third Congress*, 1973, p. 15, 132–133 e 343.
5. Spengler, *DW*, p. 29.
6. Para um exemplo, ver Brooks Adams, *The Law of Civilization and Decay* (1895). Para análises, ver John Patrick Diggins, *The Promise of Pragmatism: Modernism and the Crisis of Knowledge and Authority* (1994); Arthur Herman, *The Idea of Decline in Western History* (1997); Jackson Lears, *No Place of Grace: Anti-Modernism and the Transformation of American Culture, 1880–1920* (1981).

7. Para dois influentes ensaios de Ellsberrg a partir dos anos 1950, ver "Theory of the Reluctant Duelist", *American Economic Review* (1956), e "Risk, Ambiguity, and the Savage Axioms", *Quarterly Journal of Economics* (1961).
8. MH, p. 36.
9. Ellsberg, *Secrets*, p. 237. Hersh, em *Price of Power*, e Kalb e Kalb, em *Kissinger*, também discutem essas pesquisas.
10. Kissinger, *White House Years*, p. 39.
11. Henry Kissinger, "Domestic Structure and Foreign Policy", *Daedalus* (primavera de 1966).
12. Ellsberg, *Secrets*, p. 347.
13. Michael A. Genovese, *The Watergate Crisis* (1999), p. 9.
14. Barbara Keys, "Henry Kissinger: The Emotional Statesman", *Diplomatic History* 35 (2011), pp. 587–609.
15. Isaacson, *Kissinger*, p. 328.
16. Além disso, Nixon e Haldeman nunca paravam de lembrar a Kissinger que ele era judeu e que "espiões" tendiam a ser judeus (como eles especulavam que Ellsberg poderia ser). Estudiosos sugeriram que Kissinger sentiu pressão para provar sua lealdade. Nixon: "Está bem. Eu quero olhar qualquer área sensível onde judeus estejam envolvidos. (...) Os judeus estão em todo o governo e temos que entrar nessas áreas. Temos que ter um homem encarregado que não seja judeu para controlar os judeus." Mais tarde, o episódio dos Papéis do Pentágono levou Kissinger a apreciar a lealdade dos afro-americanos: "Mas os negros, você já notou? Há poucos espiões negros."
17. Presidential Recordings Project, Miller Center, Universidade da Virgínia, conversa de Nixon, 17 de junho de 1971, 525-001; disponível em http://millercenter.org/presidentialrecordings/rmn-525-001.
18. "Haldeman Talks," *Newsweek*, 27 de fevereiro de 1978.
19. Ellsberg, *Secrets*, pp. 328–329.
20. Tim Weiner, *Enemies: A History of the FBI* (2013), p. 282.
21. Isaacson, *Kissinger*, p. 768.
22. Isaacson, *Kissinger*, pp. 580–581.

6: O OPOSTO DA UNIDADE

1. Kissinger, "Peace, Legitimacy, and the Equilibrium", p. 542.
2. Departamento de Estado dos Estados Unidos, Office of the Historian, memorando do assistente presidencial em assuntos de segurança nacional (Kissinger) para o presidente Ford, 12 de maio de 1975, documento 280;

disponível em: https://history.state.gov/historicaldocuments/frus1969-76 v10/d280.
3. Kissinger, *Years of Upheaval*, p. 46.
4. Para o que se segue, Departamento de Estado dos EUA, Office of the Historian, "Memorandum of a Conversation", Pequim, 12 de novembro de 1973, incluindo Mao Tsé-tung e Henry Kissinger, entre outros, documento 58; disponível em https://history.state.gov/historicaldocuments/frus1969-76 v18/d58.
5. Este ensaio da *New Yorker* foi introduzido nos registros do Senado durante as audiências deste para a confirmação de Kissinger como secretário de Estado. Ver *Hearings before the Committee on Foreign Relations, United States Senate...* (1973), pp. 306-307.
6. John Lewis Gaddis, *We Now Know: Rethinking Cold War History* (1997), p. 187.
7. O falecido Philip L. Geyelin, durante muito tempo observador de Kissinger no *Washington Post*, escreveu que, após oito anos no poder, Henry Kissinger "tinha muito pouco a mostrar por seus grandes projetos. Nenhuma administração de que se tem memória havia deixado para seus sucessores tamanho acúmulo de negócios inacabados no exterior: o Salt II, o Oriente Médio, o tratado do Canal do Panamá, o conflito greco-turco por Chipre, a metade mais difícil da 'abertura' para a China, uma Aliança Atlântica enfraquecendo por falta de atenção americana, um gigante adormecido de uma crise de energia internacional" (*The Atlantic Monthly*, fevereiro de 1980).
8. Departamento de Estado dos EUA, Office of the Historian, FRUS, n. 358, Telegram from State to Embassy in Philippines, 2 de dezembro de 1976; disponível em https://history.state.gov/historicaldocuments/frus1969-76 ve12/d358;
9. Para o sinal verde de Ford e Kissinger à invasão, ver a análise e os documentos liberados dos quais as citações são extraídas no Arquivo de Segurança Nacional, "East Timor Revisited: Ford, Kissinger and the Indonesian Invasion, 1975-1976"; disponível em http://www2.gwu.edu/~nsarchiv/NSAEBB/NSAEBB62/.
10. Gary Bass escreveu o relato definitivo sobre esse episódio em seu *The Blood Telegram: Nixon, Kissinger, and a Forgotten Genocide*, de 2013.
11. Thomas Borstelmann, *The Cold War and the Color Line* (2009), p. 228.
12. Para a política *"tar baby"*, ver Walton, Rosser e Stevenson, *African Policy of Secretary of State Kissinger*; Anthony Lake, *The Tar Baby Option: American Policy toward Southern Rhodesia* (1973); Ryan Irwin, *Gordian Knot: Apartheid and the Unmaking of the Liberal World Order* (2012).

13. Piero Gleijeses, *Conflicting Missions: Havana, Washington, Africa, 1959–1976* (2003), p. 353.
14. Ver também Shannon Rae Butler, "Into the Storm: American Covert Involvement in the Angolan Civil War, 1974–1975", dissertação de PhD, Departamento de História, Universidade do Arizona, 2008.
15. Gleijeses, *Conflicting Missions*, p. 355.
16. O Arquivo de Segurança Nacional disponibiliza muitos documentos de Angola em http://www2.gwu.edu/~nsarchiv/NSAEBB/NSAEBB67/.
17. Câmara dos Deputados dos Estados Unidos, Comissão de Relações Internacionais, Subcomissão para a África, *United States–Angolan Relations* (1978), p. 13.
18. John Stockwell, *In Search of Enemies* (1978). Ver também Butler, "Into the Storm".
19. Gleijeses, *Conflicting Missions*, p. 390.
20. Piero Gleijeses, *Visions of Freedom: Havana, Washington, Pretoria, and the Struggle for Southern Africa, 1976–1991* (2013), p. 281.
21. Gleijeses, *Visions of Freedom*, p. 10.
22. "Remarks at the Annual Dinner of the Conservative Political Action Conference", 30 de janeiro de 1986, em *The Public Papers of the Presidents of the United States: Ronald Reagan, 1986* (1988), p. 104–105.
23. "Memorandum of Conversation", 17 de dezembro de 1975, Paris, *Foreign Relations of the United States, 1969–1976*, v. 27 (2012), documento 302, p. 812.
24. Rashid Khalidi, *Brokers of Deceit: How the U.S. Has Undermined Peace in the Middle East* (2013), p. 2; Yaqub, "The Weight of Conquest: Henry Kissinger and the Arab-Israeli Conflict", em Logevall e Preston, *Nixon in the World*, p. 228.
25. Richard W. Cottam, *Iran and the United States* (1989), p. 150.
26. Para o veterano diplomata George Ball considerando Kissinger responsável pela revolução iraniana em 1979, ver Schlesinger, *Journals*, p. 458.
27. Andrew Scott Cooper, *The Oil Kings: How the U.S., Iran, and Saudi Arabia Changed the Balance of Power in the Middle East* (2011), p. 21.
28. O *Wall Street Journal* (em 25 de julho de 1974) reportou a estimativa da Hanover Trust de que "mais ou menos US$ 1 bilhão a US$ 1,5 bilhão de novos fundos de 'petrodólar' estão disponíveis para investimentos a cada semana" e "grande parte provavelmente seria absorvida por diversas ações governamentais, incluindo o investimento direto de fundos em títulos especiais do Tesouro dos Estados Unidos". "O Federal Reserve não adoraria", perguntou um economista, "receber todo o crédito do Congresso por uma queda nas

taxas de juros quando eram na verdade os árabes" que faziam isso bombeando o dinheiro que recebiam dos consumidores dos Estados Unidos de volta na economia? Em meados dos anos 1970, "nada menos que US$ 50 milhões a US$ 60 milhões [de depósitos iranianos] por dia passavam pelo Chase". Esse dinheiro era emprestado de volta ao Irã para financiar "grandes projetos industriais". O país, por sua vez, pagava juros ao Chase. A nova interface do petrodólar também refletia uma relação em mutação entre Washington e o mundo em desenvolvimento. O historiador Christopher Dietrich argumenta que Kissinger usou a crise de energia para responder ao nacionalismo econômico do Terceiro Mundo priorizando uma "visão de mercado livre de globalização, que minava visões mais amplas de justiça econômica internacional". Quando nacionalistas de países importadores de energia exigiram que os petrodólares fossem distribuídos por meio de uma instituição pública, como o Fundo Monetário Internacional, em uma espécie de Plano Marshall do Terceiro Mundo para capitalizar a produção industrial, Kissinger insistiu com êxito em reciclar a riqueza de petróleo por meio de mercados de capital e bancos de investimento privados. Kissinger argumentou que "brincar de política com a economia internacional era irracional e perigoso". Há uma ironia aí, porque justamente a sua "visão de mercado livre" deu origem às forças "irracionais e perigosas" que levariam ao ataque à *détente*. Nos Estados Unidos, o rápido aumento do custo de energia e o influxo de petrodólares fortaleceram extratores de recursos "independentes", que se tornariam um eleitorado econômico crucial da Nova Direita em rápido crescimento (como os irmãos Hunt no Texas ou os hoje mais conhecidos irmãos Koch). Eram "independentes" por não fazerem parte dos titãs corporativos do petróleo – Standard, Gulf, Texaco etc. – que dominavam a produção de energia e que, em grande parte, tinham se resignado à nacionalização da produção de petróleo em países como Líbia e Venezuela. "As empresas são burras o bastante para o socialismo", disse Kissinger, em 1975, sobre a disposição do sistema corporativo de trabalhar com a Opep. Mas essas corporações podem ter fornecido o lastro para a visão mais ampla de Kissinger sobre a estabilidade política global. Os "independentes", por outro lado, se uniriam a outros setores da Nova Direita por trás de Ronald Reagan para destruir a *détente* e se direcionar de novo para o Terceiro Mundo. Para a afirmação "burras o bastante" de Kissinger, ver Arquivos Nacionais, RG 59, Registros de Henry Kissinger, Caixa 10, Classified External Memoranda of Conversations, janeiro-abril de 1975, disponível em http://history.state.gov/historicaldocuments/frus1969-76v37/d39#fn1). Dietrich, "Oil Power and Economic Theology: The United States and the Third World in the Wake of the Energy

Crisis", *Diplomatic History*, a ser publicado (citação de correspondência pessoal com o autor). Para as citações e a discussão na nota de rodapé, ver Cooper, *The Oil Kings*, pp. 107; 127-134; 137; 139; 183; para o Irã pagando por pesquisa e desenvolvimento das forças dos EUA, ver Cooper, *The Oil Kings*, p. 147, que entrevistou o ex-secretário da Defesa Schlesinger. Daniel Sargent, *A Superpower Transformed: The Remaking of American Foreign Relations in the 1970s* (2015), pp. 138-140; 183-186; "In Oil Riches for Arabs, a Silver Lining", *New York Times*, 10 de março de 1974; Stephen Walt, *The Origins of Alliance* [2013], p. 127. Para o plano de "preço de petróleo mínimo", ver "Compromise Seen on Kissinger Oil Floor Price Plan Cook", *Los Angeles Times*, 7 de fevereiro de 1975; "Kissinger Presents Oil Plan to Faisal", *Baltimore Sun*, 16 de fevereiro de 1975; Cooper, *The Oil Kings*, p. 225, e Steven Schneider, *The Oil Price Revolution* (1983). Para o papel do setor de energia "independente" no financiamento da "Sagebrush Rebellion" interna e na pressão para Reagan reabrir o Terceiro Mundo, tornando possível a retomada das indústrias nacionalizadas, ver Ferguson e Rogers, *Right Turn*, pp. 89-96.

29. "Memorandum of Conversation", Henry Kissinger, Richard Helms, Harold Saunders, 23 de julho de 1973, Washington, *Foreign Relations of the United States, 1969-1976*, v. 27, Irã, Iraque, 1973-1976 (2013), documento 24, p. 83.
30. "Minutes of Senior Review Group Meeting", 20 de julho de 1973, *Foreign Relations of the United States, 1969-1976*, v. 27, Irã, Iraque, 1973-1976 (2013), documento 23, p. 70.
31. "Meeting between the Shah of Iran and the Secretary of Defense", 24 de julho de 1973", *Foreign Relations of the United States, 1969-1976*, v. 27, Irã, Iraque, 1973-1976 (2013), documento 26, p. 91.
32. Mark Kesselman, *Introduction to Comparative Politics* (2009), p. 603.
33. Zulfikar Ali Bhutto, primeiro-ministro do Paquistão, em 1975, apoiara o ataque militar de 1971 a Bangladesh. No início de 1975, ele se encontrou em Washington com Ford e Kissinger para discutir a restauração da ajuda militar. Após o encontro, Kissinger disse a Ford que Bhutto "foi ótimo em 1971". "Aquela foi uma das melhores horas", disse ele do apoio de Nixon ao Paquistão enquanto o país cometia o que seu próprio embaixador considerou um genocídio ("Memorandum of Conversation, February 5, 1975", em Memoranda of Conversation Collection, do assessor de segurança nacional, na Biblioteca Presidencial Gerald R. Ford, disponível on-line).
34. "Uma característica da relação Kissinger-Xá", escreve Andrew Scott Cooper em *The Oil Kings*, "era a ênfase em acordos orais e a ausência de registros por escrito".

35. Diego Cordovez e Selig S. Harrison, *Out of Afghanistan: The Inside Story of the Soviet Withdrawal* (1995), pp. 15-16.
36. Selig S. Harrison, "How the Soviet Union Stumbled into Afghanistan", em Cordovez e Harrison, *Inside Story*.
37. Alguns autores, como Steve Coll em *Ghost Wars* (2005), minimizam a importância do papel da CIA no apoio a grupos islamistas que acabaram se aglutinando em torno de Osama bin Laden como al-Qaeda, dizendo que "os arquivos da CIA não contêm nenhum registro de algum contato direto entre um oficial da CIA e Bin Laden durante os anos 1980". Supondo que Coll tenha tido acesso completo aos arquivos da CIA, e supondo que esses arquivos contenham um registro completo de todas as suas atividades secretas, o foco no estabelecimento da responsabilidade pela ação de um indivíduo deixa de fora o contexto maior: as redes construídas, as armas fornecidas, o superfortalecimento da ISI. De acordo com os jornalistas Donald L. Barlett e James B. Steele ("The Oily Americans, *Time*, 13 de maio de 2003), a CIA no Afeganistão realizou "uma de suas mais longas e mais caras operações secretas, fornecendo bilhões de dólares em armas a uma coleção de guerrilheiros afegãos que combatiam os soviéticos".

7: SIGILO E ESPETÁCULO

1. Ver Perlstein, *Invisible Bridge*, pp. 523-524.
2. William Shannon, "On His Own Terms", *New York Times*, 13 de setembro de 1973. Kissinger testemunhou em uma sessão do Executivo fechada e em uma audiência pública. A transcrição da audiência pública foi publicada como *Nomination of Henry A. Kissinger: Hearings, Ninety-Third Congress* (1973). Ver p. 29 para a citação.
3. Kissinger, *Ending the Vietnam War*, p. 123.
4. Ver os documentos em "East Timor Revisited", no site na internet da Agência de Segurança Nacional (NSA na sigla em inglês): http://www2.gwu.edu/~nsarchiv/NSAEBB/NSAEBB62/.
5. Michael Howard Holzman, *James Jesus Angleton* (2008), p. 301.
6. Geraldine Sealey, "Hersh: Children Sodomized at Abu Ghraib, on Tape", *Salon*, 15 de julho de 2004; disponível em http://www.salon.com/2004/07/15/hersh_7/.
7. O indispensável Michael Paul Rogin, "'Make My Day': Spectacle as Amnesia in Imperial Politics", *Representations* 29 (inverno de 1990), para a relação do espetáculo com o sigilo.
8. *Hearings*, p. 356.

9. *New York Times*, "Excerpts From Transcript of the Proceedings on Impeachment", 31 de julho de 1974.
10. Perlstein, *Invisible Bridge*, p. 524. Ver também Congresso dos Estados Unidos, *Bombing in Cambodia: Hearings, Ninety-Third Congress*, First Session (1973); Miraldi, *Seymour Hersh*, p. 166; *Time*, 5 de agosto de 1974.
11. Perlstein, *Invisible Bridge*, p. 428.
12. Berman, *No Peace*, p. 279.
13. Ford Library, National Security Adviser, NSC Meetings File, caixa 1. Top Secret; Sensitive. A reunião ocorreu na Sala do Gabinete da Casa Branca; disponível em https://history.state.gov/historicaldocuments/frus1969-76v10/d285#fn1.
14. Ford Library, National Security Adviser, NSC Meetings File, caixa 1, arquivo cronológico. Top Secret; Sensitive. A reunião ocorreu na Sala do Gabinete da Casa Branca. Disponível em https://history.state.gov/historicaldocuments/frus1969-76v10/d295#fn1.
15. Kissinger, *Years of Renewal*, p. 563.
16. Isaacson, *Kissinger*, p. 651.
17. Thomas Paterson et al., *American Foreign Relations: Volume 2: Since 1895* (2014), p. 417.
18. Butler, "Into the Storm", p. 137.
19. Todos os relatos que encontrei sobre a "crise" de Cienfuegos se valiam da explicação de Kissinger para afirmar que os soviéticos estavam construindo uma grande instalação militar. Fossem os memorandos que ele produziu na época ou seus textos subsequentes. *The Price of Power*, de Hersh, aborda o assunto, baseando suas conclusões em testemunho ao Congresso: "Especialistas em inteligência do Departamento de Estado, da CIA e até do Pentágono não viram nenhuma prova tangível de uma grande instalação. Na opinião deles, pretendia-se que Cienfuegos fosse uma área de descanso e recreação para submarinos soviéticos que permitiria à Marinha soviética prolongar suas viagens normais além-mar". O coronel John Bridge, identificado por Hersh como chefe do escritório da área soviética da Agência de Inteligência de Defesa, "testemunhou que 'eles [os soviéticos] estabeleceram – dizemos que é uma instalação, em Cienfuegos, que pode apoiar operações navais, incluindo de submarinos. De maneira alguma é para ser construída, penso eu, como uma base completa formal. É uma instalação de apoio, uma possível instalação de apoio'. Quanto aos alojamentos, ele testemunhou, foram construídos de madeira, obviamente instalações temporárias para escalas de tripulações. As boias de concreto que tanto alarmaram Kissinger estavam ali desde 1968, bem antes da chegada dos russos... De maneira semelhante,

a nova doca que Kissinger notara circundava 'uma pequena área, talvez... uma área de natação ou algo assim'. No *New York Times*, Tad Szulc ("White House Charge on Cuba Puzzles U.S. Officials", 30 de setembro de 1970) escreveu: "Funcionários americanos disseram hoje que os Estados Unidos tinham apenas informações dúbias e datadas para indicar que a União Soviética poderia estar planejando construir uma base submarina estratégica em Cuba. Por essa razão, esses funcionários, que incluem membros da comunidade de inteligência, disseram que não tinham como explicar por que a Casa Branca optou semana passada por advertir Moscou contra o estabelecimento de tal base." Também de Szulc: "Funcionários disseram que ainda não havia nenhuma prova de atividades de construção suspeitas, apesar dos voos de aviões de vigilância U-2." Ver também "Soviet Naval Activities", *CQ Almanac 1971*, que descreve audiências sobre o assunto realizadas pela Subcomissão de Relações Exteriores para Relações Interamericanas. O coronel Bridge é citado aqui dizendo: "Devo deixar muito claro que não temos absolutamente nenhuma indicação de que qualquer submarino tenha entrado no porto de Cienfuegos." Bridge também deixa claro que a principal informação era a conjectura sobre qual esporte os cubanos jogavam: "Nosso pessoal dá alguma importância ao fato de que um campo de futebol foi construído ali – e é obviamente, por toda a descrição, um campo de futebol – porque o futebol não é um esporte comum em Cuba. Um campo de beisebol, teríamos dito, você esperaria encontrar campos de beisebol." Ver também a explicação de Dallek, *Nixon and Kissinger*, pp. 230–231.

20. Hersh, *Price of Power*, p. 257; Kalb e Kalb, *Kissinger*, p. 211. Dallek, *Nixon and Kissinger*, pp. 229–230, também sugere que Kissinger estava se exibindo para Nixon. Nixon alimentava um rancor por Fidel, cuja revolução ele acreditava ter-lhe custado a eleição presidencial de 1960, por permitir que JFK concorresse em uma abertura à sua direita. Nixon também tinha vínculos profundos com a comunidade de exilados cubanos anticomunistas (dois dos arrombadores de Watergate eram exilados cubanos anti-Fidel e pelo menos outros dois eram ativistas anti-Revolução Cubana que haviam se envolvido na fracassada invasão da Baía dos Porcos) e, logo depois de sua posse, em 1969, intensificara as operações secretas contra Fidel e Cuba. Em 1977, o *Newsday* reportou que "com pelo menos o apoio tácito de funcionários da Agência Central de Inteligência dos Estados Unidos, operadores ligados a terroristas anti-Fidel introduziram o vírus da febre suína africana em Cuba, em 1971. Seis semanas depois, um surto da doença forçou o abatimento de 500 mil porcos para impedir uma epidemia animal nacional. Uma fonte da inteligência americana disse ao *Newsday* semana passada que recebeu o vírus

em um recipiente fechado e sem identificação, em uma base do Exército dos Estados Unidos e campo de treinamento da CIA na Zona do Canal do Panamá, com instruções para entregá-lo ao grupo anti-Fidel". Consta que o ex-agente da CIA Howard Hunt "mencionou algo sobre planejar a segunda fase da Baía dos Porcos no início do segundo mandato de Nixon", o que, se for verdade, foi mais uma ideia arruinada pelo Watergate – juntamente com o reinício do bombardeio do Vietnã do Norte e a imposição de um orçamento de austeridade aos Estados Unidos. William M. LeoGrande e Peter Kornbluh, em seu recente livro *Back Channel to Cuba: The Hidden History of Negotiations between Washington and Havana* (2014), escrevem que Kissinger ajudou a moderar a hostilidade de Nixon em relação a Fidel, um processo interrompido pela intervenção de Fidel em Angola, discutida neste capítulo.

21. Para Cuba em Angola e a reação de Kissinger, ver Gleijeses, *Visions of Freedom and Conflicting Missions*, e Kornbluh e LeoGrande, *Back Channel to Cuba*. Para as citações, ver Memorandum of Conversation, Ford, Kissinger e Scowcroft, 25 de fevereiro de 1976. Disponível aqui: http://nsarchive.gwu.edu/NSAEBB/NSAEBB487/docs/01%20-%20Memorandum%20of%20Conversation,%20February%2025,%201976,%20Ford%20Library.pdf.

22. Mas os Estados Unidos podem, de fato, ter "arrebentado os cubanos", como Kissinger queria. Em 6 de outubro de 1976, exilados cubanos apoiados pela CIA e o FBI, e liderados por um notório ativista anti-Fidel chamado Orlando Bosch, detonaram bombas no voo 355 da Cubana pouco depois de o avião decolar de Barbados, matando todos os 73 passageiros – 57 cubanos, 11 guianenses e cinco norte-coreanos – e todos os cinco membros da tripulação. A CIA sabia dos planos do grupo (que foi chamado de diferentes nomes, entre os quais "Condor") de detonar bombas em um avião de passageiros cubano no mínimo desde junho. Há, porém, duas provas indicando que Kissinger não sancionou o atentado. A primeira delas é que Bosch, aparentemente, também planejara executar Kissinger em reação à tentativa de normalizar as relações com Cuba, pelo menos de acordo com outro cubano anti-Fidel ligado à CIA que tentava agradar a Washington. A segunda é que Kissinger autorizou um memorando imediatamente após o atentado dizendo que Washington "vinha planejando sugerir a deportação de Bosch antes de o acidente da Cubana Airlines acontecer por seu suposto envolvimento em outros atos terroristas e violações de sua liberdade condicional. (...) A suspeita de que Bosch se envolveu no planejamento do acidente da Cubana Airlines nos levou a sugerir sua deportação urgentemente". Bosch não foi,

porém, deportado. Ver Ann Louise Bardach, *Cuba Confidential: Love and Vengeance in Miami and Havana*, p. 190.

23. Arquivos Nacionais, Nixon Presidential Materials, White House Tapes, Oval Office, Conversation n. 517-4; disponível em http://history.state.gov/historicaldocuments/frus1969-76ve10/d101#fn1.

24. Ver documentos liberados no Arquivo de Segurança Nacional, "Nixon: Brazil Helped Rig Uruguayan Elections", em http://www2.gwu.edu/~nsarchiv/NSAEBB/NSAEBB71/.

25. A parabenização de Kissinger foi em 24 de novembro de 1973, telegrama disponibilizado por WikiLeaks: https://www.wikileaks.org/plusd/cables/1973STATE231341b.html. Para fontes relacionadas à discussão sobre a Guatemala na nota de rodapé, ver os seguintes documentos encontrados em *Foreign Relations of the United States, 1969-1976, Volume E-10, Documents on American Republics, 1969-1972* (disponível em https://history.state.gov/historicaldocuments/frus1969-76ve10/ch10): Documento 343: Memorandum from the President's Deputy Assistant for National Security Affairs (Haig) to the President's Assistant for National Security Affairs (Kissinger), Washington, 16 de novembro de 1970; Documento 346: Memorandum from Arnold Nachmanoff of the National Security Council Staff to the President's Assistant for National Security Affairs (Kissinger), Washington, 23 de novembro de 1970; Documento 348: Telegram 22560 from the Departament of State to the Embassy in Guatemala, 10 de fevereiro de 1971; Documento 355: Memorandum for the Record, Washington, 16 de agosto de 1971; Documento 356: Paper Prepared by the Central Intelligence Agency, Washington, sem data; Documento 357: Memorandum from Arnold Nachmanoff of the National Security Council Staff to the President's Assistant for National Security Affairs (Kissinger), Washington, 19 de agosto de 1971; Documento 358: Memorandum for the Record, Washington, 16 de setembro de 1971; Documento 364: Memorandum from William J. Jorden of the National Security Council Staff to the President's Assistant for National Security Affairs (Kissinger), Washington, 28 de setembro de 1972. Juntamente com o Camboja, Kissinger é mais defensivo em relação a seu papel na desestabilização da democracia chilena. Ele culpou constantemente Allende por provocar o golpe contra si mesmo, chegando certa vez a citar incorretamente Zhou Enlai para sugerir que o premier chinês acreditava que Allende provocara sua própria queda como resultado de suas próprias políticas. No memorando oficial da conversa em novembro de 1973, Zhou diz: "Foi bom porque isso pôde mostrar que uma coisa ruim pode ser transformada em um bom resultado. Essa é a nossa maneira de ver a coisa. Nós lhes

falamos sobre isso, mas eles não acreditaram. Esse tipo de fenômeno foi causado por eles próprios. Nós damos apenas apoio limitado às revoluções de países latino-americanos. Ainda estamos aprendendo" – o premier chinês sugeria que o golpe seria útil para pôr fim à inapropriada fé chilena na democracia burguesa. Kissinger, em suas memórias, distorce esses comentários para se ler: "Falamos a eles sobre [os riscos], mas não acreditaram em nós. Esse tipo de fenômeno foi causado por eles próprios..." Para a conversa original (traduzida e transcrita), ver Arquivos Nacionais, Nixon Presidential Materials, NSC Files, Kissinger Office Files, box 100, Country Files, Far East, Secretary Kissinger's Conversations in Peking, novembro de 1973 (disponível aqui: http://history.state.gov/historicaldocuments/frus1969- -76v18/d59#fn1). Ver *Years of Upheaval*, p. 405, para o uso da citação por Kissinger.

26. Para a "linha mais dura" de Kissinger, ver Arquivos Nacionais, Nixon Presidential Materials, White House Tapes, Oval Office, Conversation N. 517-4. Nenhuma identificação de classificação; disponível em http://history.state. gov/historicaldocuments/frus1969-76ve10/d42#fn1. A essa altura, não há muito mais a dizer sobre o envolvimento de Kissinger no Chile. Seus defensores continuarão a defender, a interpretar as provas da maneira mais estreita possível de modo a alcançar a máxima negação plausível. Como presidente da interagência 40 Committee, Kissinger ajudou a organizar um abrangente programa de desestabilização que financiou jornais anti-Allende, canalizou dinheiro por meio de terceiras partes para sindicatos de oposição, aumentou a ajuda aos militares, sabotou a economia, realizou "operações clandestinas para dividir e enfraquecer" a coalizão de Allende e forneceu recursos ao conservador Partido Nacional para criar o grupo paramilitar Patria y Libertad, um esquadrão da morte. "Nesse a nossa mão não aparece", disse Nixon a Kissinger logo após o golpe. Mas, com o passar dos anos, documentos vazados e liberados mostraram as impressões digitais de Nixon e Kissinger em toda parte. Ver "The Case against Kissinger Deepens", de Scott Horton, 6 de julho de 2010, onde Kissinger admite que a CIA, de fato, matou o general René Schneider em 1970 para impedir que Allende chegasse ao poder. Kissinger continua a negar o seu envolvimento com essa operação: http://harpers.org/blog/2010/07/the-case-against-kissinger-deepens-continued/. Ver os documentos em "Kissinger and Chile: The Declassified Record, do Arquivo de Segurança Nacional, http://www2.gwu.edu/~nsarchiv/NSAEBB/ NSAEBB437/.

27. "Kissinger Defends 1970s Latin American Policy", reportagem da AP publicada no *Michigan Daily*, 5 de outubro de 2004.

28. Ver os documentos americanos reunidos em "New Declassified Details on Repression and U.S. Support for Military Dictatorship", do Arquivo de Segurança Nacional, em http://www2.gwu.edu/~nsarchiv/NSAEBB/NSAEBB185/. Todos os documentos citados neste capítulo podem, exceto quando indicado de outra forma, ser encontrados no site na internet do Arquivo de Segurança Nacional.
29. Não há nenhuma indicação, na transcrição da conversa, de que Kissinger teve um diálogo em particular com Pinochet durante o encontro dos dois. Mas Kissinger fez questão de escolher a dedo a pessoa que tomaria nota na reunião, seu assistente de confiança William Rogers. "Eu poderia trabalhar com ele depois", dissera ele. Aquele que tomou nota de seu encontro com Guzzetti, que registrou que ele teve uma "palavra a sós" com o almirante, foi Luigi R. Einaudi, um diplomata de carreira.
30. Http://www.desaparecidos.org/notas/2008/01/los-militares-argentinos--calcu.html.
31. Para Condor, ver J. Patrice McSherry, *Predatory States: Operation Condor and Covert War in Latin America* (2005), e John Dinges, *The Condor Years: How Pinochet and His Allies Brought Terrorism to Three Continents* (2004). Para os documentos citados abaixo, incluindo aqueles relacionados ao encontro de Kissinger com Cavajal e Pinochet, bem como ao assassinato de Letelier, ver o Arquivo de Segurança Nacional: http://www2.gwu.edu/~nsarchiv/NSA-EBB/NSAEBB312/.
32. "Leader's Torture in the '70s Stirs Ghosts in Brazil," *New York Times*, 4 de agosto de 2012.
33. "Militares brasileiros tiveram aula em instituto americano sobre como praticar tortura", *O Globo*, 12 de outubro de 2014; disponível em http://oglobo.globo.com/brasil/militares-brasileiros-tiveram-aula-em-instituto-americano-sobre-como-praticar-tortura-4789322#ixzz3Ok1djNjO.
34. Para Mujica, ver Telesur English, "Mujica Opens Health Unit in Jail Where He Was Tortured", 11 de novembro de 2014; disponível em http://www.telesurtv.net/english/news/Mujica-Opens-Health-Unit-in-Jail-Where-He--Was-Tortured-20141111-0055.html. Para Bachelet: "Former Chilean Military Officers Jailed for 1974 Death of President Bachelet's Father", *Guardian*, 21 de novembro de 2014.
35. House of Representatives, Committee on International Relations, Subcommittee on Africa, *United States-Angolan Relations* (1978), p. 13. Ver também Kevin Danaher, *The Political Economy of U.S. Policy toward South Africa* (1982), pp. 132-133.

8: INCONCEBÍVEL

1. Miller Center, Universidade da Virgínia, Presidential Recordings Project, Nixon Conversation 620-008; disponível em: http://millercenter.org/presidentialrecordings/rmn-620-008.
2. John Kenneth White, *The New Politics of Old Values* (1990), p. 15. Para a opinião de Kissinger sobre Reagan na nota de rodapé, ver Schlesinger, *Journals*, pp. 512, 519 e 538; "'Off Record' Kissinger Talk Isn't", *New York Times*, 20 de abril de 1986.
3. "Reagan Launches Attack on Ford, Kissinger", *Daily News*, 5 de março de 1976.
4. Ronald Reagan Paid Political Broadcast, 31 de março de 1976, 21:30-21:59, Vanderbilt Television News Archives.
5. "Reagan Appeals for G.O.P. Crusade", *New York Times*, 23 de maio de 1968.
6. Para *détente*, ver Louisa Sue Hulett, *Decade of Détente: Shifting Definitions and Denouement* (1982); Alexander Florey Woolfson, "The Discourse of Exceptionalism and U.S. Grand Strategy, 1946-2009", dissertação de PhD, London School of Economics, 2012; Michael B. Froman, *The Development of the Idea of Détente: Coming to Terms* (1991). "Top Secret, Memorandum of Conversation", 9 de fevereiro de 1973, White House, Collection: Kissinger Transcripts; acessado via banco de dados do Digital National Security Archive, do Proquest.
7. Kissinger, *Years of Renewal*, p. 37.
8. Para a *détente* como possível solução da crise econômica do keynesianismo, ver Thomas Ferguson e Joel Rogers, *Right Turn: The Decline of the Democrats and the Future of American Politics* (1986).
9. Ronald Reagan Paid Political Broadcast, 31 de março de 1976.
10. Elmo Zumwalt, *On Watch* (1976), p. 319.
11. Ronald Reagan Paid Political Broadcast, 31 de março de 1976.
12. Para a citação de 1968, ver Brian P. Janiskee e Ken Masugi (orgs.), *The California Republic: Institutions, Statesmanship, and Policies* (2004), 248.
13. Citado em Lou Dubose e Jake Bernstein, *Vice: Dick Cheney and the Hijacking of the American Presidency* (2006), p. 209.
14. J. Peter Scoblic, *U.S. vs Them: Conservatism in the Age of Nuclear Terror* (2008), p. 94.
15. Anne Hessing Cahn e John Prados, "Team B: The Billion Dollar Experiment", *Bulletin of Atomic Scientists*, abril de 1993. (Isso na verdade são dois artigos separados sob o mesmo título combinado. A citação é do ensaio de Cahn.) Ver também de Cahn, *Killing Détente: The Right Attacks the CIA* (2010).

16. A citação de Bamford provém de Jeff Stein, "Bush Team Sought to Snuff CIA Doubts", *San Francisco Chronicle*, 26 de outubro de 2005, assim como a citação anterior.
17. Jerry Wayne Sanders, *Peddlers of Crisis: The Committee on the Present Danger and the Politics of Containment* (1983), p. 198.
18. Cahn, *Killing Détente*, p. 186.
19. Barry Werth, em *31 Days: The Crisis That Gave Us the Government We Have Today* (2006), p. 341, escreve que o Time B "se tornou o ponto de convergência para a oposição à *détente* e ao controle de armas"; "Rumsfeld e Cheney levaram as negociações do Salt II ao fracasso no Pentágono e na Casa Branca", e "o exaltado realismo Nixon-Kissinger em relações exteriores foi finalmente detido, se não derrotado". Ver também Laura Kalman, *Right Star Rising: A New Politics, 1974-1980* (2010).
20. Para o "ponto de moralidade", ver Robert Merry, *Sands of Empire: Missionary Zeal, Foreign Policy, and the Hazards of Global Ambition* (2008), p. 165.
21. "A Tough Warning from the Right-Wing", *Washington Post*, 26 de janeiro de 1975.
22. Schlesinger, *Journals*, p. 439.
23. Kissinger, *Years of Renewal*, p. 37.
24. John Chamberlin, "Kissinger Gave Up on Military Might", aparecendo em, entre outros jornais, Lebanon, *Daily News* da Pensilvânia, e Coshocton, *Tribune* de Ohio, 6 de junho de 1975.
25. Departamento de Estado, *Bulletin*, v. 73, n. 1.880 (7 de julho de 1975). Ver também Sargent, *A Superpower Transformed*, p. 165-197. Mais tarde, Jeane Kirkpatrick, num famoso ensaio, "Dictators and Double Standards" (publicado em *Commentary* no fim de 1979), focaria o uso crescente da palavra "interdependência" por liberais e internacionalistas como um exemplo da crise de confiança e abdicação moral deles pós-Vietnã.
26. Daniel T. Rodgers, *Age of Fracture* (2011), p. 25.
27. Rodgers, *Age of Fracture*, p. 39.
28. *Public Papers of the Presidents of the United States: Ronald Reagan, 1984* (1986), p. 1.002.

9: CAUSA E EFEITO

1. "In an Interview, Pol Pot Declares His Conscience Is Clear", *New York Times*, 23 de outubro de 1997.
2. Citado em Shawcross, *Sideshow*, pp. 394-95.
3. Shawcross, *Sideshow*, p. 396.

4. "A Death in Cambodia; Evil Has Its Reasons", *Guardian*, 17 de abril de 1998.
5. *Does America Need a Foreign Policy*, p. 264, para exemplo.
6. Existem defesas da política de Kissinger para o Camboja. Para um resumo útil de tais argumentos, bem como uma refutação convincente, ver James Tyner, *The Killing of Cambodia: Geography, Genocide, and the Unmaking of Space* (2008).
7. "Possible Bombing of Cambodia", Top Secret, Memorandum of Conversation, 9 de fevereiro de 1973. Arquivos Nacionais. Nixon Presidential Materials Staff. National Security Council Files; acessados via Digital National Security Archive.
8. Arquivos Nacionais, Nixon Presidential Materials, Henry A. Kissinger Telephone Conversation Transcripts, caixa 19, arquivo cronológico. Nenhuma indicação de classificação; disponível em https://history.state.gov/historicaldocuments/frus1969-76v10/d27#fn1.
9. Ben Kiernan, *How Pol Pot Came to Power: Colonialism, Nationalism, and Communism in Cambodia, 1930–1975* (2004), p. 390. O historiador Tony Judt, ele próprio um anticomunista entusiasmado e desmascarador das justificativas para a repressão à esquerda, explicou de forma direta: "Sem o forçoso envolvimento do Camboja na Guerra do Vietnã, nós jamais teríamos ouvido falar de Pol Pot." (Ver "What Have We Learned, If Anything", *The New York Review of Books*, 1º de maio de 2008.)
10. Para a discussão e citações seguintes, ver Ben Kiernan, *The Pol Pot Regime: Race, Power, and Genocide in Cambodia under the Khmer Rouge, 1975–1979* (2014), em especial pp. 16–25. Ben Kiernan, "The American Bombardment of Kampuchea, 1969–1973", *Vietnam Generation* 1:1, inverno de 1989, p. 8.
11. Para as citações, ver Kiernan, *The Pol Pot Regime*, pp. 21–23, e *How Pol Pot Came to Power*, pp. 350 e 371.
12. Kissinger, *Diplomacy*, p. 694.
13. Kissinger, *White House Years*, p. 45.
14. Kissinger, *Years of Renewal*, pp. 501 e 514.
15. Memcon, Kissinger e Swank, Bancoc, 9 de fevereiro de 1973, citados em Philip Dunlop, "Sideshow Revisited: Cambodia and the Failure of American Diplomacy, 1973", tese de mestrado, University of British Columbia (201), p. 26. Disponível aqui: https://circle.ubc.ca/bitstream/handle/2429/24240/ubc_2010_spring_dunlop_philip.pdf?sequence=1. Ver também Kiernan, "The American Bombardmen", p. 35.
16. Arquivos Nacionais, Nixon Presidential Materials, NSC Files, Kissinger Office Files, caixa 75, Kissinger Conversations at Zavidovo, 5-8 de maio de

1973. Top Secret; Sensitive; Exclusively Eyes Only; disponível em http://history.state.gov/historicaldocuments/frus1969-76v15/d112#fn1.
17. Para os "bandidos sanguinários" citados na nota de rodapé, ver "Memorandum of Conversation, 'Secretary's Meeting with Foreign Minister Chatchai of Thailand,' November 26, 1975, 1:00 p. m., State Department, Secret/Nodis"; disponível em http://www2.gwu.edu/~nsarchiv/NSAEBB/NSA-EBB193/HAK-11-26-75.pdf. Para a citação do "grupo homicida", ver Kissinger, *Years of Renewal*, p. 499.
18. *Commentary* (1952), análise de *Oswald Spengler: A Critical Estimate*, de Stuart Hughes.
19. Hughes, *Oswald Spengler*, p. 72.

10: AVANTE PARA O GOLFO

1. "Adviser with No One to Advise", *Washington Post*, 14 de abril de 1980.
2. *Official Report of the Proceedings of the Thirty-Second Republican National Convention Held in Detroit, Michigan* (1980), pp. 373-377.
3. "The Special Ops Surge", 16 de janeiro de 2014, Tomdispatch.com, http://www.tomdispatch.com/blog/175794/tomgram%3A_nick_turse,_secret_wars_ and_black_ops_blowback/. Ver também Linda Bilmes e Michael Intriligator, "How Many Wars Is the US Fighting Today?", *Peace Economics, Peace Science, and Public Policy* (2013).
4. Danaher, *The Political Economy of U.S. Policy*, p. 132, cita várias fontes descrevendo o uso, por Kissinger, de Israel e África do Sul como representantes, em Angola, em 1973. E Harold Koh, *The National Security Constitution* (1990), p. 53, observa que o então diretor da CIA, George H. W. Bush, recusou-se a confirmar em testemunho que Washington cortou toda a assistência a seus rebeldes angolanos.
5. Ver comentários de Schlafly: http://reagan2020.us/remembering/schlafly.asp. Ver também seu livro, em coautoria com Chester Ward, *Kissinger on the Couch* (1975).
6. *Report of the National Bipartisan Commission on Central America* (1984), p. 93.
7. "Latin Panel's Soviet Finding Is Challenged by Moynihan", *New York Times*, 13 de janeiro de 1984.
8. Tom Wicker, colunista do *New York Times*, sobre a Comissão Kissinger: "A decisão do presidente Reagan de formar uma comissão nacional 'bipartidária' para sustentar sua política centro-americana impopular é uma má notícia por mais motivos do que o renascimento de Henry Kissinger. (...) O plano

estende a já preocupante prática de entregar assuntos políticos difíceis de lidar a comissões não governamentais supostamente altamente qualificadas. Quando um grupo como esse apresenta o que parece ser uma decisão salomônica de um árbitro em substituição a julgamentos políticos do Congresso e do presidente, o resultado é perigoso para se opor e até difícil de modificar." Considerando as ações de Kissinger no Chile, disse Wicker, "uma pessoa menos apropriada para agir como árbitro de política em qualquer lugar da América Latina não poderia ser encontrada deste lado do general Pinochet" ("Hiding behind Henry", *New York Times*, 19 de julho de 1983). Ainda em 1989, o vice-presidente Dan Quayle estava invocando a Comissão Kissinger para justificar uma linha dura contínua: "Eu acredito que isso foi mais bem explicado no Relatório Kissinger, produzido no início dos anos 1980 pelo ex-secretário de Estado Henry Kissinger."

9. *Report*, p. 102.
10. Ver *Los Angeles Times*, 26 de abril de 1986, para o comentário de Shultz na nota de rodapé.
11. "They Can't Just Sit There Any Longer", *Washington Post*, 24 de outubro de 1983.
12. "TV: Reports and Debates on Crisis", *New York Times*, 27 de outubro de 1983.
13. "Medals Outnumber G.I.'s in Grenada Assault", *New York Times*, 30 de março de 1984.
14. "O'Neill Now Calls Grenada Invasion 'Justified'", *New York Times*, 9 de novembro de 1983.
15. Entrevista com Brent Scowcroft, Miller Center, Universidade da Virgínia, 12-13 de novembro de 1999; disponível em http://millercenter.org/president/bush/oralhistory/brent-scowcroft.
16. "Panama Crisis: Disarray Hindered White House", de Andrew Rosenthal e Michael Gordon, *New York Times*, 8 de outubro de 1989.
17. "Resurrected and Visible", *Australian Financial Review*, 13 de outubro de 1989.
18. "Remarks to Organization of American States" (22 de dezembro de 1989), reimpresso em *Panama: A Just Cause*, documento n. 1.240, p. 3, de U.S. Dept. of State Current Policy.
19. "Press Conference with President Bush", *Federal News Service*, 21 de dezembro de 1989.
20. Richard Haass, *War of Necessity, War of Choice: A Memoir of Two Iraq Wars* (2009); George Will, "Drugs and Canal Are Secondary: Restoring Demo-

cracy Was Reason Enough to Act", *Philadelphia Inquirer*, 22 de dezembro de 1989.

21. Da mesma forma, a moderação do secretário de Estado de George W. Bush, Colin Powell, foi muitas vezes contrastada de maneira favorável com a precipitação dos neoconservadores nos anos após o 11 de Setembro. Como chefe do Estado-Maior Conjunto em 1989, Powell, porém, foi um forte defensor da invasão. Foi ele quem pressionou por um nome mais exaltado para marcar a guerra, que minasse a própria ideia daqueles "limites" que teoricamente estava tentando estabelecer. Seguindo a prática do Pentágono, o plano operacional para capturar Noriega ganharia o nome sem sentido de "Colher Azul". Aquilo, escreveu Powell em *My American Journey* (1995), "dificilmente" era "uma convocação às armas estimulante. (...) [Portanto] nós debatemos várias ideias e finalmente nos decidimos por (...) Causa Justa. Além do toque inspirador, eu gostava de algo mais [na ideia]. Mesmo nossos críticos mais severos teriam que pronunciar 'Causa Justa' ao nos denunciar". Mas, como a busca de justiça é infinita, é difícil entender qual é sua estratégia de saída depois que você alega que essa é a sua "causa" (lembre que o nome original de George W. Bush para sua Guerra Global ao Terror seria Operação Justiça Infinita).

22. Para os comentários de Pickering, ver Jordan Michael Smith, "Noriega's Revenge", *Foreign Policy* (19 de dezembro de 2009).

23. Richard Fagen, "The United States and Chile", *Foreign Affairs*, 24 de janeiro de 1975.

24. A contradição de negar a soberania a outras nações e ao mesmo tempo clamá-la para si próprio é óbvia. Mas a contradição pode ser administrada contanto que o padrão duplo seja justificado, como prefere Kissinger, pelos interesses do Estado, pela necessidade de estabelecer legitimidade internacional e estabilidade. Essas justificativas, conforme vimos, não precisam ser consideradas amorais: um bem maior pode ser alcançado quando grandes potências têm permissão para criar um sistema entre Estados ordenado, estável e pacífico. Os problemas surgem depois que a negação da soberania é sancionada pela "democracia" e pelos "direitos humanos". A ideia de que existe uma "jurisdição internacional" da justiça que tem precedência sobre a soberania nacional, conforme Einaudi palestrou para latino-americanos, abre uma caixa de Pandora, uma ameaça que Kissinger imediatamente reconheceu: ele apoiou a invasão do Panamá para derrubar Noriega, mas se opôs à "legalidade dos procedimentos legais presentes" contra Noriega e os Estados Unidos. "Tenho minhas dúvidas sobre o processo de um líder estrangeiro sob a lei americana por atos que ele não cometeu em solo americano."

Essa era uma questão interessante, disse Kissinger. E de fato era. Capturado por forças americanas, Noriega foi legalmente transferido para os Estados Unidos (Washington não tinha nenhum tratado de extradição com o Panamá para justificar a sua remoção), levado a julgamento em Miami, em abril de 1992, na Corte Distrital para o Sul da Flórida, e condenado, em setembro, por tráfico de drogas, crime organizado e lavagem de dinheiro – crimes que ele cometeu antes de o Panamá estar "em guerra" com os Estados Unidos. Em 1998, o princípio da "jurisdição universal" avançou novamente quando os britânicos detiveram Augusto Pinochet em resposta a um pedido de extradição espanhol por crimes contra cidadãos espanhóis no Chile. Essa ação levou Kissinger a escrever um ensaio na *Foreign Affairs* (julho/agosto de 2001) defendendo seu antigo aliado, intitulado "The Pitfalls of Universal Jurisdiction" ["As armadilhas da jurisdição internacional"]. "Os defensores ideológicos da jurisdição internacional", escreveu Kissinger, querem "criminalizar certos tipos de ações militares e políticas e, portanto, viabilizar uma conduta mais humana de relações internacionais". Isso era um "precedente perigoso", escreveu ele, referindo-se aos esforços para extraditar ex-líderes. O ensaio representa uma síntese de sua própria defesa, porque apenas dois meses depois de publicado, em 10 de setembro de 2001, os filhos do general chileno René Schneider abriram uma ação em uma corte federal em Washington acusando Kissinger e seu grupo da "execução sumária" de seu pai. A juíza Rosemary Collyer, ex-funcionária do governo Reagan nomeada para o tribunal por George W. Bush, rejeitou a ação por motivos técnicos e jurisdicionais. Collyer inclusive sustentou o argumento da defesa de que, como Kissinger estava agindo como assessor de segurança nacional dos Estados Unidos, o réu apropriado da ação seria o governo dos Estados Unidos, e o país, com base na doutrina da imunidade soberana, estaria isento de tais ações. Desde então, porém, outros países abriram investigações legais sobre as atividades de Kissinger. Retornando ao caso de Noriega, Scowcroft, o protegido de Kissinger, também se opôs à ideia de levar o líder panamenho a julgamento, praticamente pelo mesmo motivo de Kissinger: "No fim da administração Reagan, Noriega foi indiciado, o que eu achei uma maneira estranha de se comportar. Eu achei que os Estados Unidos indiciarem autoridades estrangeiras, sobre as quais não tínhamos nenhuma jurisdição, era realmente uma aberração. Então não levei aquilo muito a sério. O presidente Bush levou. Ele ficava mencionando o indiciamento de Noriega e dizia: 'Você não pode fazer isso. Você não pode fazer isso. Você não tem nenhuma jurisdição. É uma autoridade estrangeira. Eles não são indiciáveis, de qualquer modo.'" Noriega ainda está preso, atualmente no Panamá, depois de cumprir pena nos Estados Unidos e, por acusações diferentes, na França. Para Scowcrof, ver sua entrevista citada antes. Para a opinião de Kissinger sobre a transferência de Noriega para os Estados Unidos, ver "Soviets Intervened on Autonomy Issue, Kissinger Suggests", *The Globe and Mail*, 26 de janeiro de 1990.

11: DA ESCURIDÃO À LUZ

1. Para o comentário de Tanter, ver seu *Rogue Regimes* (1990), p. 48.
2. "Conservatives Are Leading Murmurs of Dissent", *Washington Post*, 24 de agosto de 1990.
3. "Doves Grow Talons in Cold War About-Face", *Australian Financial Review*, 23 de agosto de 1990. Para o ensaio de Kirkpatrick mencionado na nota de rodapé, ver "A Normal Country in a Normal Time", *The National Interest* (setembro de 1990).
4. "US Has Crossed Its Mideast Rubicon – and Cannot Afford to Lose", *Los Angeles Times*, 19 de agosto de 1990.
5. "Confrontation in the Gulf", *New York Times*, 13 de agosto de 1990.
6. Ibid.
7. "Se você olhar para os Estados Unidos no mundo pós-guerra", disse Kissinger a um repórter alguns anos depois da Guerra do Golfo, "[perceberá que] nós sempre paramos as ações militares rápido demais." Nesse momento, ele soou menos como o alto diplomata emérito dos Estados Unidos e mais como um turista decepcionado: "Nós não fomos a Hanói, não fomos a Pyongyang, não fomos a Bagdá." "Eu pessoalmente pensei", disse ele, "que nós deveríamos ter forçado a derrubada de Saddam." Georgie Anne Geyer, "Should the U.S.-Led Coalition Have Driven on to Baghdad?", *Denver Post*, 16 de outubro de 1994. Para a citação no texto, ver "The President and His Hasty Hawks", *New York Times*, 22 de agosto de 1990.
8. General John Brown, introdução, *Operation Just Cause* (2004), p. 3.
9. John Mueller, *Public Opinion in the Gulf War* (1994), p. 162.
10. *CBS Evening News*, 17 de janeiro de 1991 (transcrição disponível via Lexis-Nexis).
11. *CBS Evening News*, 18 de janeiro de 1991 (transcrição disponível via Lexis-Nexis).
12. 1º de março de 1991, Remarks to the American Legislative Exchange Council; disponível em http://www.presidency.ucsb.edu/ws/?pid=19351.
13. "Right Fears Bush May Have Gone Too Far", *Guardian*, 20 de agosto de 1990.
14. Citado, entre outros lugares, em John Dower, *Cultures of War* (2011), p. 92.

15. "Attack on Iraq", *New York Times*, 17 de dezembro de 1998.
16. "Deep Scars Are Expected in Senate Hearings", *New York Times*, 3 de fevereiro de 1997.
17. *Nomination of Anthony Lake to Be Director of Central Intelligence, Hearing before the Select Committee on Intelligence of the United States Senate* (1998); Anthony Lewis, "Again, Scoundrel Time", *New York Times*, 21 de março de 1997.
18. "The Paris Agreement on Vietnam: Twenty-Five Years Later", transcrição de conferência, Nixon Center, Washington, abril de 1998; disponível em https://www.mtholyoke.edu/acad/intrel/paris.htm.
19. Em *Present Dangers* (2000), Robert Kagan e William Kristol (org.), p. 311.
20. William Kristol e Robert Kagan, "Toward a Neo-Reaganite Foreign Policy", *Foreign Policy* (julho-agosto de 1996).
21. Publicado extensamente por meio do Los Angeles Times Syndicate International; disponível em http://www.sfgate.com/opinion/openforum/article/The-Politics-of-Intervention-Iraq-regime-2784793.ph.
22. Transcrição disponível em http://transcripts.cnn.com/TRANSCRIPTS/0208/26/se.01.html.
23. "Phase II and Iraq", *Washington Post*, 13 de janeiro de 2002; disponível em http://www.henryakissinger.com/articles/wp011302.html.
24. "Phase II and Iraq."
25. O encontro seguinte de Gerson e Kissinger é recontado em Bob Woodward, *State of Denial* (2007), pp. 408-410.

EPÍLOGO: KISSINGERISMO SEM KISSINGER

1. Henry Kissinger, "Lessons for an Exit Strategy", *Washington Post*, 12 de agosto de 2005.
2. Kissinger começara a assumir um papel ativo em trazer as diversas partes que escreveriam esse tratado comercial durante o governo de George H. W. Bush. E todos os seus aliados na Casa Branca, incluindo Mack McLarty, que logo ingressaria na Kissinger Associates, pressionaram Clinton a priorizar o Nafta em detrimento da legislação sobre assistência médica na qual Hillary Clinton estava trabalhando. Foi Kissinger quem propôs que houvesse ex-presidentes atrás de Clinton quando ele assinasse o tratado. Reagan estava doente e Nixon ainda era *persona non grata*, mas, "ladeado pelos ex-presidentes Bush, Carter e Ford em uma cerimônia na Casa Branca, o sr. Clinton fez um discurso entusiasmado", reportou o *Wall Street Journal*. Nenhum pano de

fundo presidencial foi reunido para ajudar a apoiar a proposta de Hillary Clinton para a saúde, que morreu em agosto de 1994.
3. Jeff Faux, *The Global Class War* (2010), p. 21.
4. Kristen Breitweiser, *Wake-Up Call: The Political Education of a 9/11 Widow* (2006), pp. 137-140.
5. "Kissinger's Client List Sought", *USA Today*, 16 de março de 1989.
6. "Criticar os métodos com os quais o Braço Executivo optou por lidar com o novo regime socialista no Chile nos anos 1970 diante de seu efeito sobre cidadãos estrangeiros", escreveu a juíza Rosemary Collyer em seu parecer, "não é o papel apropriado dessa Corte." Seria impossível, disse ela, a Corte "mensurar e equilibrar uma miríade de considerações políticas externas e internas espinhosas, i.e., a magnitude de qualquer ameaça aos Estados Unidos e a seus aliados democráticos pela disseminação do marxismo para o Chile. Faltam à Corte critérios que possam ser judicialmente descobertos e administrados para resolver essas questões inerentemente políticas". E além disso, como Kissinger estava atuando como assessor de segurança nacional dos Estados Unidos, o réu apropriado da ação seria o governo dos Estados Unidos, e o país, com base na doutrina da imunidade soberana, está isento de tais ações.
7. Paul Bass and Doug Rae, "The Story of May Day 1970", *Yale Alumni Magazine* (julho-agosto de 2006).
8. "Hillary Clinton Reviews Henry Kissinger's World Order", *Washington Post*, 4 de setembro de 2014.
9. Para conflitos de interesse, ver "Henry Kissinger's Entangling Ties", *New York Times*, 3 de dezembro de 2002; Fairness and Accuracy in Reporting, "Henry Kissinger: The Walking, Talking Conflict of Interest", 31 de outubro de 1989 (http://fair.org/extra-online-articles/henry-kissinger/); "Tricky World of Mr. Kissinger", *Orlando Sentinel*, 20 de setembro de 1989; para conflitos de interesse relacionados a seu lobby para as políticas chinesa e latino-americana, ver Isaacson, *Kissinger*, pp. 746-748.
10. Para o apoio de Kissinger, em 1975, ver os telegramas divulgados pelo WikiLeaks, incluindo (1) 4 de fevereiro de 1975, telegrama da embaixada de Nova Délhi para o Departamento de Estado detalhando a atitude da Union Carbide de evitar financiamento indiano e exigências de estrutura corporativa para subsidiárias estrangeiras; (2) 22 de agosto de 1975, telegrama de Nova Délhi requisitando análise da aplicação de empréstimo à Union Carbide; (3) 11 de setembro de 1975, telegrama de Kissinger sobre análise de aplicação de empréstimo à Union Carbide; (4) 25 de setembro de 1975, embaixador americano indica negociações da Union Carbide como uma das

"histórias de sucesso" da campanha do governo dos Estados Unidos para enfraquecer regulamentos para investimentos estrangeiros na Índia; (5) 18 de novembro de 1975, telegrama de Kissinger para a embaixada de Nova Délhi detalhando aprovação e conteúdo de empréstimo do Eximbank à Union Carbide (crédito de US$1,260,000 cobrindo 45% do custo da construção da fábrica); e (6) 6 de janeiro de 1975, telegrama de Kissinger para Nova Délhi indicando termos de empréstimo aprovado e os US$ 2,8 bilhões em bens e serviços dos Estados Unidos que a Union Carbide comprará para construir a fábrica em Bhofal. Os telegramas acima podem ser encontrados em https://wikileaks.org/plusd/cables/1975NEWDE01606_b.html; https://wikileaks.org/plusd/cables/1975NEWDE11369_b.html; https://wikileaks.org/plusd/cables/1975STATE216298_b.html; https://www.wikileaks.org/plusd/cables/1975NEWDE12918_b.html; https://wikileaks. org/plusd/cables/1975STATE272385_b.html; e https://www.wikileaks.org/plusd/cables/1976STATE001679_b.html.

11. Para o papel de Kissinger na intermediação do acordo, ver a carta de 1988 obtida pelo repórter de meio ambiente Rob Edwards, encontrada aqui: http://www.downtoearth.org.in/dte/userfiles/images/JRD-Tata-letter-to--PM-May-31,-1988.jpg. O *New York Times* relata que a firma de Kissinger tinha uma conta com a Union Carbide ("Nominee for Deputy Post at State is Challenged on Consulting Ties", 16 de março de 1989).

12. Na Argentina, a Kissinger Associates ajudou a implementar políticas que levaram ao colapso do país, em 2002 (Eagleburger assessorou a equipe do Ministério da Economia argentino). Em outros lugares, fez lobby ativamente contra o "protecionismo", exortando nações latino-americanas a baixar tarifas e subsídios, de maneira a ajudar a implementar o que Kissinger, em seu discurso de 1980 na Convenção Nacional do Partido Republicano, disse que deveria ser a política dos Estados Unidos. "Privatisation Groundswell", *Australian Financial Review*, 7 de junho de 1990; "Argentina's Big-Name, High--Dollar Advocates", *Washington Post*, 11 de abril de 2002.

13. 6 de agosto de 2002.

14. http://www.thetakeaway.org/story/transcript-kissinger-talks-isis-confronts-his-history-chile-cambodia/.

15. Em Kiernan, *The Pol Pot Regime*, p. 24.

16. "The Myth of the Terrorist Safe Haven", *Foreign Policy*, 26 de janeiro de 2015.

17. Hannah Arendt, *Origins of Totalitarianism* (1973), p. 215.

18. *The Bryan Times*, 2 de junho de 1970.

AGRADECIMENTOS

Quando eu mencionava a amigos e colegas que estava escrevendo um livro sobre o legado da política externa de Henry Kissinger, muitos, com frequência, fizeram menção a *O julgamento de Henry Kissinger*, de Christopher Hitchens. Acredito que este é o lugar para observar que o meu interesse por Kissinger é um tanto antitético à polêmica de Hitchen, em 2001. *O julgamento de Henry Kissinger* é um bom exemplo do que o grande historiador Charles Beard, em 1936, descartou como uma "teoria de guerra do diabo", que culpa o militarismo por uma causa única, isolável: um "homem mau". Para entender realmente as fontes do conflito, disse Beard, você tinha que olhar o quadro geral, considerar o modo como a "guerra é nosso próprio trabalho", surgindo da "situação militar e econômica total". Ao defender a ideia de que Kissinger deveria ser processado – e condenado – por crimes de guerra, Hitchens não olhou o quadro geral. Em vez disso, focou-se obsessivamente na moralidade de um homem, seu demônio: Henry Kissinger. Deve ter sido um livro divertido de escrever, dando ao autor a satisfação de fazer o papel de advogado de acusação do povo. Mas, exceto por montar a súmula e reunir os delitos do acusado em um lugar, *O julgamento de Henry Kissinger* não é muito útil e, na verdade, é contraproducente; a indignação justa não oferece muito espaço à compreensão. Hitchens cava fundo no coração sombrio de Kissinger, deixando os leitores à espera de que ele saia e nos diga o que tudo isso significa. Quer dizer, além do óbvio:

Kissinger é um criminoso. Mas Hitchens nunca faz isso. No fim, aprendemos mais sobre o acusador do que sobre o pretenso acusado. O livro não oferece nenhum *insight* sobre a "situação total" na qual Kissinger atuou e não faz nenhum esforço para explicar o poder de suas ideias ou como essas ideias chegaram a correntes intelectuais mais profundas dentro da história americana. Hitchens retrata Kissinger como um destruidor de valores americanos, tão deslocado em sua terra democrática adotada que era como se Wagner tivesse ido parar em uma produção de *Appalachian Spring*, de Aaron Copland, tirado à força a batuta do maestro e acrescentado um pouco de *O crepúsculo dos deuses* às quadrilhas e rabecas.

Hitchens é, de longe, o mais incriminatório dos cronistas de Kissinger, mas não é o único que não entende o ponto principal. A maioria dos seus estudiosos acha difícil dizer alguma coisa sobre Kissinger que não seja sobre ele. É uma figura tão descomunal que ofusca seu próprio contexto, levando seus muitos biógrafos, críticos e admiradores a focar-se quase exclusivamente nas peculiaridades de sua personalidade ou em seus defeitos morais. *The Price of Power: Kissinger in the Nixon White House*, de Seymour Hersh, publicado em 1983, captou o mundo sigiloso dos dispositivos de segurança nacional quando funcionava, durante a Guerra do Vietnã. Seu estudo sobre a paranoia de Kissinger parece um prelúdio (um tanto inocente) do estado de contraterrorismo e da vigilância que tudo penetra em que agora vivemos. Mas Hersh, escrevendo no início dos anos 1980, não poderia conhecer os efeitos de longo prazo – não apenas as políticas específicas, mas o modo como o existencialismo imperial de Kissinger capacitou uma geração posterior de militaristas, que, nos anos 1990, nos levou mais fundo no Golfo após um desvio rápido pela América Central e pelo Panamá, e após o 11 de Setembro levou-nos ao Afeganistão e ao Iraque. *A sombra de Kissinger.*

Amigos, família e colegas ajudaram neste livro, inclusive lendo todo o manuscrito, ou partes dele, respondendo a perguntas, auxi-

AGRADECIMENTOS

liando na pesquisa ou apenas conversando sobre o tema. Tenho uma grande dívida com Marilyn Young, Ben Kiernan, Bob Wheeler, Carolyn Eisenberg, Chase Madar, Corey Robin, Jim Peck, David Barreda, Matt Hausmann, Cos Tollerson, Rachel Nolan, Christy Thornton, Barbara Weinstein, Philip Gourevitch, Ada Ferrer, Sinclair Thomson, Josh Frens-String, Maureen Linker, Kate Doyle, Esther Kaplan, Nick Arons, Richard Kim, Roane Carey, Jean Stein, Katrina van den Heuvel, Tom Hayden, Arno Mayer, Bev Gage, Chris Dietrich, Kirsten Weld, Peter Kornbluh, Susan Rabiner, Mario del Pero (por seu útil livro sobre Kissinger, *The Eccentric Realist*), Mark Healey, Ernesto Semán, Tannia Goswami e Toshi Goswami.

Eu não sei se existe uma teoria do diabo da edição, mas deve haver, porque Sara Bershtel a explica inteira. Ou pelo menos o faz para mim. Sua intensa leitura e seu muito necessário ceticismo transformaram um manuscrito confuso ("Eu acho que você está dizendo algo importante", comentou ela sobre o primeiro rascunho, "só não entendo o que é.") em um produto final aceitável. Obrigado. Obrigado também a todos os outros da Metropolitan Books, incluindo Connor Guy, Roslyn Schloss, Riva Hocherman, Maggie Richards e Grigory Tovbis.

Este livro é para Manu Goswami e Eleanor Goswami Grandin.

Eleanor terá três anos quando for publicado.

Impressão e Acabamento:
Intergraf Ind. Gráfica Eireli